GESTÃO DE PESSOAS NA ESTRATÉGIA EMPRESARIAL

O Novo Papel Estratégico da Tradicional Área de RH nas Organizações

Clarice Martins Costa

GESTÃO DE PESSOAS NA ESTRATÉGIA EMPRESARIAL

O Novo Papel Estratégico da Tradicional Área de RH nas Organizações

Prefácio de José Galló

Presidente do Conselho de Administração da Lojas Renner

QUALITYMARK

Direção Editorial	Produção Editorial
SAIDUL RAHMAN MAHOMED editor@qualitymark.com.br	EQUIPE QUALITYMARK
Capa	**Editoração Eletrônica**
MARCELLA REAL	JEAN CARLOS BARBARO

CIP-BRASIL. CATALOGAÇÃO NA PUBLICAÇÃO
SINDICATO NACIONAL DOS EDITORES DE LIVROS, RJ

C542g

Costa, Clarice Martins
Gestão de pessoas na estratégia empresarial : o novo papel estratégico da tradicional área de rh nas organizações / Clarice Martins Costa. – 1. ed. – Rio de Janeiro : Qualitymark Editora, 2022.
324 p. : il. ; 23 cm.

ISBN 978-85-414-0412-9

1. Administração de pessoal. 2. Liderança. I. Título.

22-76732

CDD: 658.303
CDU: 658.3

Gabriela Faray Ferreira Lopes – Bibliotecária – CRB-7/6643

2022
IMPRESSO NO BRASIL

Qualitymark Editora Ltda.
Rua Carlos Machado, 155 – sl. 207
Polo Cine e Vídeo – Jacarepaguá
CEP: 22775-042 – Rio de Janeiro – RJ

www.qualitymark.com.br
E-mail: quality@qualitymark.com.br
Tels.: (21) 3597-9055 / 3597-9056
Vendas: (21) 3296-7649

Dedico este livro aos amores da minha vida:

A Erito, meu marido, amigo e companheiro.

Aos meus filhos Luciano e Fabiana, por serem fonte constante de inspiração.

Aos meus netos Enzo e Rafael, por manterem viva a criança que tenho dentro de mim, por meio de nossas brincadeiras.

Aos meus pais, Manoel e Ida, que me deram a base de valores, que norteiam a minha vida e, principalmente, o amor ao próximo e à família.

Aos meus irmãos, que sempre me estimularam e me impulsionaram a buscar o melhor da vida.

Amo vocês!

Gerir pessoas é
amá-las intensamente
e inspirá-las
para a busca da felicidade.

Agradecimentos

Sou grata por este livro:

Aos meus líderes inspiradores: José Galló, José Carlos Hruby e Fábio Faccio.

À minha coach, Rosa Bernhoeft, que muito contribui com todo o meu desenvolvimento pessoal e profissional. Devo a suas provocações ter escrito este livro.

Aos meus gestores João Carlos Turella, Regina Frederico Durante, Ana Paula Landi e Eduardo Ferlauto, que construíram esta história comigo.

A todos os líderes e aos 24 mil colaboradores da Lojas Renner S.A., que contribuíram com a minha jornada.

Ao Marco A. Oliveira, agradeço por suas profundas contribuições na elaboração deste livro.

Meus agradecimentos a todos.

Sumário

Prefácio

Por José Galló – Presidente do Conselho
de Administração da Lojas Renner S.A.

março de 2022

Em *Como chegar lá – Lições na Busca pela Excelência*, o autor Stephen Schwarzman, grande empresário, investidor e filantropo norte-americano, cofundador da Black Stone, mostra de fato como foi que ele... chegou lá! Para quem não sabe, o autor é um dos mais bem-sucedidos investidores e um dos homens mais ricos do mundo. Portanto, é aconselhável ouvir com atenção o que ele tem a dizer.

Há, no livro, uma lição que ele aprendeu em sua passagem por Harvard, onde estudou, e que me chamou particularmente a atenção: ele chegou à conclusão de que a Harvard Business School ensinava uma única ideia disfarçada em diferentes disciplinas e acrescenta que "no mundo dos negócios, tudo está conectado, tudo tem relação com tudo".

Concordo inteiramente e peço licença para acrescentar uma reflexão mais sobre essa: nas empresas e organizações, tudo tem relação com tudo e, na base de tudo, encontram-se... as pessoas! Elas são os pilares de sustentação de qualquer organização – e é por isso que a área de Gestão de Pessoas é tão visceralmente importante numa grande ou pequena empresa.

Mas, entendamos a lógica da coisa: (a) se uma organização bem administrada requer que todos os seus sistemas e processos conversem harmonicamente entre si (tudo tem relação com tudo); (b) se, além disso, na base dessa grande concertação encontram-se os recursos humanos da organização; e (c) se uma área de Gestão de Pessoas eficaz é essencial para promover essa concertação envolvendo tais recursos humanos, então temos aí uma equação completa?

A resposta correta é não. Está faltando um ingrediente fundamental: a liderança. Bons líderes são fundamentais, imprescindíveis. São eles que mobilizam esses recursos humanos. O papel de um líder, em cada equipe de trabalho, em cada departamento administrativo ou unidade operacional, é justamente esse: levar as pessoas que trabalham junto a ele ou ela a se engajarem nas estratégias e nos objetivos que estão sendo propostos para o negócio e remarem todos na mesma direção, produzindo resultados expressivos.

De acordo com minha experiência, definitivamente a liderança faz a diferença. E liderança significa, antes de mais nada, ser capaz de conquistar as pessoas, trazê-las para junto de si e convencê-las a se engajarem no projeto empresarial, ajudando-as a senti-lo como sendo também autenticamente de cada um.

Para tanto, creio que a maior qualidade de um líder é sua humildade, atitude que o levará a valorizar a contribuição que possa obter daqueles que trabalham com ele. Raramente o líder obterá a melhor resposta para um problema que enfrenta caso decida sempre sozinho, sem ouvir seus colaboradores. Frequentemente são esses colaboradores, que tiveram contato direto com a operação, lá na ponta, os que vivenciaram de fato as dores do cliente. Por isso, sua contribuição pode ser tão vital.

O papel da área de Gestão de Pessoas, portanto, se desdobra e se torna, por causa disso, ainda mais essencial: não basta que ofereça às lideranças uma boa "caixa de ferramentas" de procedimentos para que gerenciem suas equipes no dia a dia. É preciso ir além: a área de Gestão de Pessoas deve ser capaz de escolher bons líderes que usem bem essas ferramentas; e, mais que isso, que lhes ofereça igualmente os meios pelos quais eles, os próprios líderes, se qualifiquem para exercer eficazmente a liderança.

Duplamente focada, portanto, em objetivos em planos distintos, mas convergindo para a produção de eficácia organizacional, a área de Gestão de Pessoas precisa responder estrategicamente pela aquisição e manutenção de talentos, pela formação e desenvolvimento de lideranças, pela estimulação dos colaboradores para que deem o melhor de si e para que realizem plenamente seu potencial.

As empresas longevas, aquelas que admiramos porque estão no mercado há décadas, cujas marcas estão tão firmes em nossas mentes, primam exatamente por administrar de forma superior seus recursos humanos: têm excelentes processos de gestão de pessoas em andamento e os executam com eficácia, com a participação ativa e a contribuição harmônica de suas lideranças.

Tenho mais dois pontos a salientar neste curto prefácio. O primeiro deles refere-se à motivação das pessoas e equipes, uma preocupação central da área de Gestão de Pessoas: os colaboradores não trabalham somente pelo salário, por mais que o dinheiro lhes seja importante, por mais que precisem dele. De fato, trabalham pelo desafio, para realizar-se, para se sentirem úteis. Infelizmente, muitas vezes sua contribuição acaba sendo desperdiçada, quando seus líderes não têm clara consciência da riqueza potencial desses corações e mentes. É papel de uma área estratégica de Gestão de Pessoas ajudar os líderes a realinharem sua visão sobre essa questão transcendental.

Outro ponto a salientar refere-se ao potencial das pessoas: todos nascemos com algum potencial a realizar e cabe às lideranças que nos conduzem, desde a infância até a maturidade, ajudar-nos a desenvolver e realizar esse potencial.

Estou convicto de que há uma estreita relação entre potencial e felicidade: defendo que é a realização de nosso potencial que nos leva a ser felizes; isto é, a felicidade consiste em ter êxito em reconhecer e realizar nosso potencial. Não vejo como poderíamos ser felizes, pessoal e profissionalmente, de outro jeito, sabendo (ou até mesmo tendo apenas uma vaga sensação) de que poderíamos realizar mais na vida do que o fizemos.

Líderes são personagens-chave na vida das pessoas, porque têm o compromisso implícito de despertá-las para esse potencial e de ajudá-las a identificá-lo e pô-lo em movimento. É isso que faz a liderança! E criar os modos pelos quais os líderes de uma empresa perceberão esse seu papel e virão a cumpri-lo eficazmente é um dos compromissos mais nobres e essenciais das lideranças.

Enfim, são as pessoas – e não os produtos, os estoques, as lojas, as matérias-primas ou as finanças – o maior ativo de uma organização. A área que cuida da Gestão de Pessoas na empresa é, portanto, absolutamente prioritária para ajudar as lideranças nesse trabalho de ter pessoas felizes e motivadas.

Sempre pensei assim e, desde que começamos a trabalhar juntos, encontrei em Clarice Costa uma profissional que tinha a mesmíssima visão. Na Renner ou em experiências profissionais anteriores, ela e eu sempre tomamos decisões em conjunto sobre essa temática, por mais complexas que possam ter sido as situações que encontramos, porque pensávamos do mesmo modo.

Clarice é uma especialista em Gestão de Pessoas e uma profissional altamente competente no que faz. Está permanentemente envolvida em descobrir talentos, contratá-los, burilá-los e desenvolvê-los, estimulá-los e engajá-los, oferecendo-lhes oportunidades de progresso. Ela faz o que faz com convicção e alta competência.

O cerne da missão de desenvolver pessoas repousa, obviamente, sobre o líder, não sobre a área de RH. Mas, esses líderes precisam ter seu trajeto pavimentado e quem faz isso é a área de Gestão de Pessoas. O líder terá seu trabalho enormemente facilitado se puder contar com processos bem concatenados e conduzidos por uma área especializada nisso, que atue com a maior eficácia.

Nisso, Clarice sempre se destacou. E essa é a razão pela qual este seu livro será um sucesso: aqui ela relata, num texto da melhor qualidade, sua contribuição para que o principal executivo da empresa, aquele que é o responsável último pela sua estratégia, possa contar com recursos humanos de alta qualidade. Seus leitores, por conta deste livro, aprenderão muito com ela, porque suas lições são oportunas, de qualidade e estão sendo muito bem transmitidas. Tenho a certeza de que apreciarão muito esta leitura.

Nota Inicial

Na Introdução deste livro narro resumidamente minha trajetória profissional – e conto que, poucos anos após ingressar na Lojas Renner, tornei-me a titular da Diretoria de Recursos Humanos – área cujo nome, posteriormente, substituímos por Diretoria de Gente & Sustentabilidade, a titulação que está hoje em vigor.

Menciono isso porque, nos meios especializados, tem havido muito debate, nos últimos anos, sobre o uso da expressão Recursos Humanos (e da sigla RH): continuaria ela sendo adequada para designar nossa querida área de trabalho?

Penso que não. Essa expressão, como comento em um dos capítulos, surgiu há poucas décadas, quando as velhas formas de denominar a área – Departamento de Pessoal, Relações Industriais – já se mostravam inadequadas para continuar descrevendo o que se faz nesse setor.

Por um período a expressão RH cumpriu a função – até que também ela foi perdendo a capacidade de designar o escopo dessa área, à medida que se tornava mais complexa e estratégica. E, aliás, sintomaticamente, o cargo ocupado pelo seu gestor passou cada vez mais a se localizar no topo dos organogramas, como uma diretoria plena, com o titular da área convidado a liderar Comitês de Sucessão, de Sustentabilidade e/ou de Cultura Organizacional, com o Conselho de Administração.

Além de Recursos Humanos, a área vem sendo chamada de vários outros nomes, nenhum deles conclusivo. Assim, prezado leitor ou leitora, decidi adotar, neste livro, outra titulação, a que me pareceu mais aceitável e menos polêmica de todas: simplesmente "Gestão de Pessoas".

Eventualmente, usarei também, quando couber, a expressão Gestão do Capital Humano, algo sofisticada, mas ainda cabível; e reservarei o "velho" e carinhoso nome Recursos Humanos para me referir a situações em que somente essa expressão explique bem o que quero dizer.

Desejo-lhe, caro leitor ou leitora, uma excelente leitura. E espero que aprecie este produto do meu esforço.

Um abraço afetuoso da

Clarice Martins Costa

Introdução: Uma Vida Profissional Dedicada à Gestão de Pessoas

Pensei muito antes de decidir escrever este livro, mas acabei concluindo que o projeto fazia sentido por uma razão bem simples: por meio dele posso passar a colegas mais jovens algo de importante que aprendi sobre a gestão de uma área de Recursos Humanos, sobretudo sobre como administrá-la em nível estratégico. Foi a essa missão, afinal, que dediquei minha vida profissional até o presente.

O livro é um relato sincero e honesto do que acredito ser uma bem-sucedida carreira profissional, nessa complexa área da Gestão de Pessoas. No atual ambiente dos negócios, a cada novo ano que chega, mais importante é tratar estrategicamente essa área da empresa, dado que o fator humano toma um lugar cada vez mais decisivo nos assuntos estratégicos das organizações. Frequentemente se alega que, estando a automação celeremente ceifando empregos, isso reduziria a relevância da área de Gestão de Pessoas. Mas, a realidade é exatamente o oposto: essa circunstância vai tornando essa função ainda mais complexa e relevante!

Sempre considerei o ser humano um valor maior. Penso que ter as pessoas como prioridade absoluta é decisivo para o êxito profissional de quem trabalha na área. Sigo à risca esse princípio na vida e o vejo como responsável por meu grande amor por essa **área** e igualmente pelo que tenho pelo varejo.

Ingressei em 1992 na Lojas Renner, onde, em 2005, tornei-me a Diretora de RH e de onde saí para me aposentar, em 2021.

Em meu cargo, eu respondia pelas áreas de Gente & Desenvolvimento, pelo Centro de Serviços Compartilhados (CSC) e pela gestão da Sustentabilidade. Desde 2008 sou também Presidente do Conselho Deliberativo do Instituto Lojas Renner.

Vivo com intensidade as atividades da tradicional área de RH, em todos os seus aspectos e em várias frentes. Fui a primeira mulher a presidir a Seccional RS da Associação Brasileira de Recursos Humanos (ABRH), de 2004 a 2006; e já fui, também, Presidente do Conselho Deliberativo dessa querida associação.

Em 2013, fui eleita a "Melhor Profissional de RH" em premiação da revista *Gestão RH*", e, em seguida, eleita também "Profissional de RH do Ano", pela revista *Você RH*. Em 2015 figurei entre os "RHs Mais Admirados do Brasil", em levantamento da revista *Gestão RH*. Além disso, a ABRH me incluiu entre os "Pensadores de RH do Século 21". São premiações que, sem dúvida, me envaidecem e que considero, afinal de contas, gestos de reconhecimento por um trabalho bem feito.

Agora, gostaria de falar um pouco sobre minha trajetória pessoal e profissional antes de entrar nos temas relacionados à Gestão de Pessoas nas empresas. Isso dará uma maior dimensão a esses conteúdos mais técnicos.

Todos sabemos o quanto é fundamental, para a vida futura de uma criança, a socialização primária – a formação inicial que ela recebe no lar. Quando começa a ir **à** escola, a criança já leva um aprendizado básico que irá ajudá-la a começar a entender o mundo e a situar-se nele. Por causa disso, ter pais amorosos e sábios – não necessariamente ricos ou destacadamente escolarizados – **é o melhor dos mundos para a criança.**

Ressalto isso porque tive muita sorte nesse quesito. Meus pais foram amorosos e sábios e deram, a mim e a meus quatro irmãos, uma sadia orientação para a vida em sociedade. Minha mãe, nascida em um ambiente de imigrantes italianos, herdou um profundo senso de família, que legou aos filhos. Tenho a família, portanto, como um dos meus valores mais caros. Por sua vez, meu pai era um homem trabalhador, de hábitos simples e vida modesta. Estofador de automóveis, apenas completou o curso primário, tendo sido obrigado a começar a trabalhar muito cedo na vida.

Apesar de seus escassos anos de estudo formal, meu pai tinha uma maravilhosa biblioteca, pequena e selecionada, da qual desfrutei muito. Ele apreciava bons livros, como os romances de Machado de Assis e Eça de Queiroz, que lia com avidez. Um dito que eu ouvia muito de ambos, pai e mãe, era que a educação pode nos levar muito longe: ela nos dá autonomia na vida, a capacidade de resolver nossos problemas sem depender dos outros.

Sou também uma pessoa de fé e uma boa católica apostólica romana. Hoje em dia não frequento tanto a igreja, mas continuo sendo uma devota de Santa Terezinha, cuja igreja, em Porto Alegre, era um lugar ao qual eu sempre ia orar e meditar, seguindo um hábito de minha mãe.

Mas não é preciso ser religioso para ser uma pessoa espiritualizada – a religiosidade é apenas uma das formas de reconhecer e praticar a espiritualidade. É como me sinto. Penso que as pessoas precisam muito de espiritualidade: elas estão, hoje em dia, por demais mergulhadas em uma confusão de ideias supérfluas e contraditórias. O teórico da hipermodernidade, o filósofo francês Gilles Lipovetsky, afirma isso em *A era do vazio* (Editora Manole, 2005): "O que marca a essência da sociedade atual é a superficialidade: tudo segue a lógica da moda – é efêmero e sedutor".

Digo sem medo de errar que sempre fui excelente aluna, vista com simpatia por meus professores desde o grupo escolar (como se chamava em minha época o ensino fundamental). Tenho a certeza de que contribuiu para isso eu ter aprendido com meus pais a valorizar os estudos.

Tive uma bela professora no segundo ano primário, a Dona Marilene, que foi a minha primeira inspiradora para uma profissão. Ela foi a primeira a despertar em mim o desejo de me dedicar ao ensino das pessoas. Dona Marilene era cativante: meiga, atenciosa, carinhosa mesmo; e muito assertiva, sempre sabendo o que queria e o expondo de modo preciso para atingir seu objetivo. Eu era sua fã incondicional!

Essa professora foi, para mim, enfim, uma primeira e fundamental referência, tanto em termos de sua conduta quanto de sua performance no trabalho. Ela era um modelo a ser lembrado e copiado em minha vida profissional futura, embora naquele tempo eu nem mesmo tivesse alguma consciência de que já estava formando sobre ela esse conceito.

Tive excelentes notas nos cursos primário e ginasial, destacando-me na classe. Quando chegou a hora de fazer uma escolha no ensino médio, não hesitei e decidi estudar para ser professora: escolhi o Curso Normal, pelo qual, aliás, minha irmã, três anos mais velha, já havia optado.

Por essa época, início dos anos 1970, ainda era muito comum a ideia de que mulheres deviam se preparar para o lar, para se casar e ter filhos, tornando-se excelentes donas de casa. Se fossem exercer algum trabalho, o mais nobre seria estudar para ser professoras. Frequentemente, aliás, as pessoas se referiam depreciativamente ao Curso Normal, chamando-o de "curso espera-marido". De fato, as matérias mais apreciadas eram mesmo Puericultura e Economia Doméstica, pontos altos do currículo.

Ingressei, assim, na Escola Normal. Fui cursá-la no Instituto de Educação de Porto Alegre, na época, sem dúvida, a melhor escola do gênero na capital do Rio Grande. Senti-me inteiramente à vontade e atravessei o curso todo com excelentes notas, como estava acostumada. Sentia, a cada dia que passava, a cada nova matéria que estudava, a cada ano que vencia e que mais me aproximava do diploma de professora, que mais claramente se legitimava minha paixão pela Educação.

Nos anos que se seguiram, nos trabalhos que fiz nas empresas pelas quais passei, muitas e muitas vezes me vieram à mente lições que aprendi na Escola Normal – lições versando sobre competências-chave para o trabalho, experiências profissionais específicas, performance no dia a dia, temas desse tipo.

Frequentemente, ao conduzir alguma sessão de grupo com mineiros da Companhia Riograndense; ao entrevistar um candidato para uma vaga aberta na Mesbla e notar suas lacunas em formação profissional; ou ao montar treinamentos na Imcosul ou na Renner, sob a orientação do presidente Galló, me vieram à memória as aulas de Didática ou de Psicologia Educacional no Instituto de Educação de Porto Alegre.

Também no Curso Normal tive professoras inspiradoras. Uma delas foi Dona Malvina, a orientadora educacional da Escola Normal. Tinha personalidade forte e se impunha rapidamente pelo porte, pelo modo de falar, pela capacidade de convencer. Eu nutria por ela um grande respeito.

Concluí o curso ao final do primeiro semestre de 1972. Tirei o primeiro lugar na turma e tive uma surpresa quando Dona Malvina me chamou à sala, parabenizou-me e me convidou... para dar aulas:

– Tu sabes que, além de coordenadora aqui, também sou a diretora dos cursos do Ensino Primário no Colégio Israelita, não?

– Claro – respondi.

– Pois então – ela completou – gostaria que tu fosses dar aulas lá.

Aceitei de imediato. Esse colégio era uma instituição de ensino altamente conceituada em todo o estado, uma escola de referência. Malvina explicou-me que a oportunidade tinha surgido dada a impossibilidade de a atual professora do pré-primário prosseguir em seu trabalho, por conta de uma gravidez de risco que requeria absoluto repouso.

Assim, concluí o curso em junho de 1972 e já comecei em agosto em meu primeiro emprego, dando aulas para o pré-primário do Colégio Israelita. Por quatro anos fui professora do colégio. Iniciei lecionando para o pré-primário, alunos na faixa dos seis anos de idade, e depois tive a experiência de também lecionar para séries mais adiantadas.

Foi uma época especialmente feliz em minha vida profissional. Nesse trabalho pude perceber o quanto é essencial, na vida profissional, ter paixão pelo trabalho que se realiza e pela instituição em que se realiza esse trabalho; e que também a instituição valorize seus profissionais e compreenda bem a importância do serviço que presta à sociedade.

É como vejo minha passagem pelo Colégio Israelita-Brasileiro, que considero decisiva para meu êxito profissional nos anos que se seguiram.

Em fins de 1972 tomei a decisão de cursar a faculdade de Psicologia. Queria robustecer com conhecimento científico minha paixão por educar pessoas. Eu queria saber mais sobre como as pessoas aprendem; queria desvendar os processos da mente dos seres humanos.

Não precisei deixar meu trabalho para estudar Psicologia. Segui lecionando, enquanto fazia o cursinho preparatório para o vestibular. Mantendo meu emprego no colégio, eu mesma pagaria meus estudos. O cursinho era necessário, porque o vestibular para Psicologia tinha provas de Física, Química e Biologia, que eu não estudara a fundo no Curso Normal.

No cursinho conheci meu futuro marido, pré-vestibulando como eu, naquelas imensas salas apinhadas de jovens. Em dado momento nos cruzamos, olhamo-nos e nos interessamos um pelo outro, passando, então, a nos ver e conversar com frequência. Ao final do cursinho, ambos aprovados nos respectivos vestibulares, nos dirigimos cada qual para a sua faculdade. Mas seguimos, de forma estável, em nosso relacionamento afetivo.

Casamo-nos quando eu já estava no segundo ano da faculdade e logo engravidei; entretanto, infelizmente com três meses perdi o bebê e fiquei dois anos sem conseguir ter um filho, o que somente foi acontecer depois da minha formação em Psicologia. No entanto, meu marido e eu estamos casados já há 45 anos, completados em dezembro de 2020. Desde essa época, ele foi, realmente, minha alma gêmea. É o amor de minha vida e sempre penso que fui bafejada por uma sorte muito grande ao encontrá-lo em minha trajetória.

Uma contribuição fundamental para minha escolha do curso de Psicologia veio da experiência que tive com a técnica dos Grupos Operativos, no Colégio Israelita-Brasileiro. Como professora, imediatamente passei a participar das sessões de grupo que eram conduzidas por duas psicólogas de renome no Estado, Suely Teitelbaum e Ítala Soares de Puga.

Elas eram especialistas em Grupos Operativos (um ramo da Análise Institucional desenvolvido por um psiquiatra franco-argentino, Enrique Pichón-Rivière) e usavam essa metodologia no trabalho de orientação aos professores do Colégio Israelita-Brasileiro. Em sessões de grupo regulares, elas nos ouviam sobre questões surgidas no relacionamento com os alunos e pais, e nos ajudavam a resolvê-los.

Os problemas abordados eram variados: alunos com dificuldade para acompanhar o aprendizado da classe; relacionamento conflituoso entre eles; namoros na sala de aula; necessidade de diagnóstico especializado sobre a condição de aprendizagem de um aluno; casos de *bullying* – que não tinham esse nome na época –; alunos muito tímidos; dificuldades de linguagem, como dislexia ou dislalia; pais ausentes do processo de aprendizagem dos filhos; dificuldades com as lições de casa dos alunos; notas baixas recorrentes, entre outros.

Assim, fui estudar Psicologia e escolhi fazê-lo na Pontifícia Universidade Católica do Rio Grande do Sul (PUC-RS), uma instituição educativa católica em que a representatividade da Psicologia é muito grande.

Ali, a formação do psicólogo era generalista, mas em 1974, quando ingressei, a linha mestra de estudos era a psicanálise freudiana. Encantei-me com essa temática e logo me apaixonei pelo método psicanalítico. Influenciada por ele, em pouco tempo comecei a repensar o futuro de minha carreira profissional. Talvez ela não devesse mais acontecer em uma sala de aula, e sim em um consultório de psicoterapia. Via-me cada vez mais inclinada a abraçar profissionalmente essa área de atuação, pela qual eu poderia continuar conhecendo mais a fundo o psiquismo humano e melhor ajudar as pessoas, fazendo diferença em suas vidas.

Continuei dando aulas no Colégio Israelita, é claro, pois gostava do trabalho. Além disso, estar trabalhando ali era auspicioso, porque me permitia custear, eu mesma, meus estudos. Mas rapidamente me senti à vontade no curso de Psicologia. Eu me aprofundava no estudo dos casos, ouvia e anotava com afinco o conteúdo das aulas de Psicologia Clínica e buscava estabelecer pontes conceituais entre as disciplinas e a prática clínica.

Já a partir do segundo ano fui convidada por minhas professoras para ser monitora dos colegas do primeiro ano, nas disciplinas de Psicologia Clínica e Técnicas de Entrevista. Monitoria é o acompanhamento sistemático dos trabalhos produzidos pelos alunos. É um trabalho que exige horas extras de dedicação fora das aulas, frequentemente à noite e em fins de semana. Por outro lado, ser monitora é também um privilégio, porque nessa função estuda-se e aprende-se incomparavelmente mais. Além de tudo, aquelas cadeiras são as mais importantes para quem deseja seguir carreira como psicólogo clínico. Assim, aprendi muito com essa oportunidade extra!

No último ano da faculdade tive de fazer estágios em Psicologia Escolar, Organizacional e Clínica. Então, já não consegui conciliar meus estudos com o trabalho de professora e optei por sair do Colégio Israelita para concluir a faculdade.

Por vezes me pergunto o que de mais significativo aprendi na faculdade e efetivamente utilizo em meu trabalho na área de Recursos Humanos. Não é fácil escolher, porque se trata de muita coisa. Mas um conceito que eu destacaria é a capacidade de fazer a leitura do ambiente: a Psicanálise ensinou-me a olhar à minha volta e perceber aspectos nem sempre visíveis para a maioria das pessoas.

O psicanalista é alguém que, sistematicamente, procura apreender o que não está apreensível de imediato; nos interstícios das falas e comportamentos do paciente, percebe conteúdos latentes, subentendidos, que narram outra história, para além do óbvio. Meus trabalhos teórico-práticos na faculdade me ajudaram a fazer isso também no ambiente empresarial.

Valorizo muito, também, a experiência que adquiri em técnicas de entrevista. É nas entrevistas que o psicólogo clínico realiza, de modo essencialmente prático, sua atividade profissional. E, logo que comecei a trabalhar no varejo, na Mesbla, onde a princípio fazia recrutamento e seleção de candidatos, pude constatar que minhas entrevistas eram realmente boas – e eu sabia por quê.

Minha passagem pela faculdade foi muito elogiada; saí em 1978 e formei-me com louvor, obtendo um dos primeiros lugares entre os alunos de todos os cursos da PUC-RS. Assim, ofereceram-me uma bolsa de estudos para estudar fora do Brasil. Aconteceu, entretanto, de eu engravidar logo em março de 1979 e eu, cheia de planos para criar nosso primeiro filho, nem me lembrei da bolsa de estudos.

Hoje, penso que essa teria sido uma boa oportunidade de aprender mais, vivenciar uma realidade cultural nova e valorizar substancialmente meu currículo. Ainda que, no cômputo geral, esse estudo extra não me tenha sido realmente necessário, este é, sinceramente, um arrependimento que tenho. Nos dias atuais, eu o teria feito.

Com duas colegas da faculdade, resolvi, então, montar uma clínica de Psicologia. Nossos objetivos como psicólogas recém-formadas se complementavam e, juntas, organizamos um consultório comum. E quase imediatamente começamos a atender e fomos ampliando, cada qual, sua carteira de pacientes...

... quando outra novidade apareceu: recebi um convite para trabalhar na CRM, a Companhia Riograndense de Mineração, em uma das minas de carvão mineral situada em uma cidadezinha chamada Minas do Leão, a mais ou menos hora e meia de viagem, por ônibus, de Porto Alegre. Era uma excelente oportunidade de ingressar no mundo empresarial e eu não podia desperdiçá-la. Era a Psicologia Organizacional que acenava para mim e eu respondi que sim: passei a trabalhar três dias por semana na mina e o restante no consultório, em Porto Alegre.

No entanto, eu estava grávida, e isso pesou bastante. Logo percebi que teria de deixar de lado alguma coisa que fazia; e optei por deixar o consultório a cargo de minhas colegas. Fiquei somente com o trabalho na mina.

Minha atividade ali consistia em fazer reuniões de grupo com os supervisores e operários que trabalhavam no subsolo: eu devia ouvi-los, tratar de entender seus problemas e ajudá-los a achar soluções para eles mesmos. Como eu havia tido uma excelente experiência com Grupos Operativos quando professora no Colégio Israelita-Brasileiro, usei essa metodologia em Minas do Leão – com ótimos resultados, por sinal.

No início não foi um trabalho fácil, porque os mineiros eram supersticiosos sobre a presença de uma mulher no ambiente de trabalho deles – mulher dava azar! Com o tempo, entretanto, foram se acostumando com a minha presença. Em geral me reunia com eles em uma sala, na sede local da empresa.

Um dos problemas que tratamos e resolvemos foi a questão do suprimento de água potável nas galerias subterrâneas, no interior da mina, ambiente muito quente e abafado, sufocante mesmo, no qual beber água com frequência era aconselhável. A água era levada para lá em tonéis, incômodos de transportar e que ocupavam um espaço precioso. Debatendo o assunto chegamos à solução de instalar um sistema de encanamentos substituindo os tonéis.

Trabalhei com aqueles grupos sobre vários outros problemas importantes que os afligiam. A questão da segurança foi um tema constante, que entrava em nossa pauta em praticamente todas as reuniões: as medidas preventivas contra um risco de explosão; a atitude profissional de cada operador em sua função, para que tudo saísse como planejado; as rotas de fuga; o uso de EPIs...

Outro sério problema recorrente, do qual tratei com eles, foi o alcoolismo. Como os turnos de trabalho eram de seis horas diárias, eles tinham sempre muito tempo ocioso, em um ambiente pobre de lazer e atividades alternativas, em que o tédio podia, em poucas semanas apenas, tornar-se um sentimento recorrente. Certamente era essa circunstância que levava muitos daqueles mineiros a recorrer à bebida para fazer passar o tempo.

Creio que foi um belo trabalho, esse que fiz na CRM. Ali fui definitivamente me apaixonando pela Psicologia Organizacional. Tive de deixar esse trabalho por conta de minha nova condição de mãe. Trabalhei na mina até 17 de dezembro de 1979; e meu filho nasceu em 24 de dezembro, portanto, apenas uma semana depois. De fato, eu tinha me programado para deixar o trabalho um pouco antes, mas acabei ficando um dia mais e mais outro, até que finalmente vi que estava me arriscando mais do que devia e achei prudente parar de uma vez.

Quando sai para ter o bebê, o engenheiro-chefe da mina queria que eu retornasse ao trabalho após completada a licença-maternidade. Mas, optei por não retornar e me despedi de vez daquele lindo trabalho. Decidi assim, não apenas devido à distância de Porto Alegre, mas também porque eu estaria com uma criança ainda muito pequena em casa e queria desfrutar da companhia de meu filho juntamente com a família.

Mas, depois de seis meses em casa, comecei a me inquietar com a falta de um trabalho externo – a rotina de dona de casa e mãe não me satisfazia! Assim, comecei a pensar em um novo emprego. E logo um anúncio em um jornal chamou minha atenção e resolvi me candidatar. Meu marido, como sempre, apoiou minha decisão.

Era a Mesbla que procurava um psicólogo para sua área de Recrutamento e Seleção em Porto Alegre. Inscrevi-me, fiz o processo seletivo e ganhei a vaga em poucos dias. Ao mesmo tempo, decidi que não voltaria ao trabalho de psicóloga clínica. Minhas amigas e ex-sócias me receberiam de braços abertos, tenho a certeza, mas elas já tinham avançado bastante na clínica e estavam totalmente adaptadas ao próprio negócio, enquanto eu tinha me afastado para fazer algo completamente diferente. Se eu retornasse, teria de assumir mais essa readaptação e isso não seria conveniente.

A perspectiva de trabalhar agora em Seleção de Recursos Humanos me atraía muito: era um novo panorama profissional que se descortinava à minha frente e eu queria muito explorá-lo. Além disso, mesmo antes de ingressar na Mesbla, eu já intuía que o varejo era um ramo de negócios altamente dinâmico, de ritmo feroz e absorvente, e eu queria experimentar essa realidade. Fui promovida a Assessora de RH, cuidando da Região Sul.

Tive ali um período de trabalho intenso, mas muito profícuo, em que pude exercer na plenitude minha profissão de psicóloga, enquanto vivia pela primeira vez a realidade da área de Recursos Humanos. Fiquei na empresa de julho de 1980 a janeiro de 1982, portanto por 17 meses.

A Mesbla S. A. foi uma importante rede de lojas de departamentos. Quando ingressei, ela já estava presente nas principais capitais e em algumas grandes cidades do interior do País, com 180 pontos de venda, empregando 28 mil pessoas. O clima interno era de otimismo e engajamento – a Mesbla era a única cadeia de lojas de departamentos de âmbito nacional com sortimento realmente variado – e seus funcionários orgulhavam-se disso. Ela vendia de tudo, de botões a aviões!

Entretanto, algumas luzes vermelhas começaram a acender: em 1981, a Mesbla tinha caído do primeiro para o terceiro lugar, entre as maiores empresas de varejo do Brasil, dada a agressividade da concorrência. A empresa contratou, então, uma renomada consultoria de Marketing, pretendendo fazer uma grande reformulação. Infelizmente não deu muito certo, e a empresa começou a experimentar um lento, mas constante declínio até encerrar as atividades, antes da virada para o século 21. Mas, eu havia saído da empresa vários anos antes; pude apenas acompanhar o que acontecia pelo noticiário, por vezes com algum sentimento de melancolia, pelos bons momentos que vivi ali.

Engravidei de novo e tive minha filha quando ainda trabalhava na Mesbla – e, basicamente, foi esse novo acontecimento tão importante em minha vida que me fez sair de lá. Quando ela nasceu, cumpri meu tempo regulamentar de licença-maternidade e decidi não retornar ao trabalho. Ponderei que eu tinha, agora, dois filhos pequenos e eles precisavam de mim. Dessa forma decidi de novo dar um tempo na carreira.

Mas, outra vez, fiquei em casa por pouco tempo. Em maio de 1982 aceitei um convite para ser Gerente de Desenvolvimento de Recursos Humanos na Imcosul S. A., outra grande empresa de varejo, uma cadeia regional de lojas que era forte na venda de eletrodomésticos. Permaneci ali até julho de 1987, portanto por pouco mais de cinco anos e, quando saí, havia sido promovida a Gerente de Recursos Humanos.

A Imcosul era "a loja que está do lado da gente" – esse era seu *slogan*! Era uma loja de clientela popular, muito vibrante e que apresentava na televisão comerciais hilariantes, paródicos – mas, sobretudo, baratos e populares, pegando carona nos comerciais dos concorrentes, em programas de TV e canções populares da época. Fazia uma publicidade inteligente, que proporcionava a seus clientes muito riso, além de uma enorme simpatia pela empresa.

Vários desses comerciais da Imcosul ainda se encontram disponíveis na internet, podendo ser facilmente acessados pelo YouTube. Vale a pena vê-los. Em um deles, o comercial imita o famoso comercial do jogador de futebol Gerson, campeão do mundo de 1970, em que ele aparece fumando o cigarro Vila Rica e diz que preferiu essa marca porque "gosta de levar vantagem em tudo".

Mal interpretado pela população, o comercial foi, na época, muito criticado, tendo a frase "gosto de levar vantagem em tudo" considerada própria de indivíduos egoístas e insensíveis, sem empatia nenhuma pelos outros. O pobre Gerson, que nada tinha com aquilo, passou a ser visto como o divulgador dessa máxima dos aproveitadores, chamada, então, de "lei de Gerson". O comercial da Imcosul, entretanto, brincava com aquilo – e deu certo: passou fácil a noção de que comprar na Imcosul era um jeito de você levar vantagem... para casa, na compra de um bom produto por um preço extremamente convidativo.

Outro comercial da Imcosul famoso na época foi o que imitava o ator Carlos Moreno, que fazia comerciais do Bombril, mostrando os produtos à dona de casa, espectadora da TV. "Se a senhora quiser levar este outro produto (não o Bombril) pode levar, mas a senhora não vai ficar satisfeita... etc.", dizia ele em um tom de menino educadinho, extremamente tímido. O comercial da Imcosul, também de grande sucesso no Rio Grande do Sul, ia por essa mesma linha: "se a senhora quiser comprar nessa outra loja, do concorrente, tudo bem, pode comprar, mas...!"

No YouTube, esses comerciais da Imcosul ainda hoje estão acessíveis, cercados de comentários espontâneos de ex-funcionários da rede, que comentam, com saudade, seus bons tempos de trabalho naquela empresa: "Nossa! Trabalhei na Imcosul da (avenida) Assis Brasil, acho que em 1986... Que saudade!", diz uma ex-funcionária. "Todos os anos os antigos funcionários fazem um jantar de confraternização", comenta uma outra ex-funcionária. "Que época!", exclama um terceiro. "Relembrar é viver!", filosofa um quarto... E assim por diante. O ambiente interno era realmente muito bom.

Na Imcosul conheci José Galló, com quem trabalhei primeiramente lado a lado e que depois se tornou meu superior hierárquico, tanto na Imcosul quanto na Lojas Renner, em que ele assumiu a presidência.

Quando ingressei na Imcosul, Galló era o diretor comercial, responsável por todas as operações de vendas, tendo em seguida assumido também a condução do Marketing da empresa. Ele deixou a Imcosul cerca de seis meses antes do meu desligamento, também. Na época, o executivo principal da rede era Paulo Neves, a quem reportavam Galló e o diretor administrativo, André Cirne Lima, a quem eu respondia na posição de Gerente de RH. Juntamente com outros diretores e gerentes, formávamos, na empresa, um time forte e afinado no trabalho em equipe, no qual eu me sentia totalmente integrada.

A rede Imcosul, entretanto, pertencia a um grupo familiar, o Maisonnave, liderada por Roberto Maisonnave, ao qual também pertencia o Banco Maisonnave, que entrou em recuperação judicial. Essa circunstância afetou diretamente todos os negócios do grupo, inclusive a rede Imcosul, que foi envolvida na situação de uma hora para outra, de pouco valendo seu bom desempenho econômico até então. Foram momentos difíceis esses que a administração da Imcosul viveu. Em razão deles, Paulo Neves, André Cirne Lima e José Galló deixaram a empresa, que passou a ser administrada pelo próprio Roberto Maisonnave.

Essa mudança tão repentina e radical significou também uma grande transformação no estilo de administração da rede, em termos de conceitos e práticas. Embora tentasse por alguns meses me adaptar ao novo modo de fazer as coisas, pouco a pouco fui percebendo que já não compartilhávamos os mesmos valores e eu não me sentia mais tão integrada à empresa quanto antes. Com certeza meu tempo na Imcosul estava terminando.

Galló e Cirne Lima, com quem continuava mantendo um excelente relacionamento, indicaram-me, então, a Antonio Oliveira, que presidia a rede Supermercados Real. Oliveira chamou-me para uma entrevista e me convidou para dirigir a área de RH no Supermercados Real.

Deixei a Imcosul e fui. A empresa também era familiar e o Real era o braço comercial do grupo. Na gestão estavam atuando vários membros da família proprietária, que já se encontrava na terceira geração. Antonio Oliveira tinha feito um belíssimo trabalho na Suprarroz Indústria e Comércio, em Pelotas, o braço agrícola de produção de arroz da família e havia agora assumido o Supermercados Real, que precisava de alguns ajustes, tanto financeiros quanto de gestão.

Percebi, com satisfação, que tinha reencontrado um eixo condutor para um RH mais estratégico, pois o presidente estava disposto a realmente profissionalizar a empresa – aliás, com dificuldades, uma vez que grande parte da família seguia ocupando posições-chave no negócio, em Compras, Operações etc. Essa promessa de profissionalização foi o principal fator que me motivou a ir para lá.

Na época, o Real iniciou também um projeto de ingresso no setor de hipermercados, o que era totalmente novo para todos ali. Prudente, o presidente, concluiu que seria necessário fazer um *joint venture*, e decidiu vender parte da empresa para o grupo português Sonae, que tinha grande experiência nessa modalidade. Assim se iniciou o novo negócio de hipermercados do Real.

Os portugueses da Sonae, principais condutores do novo empreendimento, vieram para o Brasil e eu os conheci, soube de seus planos e modos de operar; mas, infelizmente, desde logo percebi que não teríamos maior identidade, em termos dos valores que eles e eu professávamos. Com sinceridade, seu modo de lidar com as pessoas não me agradou – eles não pareciam ter o mesmo apego que eu ao valor representado pelos recursos humanos em uma empresa, focando suas ações estratégicas quase que inteiramente na busca do lucro com a operação do negócio, com a maior rapidez possível.

Além disso, no meu íntimo, eu achava que, em breve, a família Oliveira acabaria saindo do negócio e vendendo ao parceiro português a parte da operação sobre a qual ainda mantinha controle. Isso muito provavelmente me levaria a sair de qualquer forma, seria apenas uma questão de tempo.

Ponderei sobre tudo isso com meu superior, o presidente, mas de fato não havia muito que fazer: o novo sócio era aquele mesmo, e era com ele que seria necessário conviver e tratar. Decidi, então, que não ficaria – mas prometi ao presidente que primeiro concluiria o trabalho que estávamos realizando, de pôr o hipermercado de pé, a fim de que o negócio não sofresse solução de continuidade.

A princípio ele não quis me liberar. Argumentou, acreditando que poderia me convencer a permanecer. Ofereceu-me, inclusive, um treinamento especial, sob medida, em Portugal, para onde eu iria por um tempo a fim de conhecer melhor os métodos de trabalho e as peculiaridades na forma de atuar do novo sócio.

No entanto, ponderei de volta que isso quase certamente não me faria mudar a imagem que já havia formado a respeito, que o que eu veria por lá seria apenas mais do mesmo – e que, afinal de contas, minha estada em Portugal acabaria representando tão somente um dispêndio desnecessário de dinheiro. Ainda assim, o presidente, um homem que eu admirava por sua persistência em realizar aquilo que acreditava, achou que, com o trabalho que estávamos fazendo, eu me motivaria o suficiente e, no decorrer, mudaria de ideia – o que não aconteceu.

Esse trabalho, entretanto, era grande, magnífico mesmo: tratava-se da montagem, a partir do zero, do primeiro hipermercado que nasceria em Porto Alegre. Por três meses ou mais mergulhei intensamente no projeto, cuidando de tudo que dizia respeito à gestão de pessoas: o recrutamento, a seleção, a contratação, a ambientação, o treinamento e a orientação no dia a dia de todos os times de trabalho e seus líderes. Foi um lindo projeto de construção de uma complexa organização de pessoas, que conseguimos completar com muito êxito.

Orgulho-me do trabalho que fiz no Supermercados Real, principalmente considerando as dificuldades que enfrentávamos: algumas decisões eram difíceis, porque os membros da família que participavam da gestão da empresa nem sempre pensavam do mesmo modo que nós; e as divergências entre eles podiam, por vezes, dificultar bastante a fluência no processo de gestão de pessoas. Havia também algumas questões relativas às relações familiares que ainda não estavam devidamente resolvidas e seus efeitos, algumas vezes, respingavam nas operações do dia a dia na empresa, dificultando a implementação de decisões necessárias.

Para mim, tudo isso foi, de qualquer modo, um grande aprendizado. Com equilíbrio e ponderação, penso que consegui, no cômputo geral, dar-me bem com todos ali, agindo sempre com isenção e de forma profissional. O que me levou a deixar a empresa foi mesmo a entrada dos portugueses, com cujas atitudes eu não me afinava. Não podia concordar que as pessoas fossem vistas como peças de reposição, facilmente substituíveis, e que fossem tratadas como indivíduos que, precisando de um emprego, tivessem, para manter-se trabalhando e ganhando um salário, adotar uma atitude de permanente subserviência para com o patrão.

A relação de emprego não é nada disso, e sim uma via de mão dupla: empregador e empregado estão em uma ação de mútuo benefício, de interesse de ambas as partes, em que cada uma delas tem algo a dar e algo a receber em troca do que dá. Nessa relação, nem o patrão deve achar que está sendo magnânimo com o empregado por lhe oferecer trabalho; nem o empregado precisa mendigar ao patrão a oportunidade de continuar trabalhando.

Acho que fiz muito bem em sair. Depois disso, porém, ainda continuei mantendo contatos frequentes com colegas de lá, que às vezes me relatavam pequenas histórias infelizes, passadas com eles e com outros, que somente corroboravam o acerto de minha decisão.

Apesar de tudo, enquanto permaneci pude desenvolver trabalhos altamente interessantes e aprender muito. Tive, inclusive, a oportunidade de conhecer a Suprarroz, uma empresa que operava as fazendas de arroz e a planta de beneficiamento do produto, mantidas pelo parceiro brasileiro no interior do estado. A gestão de Antonio Oliveira nessa área tinha sido um trabalho de altíssima qualidade, um verdadeiro *benchmark* para todos que se interessavam pela área.

Destacou-se em seu trabalho na Suprarroz, aliás, a iniciativa do presidente Oliveira de desenvolver jovens talentos. Ele determinou o recrutamento de jovens promissores das cidades próximas, levando-os para serem *trainees* na empresa. Aliás, quando estive ali para conhecer o negócio, tive o prazer de dialogar com diversos dos principais gestores da Suprarroz oriundos desse bem-sucedido programa de *trainees*.

Sempre fui apaixonada por programas de *trainees*! Mantive um desses programas, de alta qualidade, na Imcosul, ao qual dava pessoalmente uma atenção especial, querendo saber de tudo que acontecia com os jovens talentos que tínhamos no grupo. Também implantei um programa de *trainees* no Supermercados Real, que em pouco tempo já começava a dar excelentes frutos. Não admira que conhecer essa experiência conduzida por Oliveira na Suprarroz tenha me impactado tanto.

Também foi de grande valia, para mim, a experiência de comandar todas as operações referentes a Recursos Humanos na montagem de um hipermercado inteiro, desde a contratação do diretor-geral do empreendimento até o preenchimento dos muitos cargos situados na base da hierarquia, passando pela idealização e concretização de todo um complexo sistema de gestão de pessoas. Poucos profissionais de RH tiveram essa magnífica oportunidade, que se apresentou a mim nessa empresa em que trabalhei.

A propósito, quero ressaltar, para quem ainda não saiba disso, que os hipermercados oferecem desafios muito distintos daqueles que encontramos na montagem de supermercados: há, na gestão dos primeiros, inúmeros pontos radicalmente diferentes daqueles que encontramos nestes últimos, e que precisam ser aprendidos, inclusive porque já tem grande vivência em supermercados.

Outro ponto que desejo mencionar é que o Real optou, na ocasião, por crescer por agregação, tendo adquirido várias outras empresas – por exemplo, uma pequena rede de supermercados do Paraná. No Rio Grande do Sul ele passou a também operar a rede Nacional, além da rede do próprio Supermercados Real. Isso representou uma dificuldade adicional, pois não é simples integrar entre si várias bandeiras de origens, culturas, produtos e clientelas tão diferentes.

Mas, como já relatei, saí dessa empresa pela falta de uma real identificação com os valores professados pelos novos gestores. Também como já disse, algum tempo depois de aberto o hipermercado, a família proprietária vendeu o restante das ações para o Sonae, que ficou com o controle total das operações. Anos depois, também o Sonae transferiu o controle acionário para o Walmart, que, por sua vez, o transferiu para um fundo de investimentos... Penso que fiz uma escolha adequada tendo saído de lá muito antes de tudo isso.

Conversei, na época, com José Galló, dizendo-lhe que não tinha intenção de ficar no Supermercados Real, e ele me fez, então, um convite para ir para a Moda Casa. Era uma operação paralela à da Imcosul, que ele havia adquirido como parte de seu acordo de saída desta empresa. Galló havia visto uma boa oportunidade nesse negócio – assim como em outra operação anteriormente ligada à Imcosul, a Eletroshop – e recebera ambas como parte de seu acordo de indenização.

Moda Casa e Eletroshop eram pequenas cadeias de lojas que seguiam um modelo americano de varejo, segundo o qual grandes lojas – nesse caso, de móveis, a Moda Casa; de eletrodomésticos, a Eletroshop – eram montadas, com instalações simples e funcionais, quase que meros galpões, em zonas de alto fluxo de veículos, afastadas dos centros urbanos. O modelo também pressupunha vendas a preços acessíveis ao grande público.

Quando Galló deixou a Imcosul, em sua negociação de saída, acabou levando consigo essas empresas, tornando-se proprietário delas, em sociedade com outro ex-diretor da Imcosul. Sua intenção era investir seu tempo e dinheiro nessas operações e fazê-las crescer.

Aquele tipo de negócio não me atraiu muito, devo confessar: eu gostava de trabalhar em empresas que contassem com um grande contingente de pessoas – o Supermercados Real tinha, na época, doze mil funcionários, distribuídos em uma grande rede de lojas situadas no Rio Grande do Sul e no Paraná. Não era esse, em absoluto, o caso, neste novo desafio. No entanto, trabalhar novamente com um *expert* do ramo como José Galló fez, certamente, uma grande diferença em minha decisão, pois eu o considerava muito e sabia quanto nos afinávamos quanto aos valores que ambos professávamos.

Fui, então, para a Moda Casa; e penso que fizemos um belo trabalho por lá, pois todos os sonhos que tínhamos em comum, sobre como administrar pessoas, pudemos colocar em prática. Apesar disso, não estava nada fácil fazê-lo, porque o orçamento era curto e a empresa, ainda no início, tinha alguns acertos financeiros a fazer.

Uma medida pessoal que tomei, depois de combiná-la com Galló, foi a de reduzir a meio turno apenas minha jornada diária de trabalho. Pensei que, nas circunstâncias, eu daria conta do trabalho nesse tempo disponível, enquanto poderia, no tempo restante, direcionar-me para exercer uma nova carreira: consultora de empresas.

Também por um pedido de Galló, comecei a prestar consultoria a um primeiro cliente, o Sindilojas, sindicato patronal do varejo no Rio Grande do Sul. Meu segundo cliente foi a Agroinvest (grupo SLC), cujo diretor, Paulo Neves, havia sido superintendente na Imcosul quando eu trabalhava ali. Da Imcosul, Neves já conhecia sobejamente meu trabalho e confiava nele, o que era uma grande vantagem inicial para que a consultoria fosse bem-sucedida. Ele me pediu para ajudá-lo também na seleção da SLC, entrevistando e avaliando os executivos que tinha de contratar, além de entregar-me outros trabalhos na área de gestão de pessoas que precisavam ser feitos por lá.

Eu agora estava, portanto, me direcionando concretamente para a atividade da consultoria – e estava gostando muito! Trabalhava em meio período na Moda Casa e na Eletroshop e na outra parte do dia me dirigia para o Sindilojas ou para a SLC. E eu estava seguindo bem dessa forma, embora ainda estivesse fazendo ajustes para uma nova vida profissional, quando...

... chegou o ano de 1991, um novo presidente assumiu o governo no Brasil e o país se deparou com o incrível Plano Collor, que sumariamente confiscou todo o dinheiro que pessoas e empresas tinham aplicado em bancos e financeiras. O resultado, ali, não foi diferente do que no restante do país: Galló viu-se, de uma hora para outra, obrigado a vender a parte dele nas empresas que tocava e o projeto de sua expansão foi subitamente interrompido. Quanto a mim, o que fazer agora? Para onde ir?

José Galló, dada sua enorme experiência no varejo, foi, então, convidado por Cristiano Renner, presidente da Lojas Renner e principal representante da família proprietária na empresa, para ajudá-lo no planejamento estratégico dessa empresa. Aliás, Galló já havia sido convidado anteriormente por Cristiano, mas não quis assumir esse papel:

– Não sou propriamente um consultor... – ele alegou na ocasião, falando sinceramente. – Além disso, tenho minha empresa...

Mas Cristiano confiava muito nele, e, dessa vez, tendo vendido sua empresa, foi Galló quem tomou a iniciativa de ligar para Cristiano:

– Bem, agora já estou disponível – disse – e, se quiser, posso ajudá-lo.

Em outubro de 1991, após uns três meses de trabalho, José Galló concluiu o planejamento estratégico da Lojas Renner e apresentou-o à Diretoria. Cristiano o convidou, então, a permanecer ali e implantar, ele próprio, o plano. Começou dessa forma o magnífico trabalho que José Galló desenvolveu na Lojas Renner, e que registrou, com detalhes, em seu belo livro *O poder do encantamento* (Ed. Planeta, 2017).

Quanto a mim, a essa altura eu já havia redirecionado minha carreira para as atividades de consultoria. No entanto, também recebi um convite vindo da Lojas Renner para tocar o RH e, de imediato, decidi aceitar. Tinha certeza de que poderia fazer um belíssimo trabalho de alavancar a gestão de pessoas, em mais uma empresa que estava, agora, iniciando seu processo de profissionalização.

Eu não havia conseguido fazer isso plenamente, como gostaria, nas empresas anteriores, Imcosul e Supermercados Real – e essa era uma oportunidade de ouro. Encerrei, então, meus trabalhos de consultoria, igualmente deixando a Moda Casa, para ingressar em Lojas Renner.

Aliás, Galló já havia me convidado para ajudá-lo na construção do próprio plano estratégico da companhia, alguns meses antes, o que fiz com prazer. Participei ativamente do projeto, sugerindo ações estratégicas para a área da Gestão de Pessoas e estruturando os conteúdos de sua apresentação à Diretoria. Cristiano também apreciou muito a minha participação e, portanto, meu ingresso na Renner foi consequência de um convite conjunto de ambos, o presidente e o agora superintendente geral da empresa.

Permaneci na Lojas Renner por 29 anos. Desde 2005, portanto há pouco mais de 15 anos, passei a ocupar o cargo de Diretora de Recursos Humanos, gerenciando as áreas de Gente & Desenvolvimento e Sustentabilidade e o Centro de Serviços Compartilhados.

Entretanto, minha experiência com Gestão de Pessoas em Lojas Renner merece ser tratada à parte, pois foi onde me realizei totalmente na vida profissional e tive a oportunidade de exercer plenamente a área de RH em nível estratégico.

Feita essa introdução, em que me apresento a você, caro leitor ou leitora, passo ao primeiro capítulo, em que discorro sobre a história, sobre a cultura e os valores e sobre a estratégia corporativa da Lojas Renner. A trajetória dessa grande empresa nos servirá de pano de fundo para examinarmos, nos capítulos seguintes, quais são os componentes fundamentais de uma área de Gestão de Pessoas que tem uma orientação claramente estratégica.

Capítulo 1

História, Valores e Estratégia: o Caso Lojas Renner

Como já relatei na Introdução deste livro, desenvolvi a maior parte da minha carreira profissional na Lojas Renner, empresa na qual fui, por muitos anos, a Diretora de Recursos Humanos. Minha atuação nessa atividade e nessa empresa deram-me uma experiência que considero única e pretendo transmitir aos meus leitores neste livro, em que trato do papel dessa área na formulação e na condução da Estratégia Corporativa de uma grande empresa.

Como pano de fundo para falar desse tema, nada melhor do que historiar a própria trajetória empreendida pela Renner. Você verá, caro leitor ou leitora, que, estudando o caso Renner, seremos capazes de desenvolver um raciocínio bastante claro sobre como a área Recursos Humanos ou Gestão de Pessoas pode e deve atuar estrategicamente na construção da história de sucesso de uma empresa.

No prédio da administração central da Lojas Renner, em Porto Alegre, um memorial apresenta a história da companhia, revelando aos visitantes os momentos-chave dessa história por meio de documentos, fotografias e objetos que estão expostos ali. Também um tocante documentário, produzido para a televisão pela Rede RBS há alguns anos, dá conta dessa história. Precisamos reproduzi-la aqui, mesmo que de forma sucinta, para entendermos melhor a cultura, os valores e as estratégias adotadas, em diversos momentos de sua trajetória, por essa grande companhia.

A história da Renner começa em 1912 e se estende por mais de um século. Em um nível mais geral, a Renner dividiu sua história em três grandes etapas, que são:

- história inicial (de 1912 a 1991);
- expandindo territórios (de 1991 a 2005);
- promovendo crescimento (de 2005 em diante).

Dentro desse amplo *framework*, essa história compreende, a partir de 1991, cinco ciclos específicos que merecem ser mais detalhados. Para tanto, apresento a seguir uma linha do tempo, na qual assinalo as datas marcantes, ou os principais momentos em cada ciclo:

História inicial (de 1912 a 1991)

1912 – Início das operações da AJ Renner.
1922 – Primeiro ponto de venda em Porto Alegre.
1940 – Renner torna-se uma loja de departamentos *full line.*
1965 – É constituída a empresa Lojas Renner S.A.
1967 – A empresa abre o capital.
1973 – É lançado o Cartão Renner.
1987 – Fim da comercialização de linha dura pesada.

Expandindo territórios (de 1991 a 2005)

Empresa familiar (1991-1998) –
1991 – Profissionalização da gestão e alteração do conceito para loja especializada de moda.
1994 – Expansão para Santa Catarina e Paraná.
1996 – Lançamento do "encantômetro", para medição da satisfação do cliente
1997 – Primeiras lojas em São Paulo.

Subsidiária da J.C. Penney (1998-2005) –
1998 – J.C. Penney adquire o controle acionário.
1999 – Expansão para o Sudeste e entrada no Centro-Oeste
2002 – Adoção do conceito de *lifestyle.*
2003 – Encerramento da comercialização de bazar e decoração.

Promovendo crescimento (de 2005 em diante) –

Corporation (2005-2012) –

2005 – Saída da J.C. Penney; entrada no Novo Mercado (primeira *corporation* brasileira).
2006 – Entrada na região Nordeste e introdução de produtos financeiros.
2007 – Entrada na região Norte.
2010 – Introdução de cartão *co-branded* e *e-commerce.*
2011 – Aquisição da Camicado.

Fast retailer (2012-2019) –

2012 – Inauguração do novo Centro de Distribuição no Rio de Janeiro e do Centro de Serviços Compartilhados.
2013 – Lançamento da marca Youcom.
2014 – Presença de Lojas Renner em todos os estados brasileiros e no Distrito Federal.
2015 – Novo Centro de Distribuição em Santa Catarina e comemoração de 50 anos de Lojas Renner.
2017 – Lançamento da Realize CR e das primeiras lojas UY.

Ciclo digital (2019 em diante) –

2018 – Início do Ciclo Digital.
2019 – Sucessão do CEO.

A partir de 1991, portanto naquilo que podemos chamar de "a fase moderna" na trajetória da Lojas Renner, percebemos que, por coincidência ou não, fazia muito sentido pensarmos em ciclos ou períodos de sete anos – ou setênios – tal como foi proposto no conhecido estudo do desenvolvimento humano feito pelo educador suíço Rudolf Steiner (1861-1925), que incorporou essa tese em sua Pedagogia Waldorf e na disciplina que chamou de Antroposofia.

A Lojas Renner nunca teve qualquer ligação conceitual com essas disciplinas; no entanto, ocorreu a nós, que estávamos na empresa, que faria muito sentido dividir sua história em ciclos de sete anos. Percebemos isso ao notar que, na história da Lojas Renner, a partir de 1991, de fato cada período de sete anos marcava um verdadeiro ciclo, separado do anterior e do posterior por algum acontecimento notável. Assim, começamos a prestar maior atenção aos nossos próprios setênios: 1991-1998,

1998-2005, 2005-2012, 2012-2019... Levando isso em conta, não é ocioso pensar que nos encontramos agora mesmo, em 2021, em meio a um novo ciclo desses, que deve terminar em 2025.

Nas páginas seguintes, caro leitor ou leitora, irei descrever com algum detalhe mais, esses ciclos na existência da Lojas Renner.

História inicial (de 1912 a 1991)

Antonio Jacob Renner (1884-1966), conhecido como A.J. Renner, era neto de imigrantes alemães e nasceu em Feliz, pequena cidade no vale do rio Caí, no Nordeste do Rio Grande do Sul, região de forte imigração alemã.

Aos 12 anos, A.J. já trabalhava duro na refinaria de banha que havia sido montada pelo pai. Com apenas 14 anos saiu de casa para ir em busca de seus próprios sonhos: transferiu-se para a capital do estado, Porto Alegre, onde conseguiu um emprego como aprendiz de ourives, tendo em pouco tempo aprendido o ofício e se tornando um artesão.

Aos 19 anos retornou à casa dos pais, que agora viviam em Montenegro, próximo de Feliz, e ali montou sua própria ourivesaria. Pouco depois, casou-se com a filha de um comerciante de São Leopoldo, também de família alemã. O próspero negócio do sogro se beneficiava do intenso tráfego de viajantes pelo porto fluvial local, e ele convidou A.J. para fechar sua ourivesaria e ir trabalhar com ele.

A.J. aceitou e se tornou caixeiro-viajante, viajando pelo interior do estado. Era uma atividade nova para ele, que, entretanto, foi impulsionada pela recente inauguração do ramal local da ferrovia, símbolo de uma modernidade que então chegava à região.

Em uma dessas viagens, A.J. identificou uma necessidade da população da zona rural no interior do estado: as pessoas saíam muito cedo para o trabalho no campo e, no inverno, sofriam grande desconforto por terem de enfrentar o frio e a geada.

Sensível a isso, A.J. concebeu e passou a fabricar um produto destinado a esse público: uma capa de tecido que aquecia e era impermeável, cobrindo o corpo do cavaleiro e também o dorso da montaria. Chamou-o de "Capa Ideal".

O produto fez sucesso e o negócio prosperou. Ao longo dos anos, A.J. acrescentou à linha de fabricação outros produtos de confecção destinados ao mercado masculino: ternos, blazers, calças. Dessa forma, em 1912, tornou-se um empresário da indústria de confecções, dando início à A.J. Renner & Cia.

Por um longo período de várias décadas. A.J. tocou prosperamente seus negócios. Em 1922 montou seu primeiro ponto de venda próprio, uma loja de fábrica em Porto Alegre; e, em 1940, ampliou a atividade comercial, abrindo sua primeira loja de departamentos *full line* (isto é, comercializando uma ampla gama de produtos, de confecções e produtos de bazar, móveis, fogões e refrigeradores), na rua Otávio Rocha, no centro de Porto Alegre.

A.J. foi também um empresário sensível às necessidades de seus colaboradores: em uma época em que a seguridade social oferecida pelo estado ainda era precária, criou diversos serviços que facilitaram a vida de seus empregados e familiares, como cooperativas de crédito e de consumo, creche, serviços de ambulatório e atendimento à saúde. Também como investidor, A.J. diversificou seus negócios, abrindo ou participando acionariamente de várias empresas, em ramos diversos.

A Renner teve ainda uma experiência memorável de marketing esportivo, com a iniciativa de montar e manter atuante, por vários anos, uma equipe de futebol profissional, o Grêmio Esportivo Renner, entre 1931 e 1957. O G.E. Renner, por sinal, ganhou o campeonato estadual de futebol em 1954.

No ano de 1965 foi fundada a empresa Lojas Renner S.A. Oficialmente, portanto, é esse o momento inaugural da empresa sobre a qual estamos falando. Nessa época já era bastante forte a concorrência que a Lojas Renner tinha de enfrentar no comércio varejista de Porto Alegre e em todo o estado do Rio Grande do Sul. Os principais concorrentes, por sinal, eram grandes empresas de propriedade familiar: Hermes Macedo, Mesbla, J. H. Santos, Grazziotin, Colombo, Imcosul.

J. Renner faleceu em 1966, aos 82 anos de idade. Tinha, então, seis filhos e catorze netos. Foi pranteado como conceituado patriarca, amado pelos familiares e visto pela sociedade como um benemérito e uma importante personalidade pública, além de ser reconhecido também como um dos mais destacados empresários do Rio Grande do Sul e do Brasil. Os negócios que deixou continuaram, obviamente, tocados pela família.

Em 1967, a Lojas Renner tomou uma decisão inusitada, mesmo para uma empresa de grande porte: abriu o capital, fazendo um IPO (primeira oferta pública de ações) na Bolsa de Valores de São Paulo. Foi uma opção para sua capitalização que, entretanto, demonstrou grande desprendimento dos seus acionistas, cujo espírito empreendedor prevaleceu sobre questões puramente emocionais que comumente guiam as decisões das famílias proprietárias, nas empresas familiares.

Em 1973, a Lojas Renner foi novamente pioneira, com a introdução de um *private label* (cartão de crédito próprio), lançado com a intenção de agilizar a concessão de crédito, ampliar as vendas e fidelizar clientes.

Nas décadas de 1970 e 1980, o ambiente dos negócios brasileiro passou por fases marcadamente distintas – primeiro ascendendo aos céus e, em seguida, descendo aos infernos! A violenta oscilação que houve na economia marcou profundamente a trajetória de praticamente todas as empresas.

Os anos 1970 começaram extraordinariamente prósperos, com o país experimentando um impressionante crescimento econômico. Todavia, em poucos anos a euforia que havia deu lugar a um estado de prostração geral, que se seguiu às crises mundiais do petróleo, em 1973 e 1979.

A dívida externa brasileira cresceu desmesuradamente de uma hora para outra, as fontes de financiamento secaram de repente, veio a avassaladora inflação e um grande desemprego se instalou no país. Os anos 1980 marcaram definitivamente a História do Brasil, passando a ser lembrados como "a década perdida".

Para a Lojas Renner, a concorrência era muito forte pelo fim dos anos 1980; e, em 1987, a empresa decidiu que descontinuaria a comercialização de produtos da linha dura e pesada (móveis, fogões, refrigeradores), para concentrar-se especificamente em confecções e moda.

No entanto, grandes grifes de moda entravam no Brasil nessa época, licenciando seu produto para comerciantes especializados locais, o que recrudesceu muito os embates no mercado local. Este se transformava muito rapidamente, ao ponto de os acionistas da Lojas Renner chegarem à conclusão de que um novo rumo devia ser dado à empresa. Ela precisava de um novo plano estratégico e de um novo choque de gestão.

Expandindo territórios (de 1991 a 2005)

Empresa familiar (1991-1998) –

Em 1991, a direção da Lojas Renner decidiu que algo mais incisivo devia ser feito para manter a empresa competitiva e concluiu que o momento exigia a implementação de um novo plano estratégico, que pudesse dar um rumo inteiramente novo à empresa e alavancar sua performance nos anos futuros.

Para coordenar a formulação desse plano estratégico em conjunto com a direção e o Conselho de Administração, a empresa convidou um especialista em varejo, José Galló, de 40 anos de idade, que havia tido passagens recentes de muito êxito por Imcosul, Moda Casa e Eletroshop.

Galló, que era amigo dos controladores da Lojas Renner e gozava de sua inteira confiança, aceitou o desafio e começou a fazer reuniões com os diretores da Lojas Renner, elaborando um plano estratégico para a empresa seguir nos próximos anos. O plano requereu cerca de três meses de intensas reuniões de trabalho entre o consultor e os dirigentes de Lojas Renner, após o que foi integralmente aprovado pelo Conselho de Administração.

Na época, a Lojas Renner tinha um contingente de pouco mais de 800 empregados lotados em oito lojas, um centro de distribuição e algumas áreas administrativas. Faturava algo em torno de US$ 1 milhão anualmente, receita que precisava ser substancialmente elevada. Como principais trunfos, ela tinha um nome tradicional no Rio Grande do Sul, uma marca forte, conhecida e prestigiada e uma situação econômico-financeira modesta, mas não problemática.

Faltava-lhe, porém, um melhor posicionamento no mercado, em termos dos quatro P do marketing: produto, preço, ponto de venda e promoção. Seu sortimento de produtos também tinha de ser substancialmente melhorado, as lojas precisavam de remodelação e, ademais, havia muitas oportunidades de mercado ainda inaproveitadas.

Pronto o plano estratégico, a questão óbvia a ser resolvida era quem o colocaria em prática, na qualidade de principal executivo da Loja Renner. A solução para essa questão já se delineava durante a própria elaboração do plano: o próprio José Galló seria o nome mais indicado. E. com efeito, ela foi convidado a permanecer à testa da empresa.

Com sua grande experiência no grande varejo, Galló era mesmo um profissional talhado para essa missão; e ele aceitou o desafio, mergulhando integralmente no projeto de remodelamento da Lojas Renner.

Nesse momento se inicia minha própria história na Lojas Renner, empresa em que fiz a parte principal de minha carreira, gerindo RH em nível estratégico. Eu havia trabalhado na Imcosul, lado a lado de José Galló, ali também dirigindo a área de RH, montando e conduzindo programas de recrutamento e seleção, treinamento e desenvolvimento, remuneração, avaliação de desempenho e potencial, motivação de empregados etc. e havia trabalhado com ele em Moda Casa e Eletroshop. Assim, nos conhecíamos muito bem, além de termos os mesmos valores, confiarmos nos mesmos métodos e processos de gestão e nos afinarmos totalmente quanto às práticas de gestão a serem usadas no dia a dia de uma empresa.

Assim, pareceu totalmente natural para ambos que ele me convidasse a ajudá-lo, primeiro na formulação do plano estratégico da Lojas Renner e, uma vez este aprovado, no trabalho de o implementar na empresa. Entrei para Lojas Renner, então, em 1992, primeira no cargo de Gerente de Recursos Humanos. Em alguns anos mais, em 2008, passei a fazer parte da Diretoria, como Diretora de RH.

Na ocasião, a família Renner foi muito apoiadora, o que também foi fundamental, pois é praticamente impossível para qualquer executivo iniciar um trabalho de transformação organizacional, especialmente desse porte, sem ter ganhado a total confiança dos principais acionistas.

Galló imediatamente passou a atacar os problemas cruciais da empresa. Um dos maiores entre eles estava no estoque de produtos: havia necessidade de uma grande reformulação no sortimento das lojas e faltavam critérios adequados para a escolha dos produtos certos a serem oferecidos aos clientes – e essa circunstância gerava problemas de estoque, vendas e fluxo de caixa, entre outros.

A principal concorrente da Lojas Renner, na ocasião, era a C&A, que, sabemos todos, era (e é) uma tradicional cadeia de lojas de moda e vestuário, de origem holandesa, com incríveis 180 anos de existência. A C&A era uma concorrente extremamente aguerrida, com uma marca fortíssima e uma tradição invejável. Jamais poderia ser menosprezada, e o novo Diretor Superintendente de Lojas Renner, com seu atilado senso de gestão, já havia de longe percebido isso.

Frente a um concorrente direto tão poderoso, em um mercado difícil e intrincado – daquele tipo que W. Chan Kin & Renée Mauborgne (prZ **Estratégia do Oceano Azul**, Ed. Sextante, 2018) chamam de "oceano vermelho" –, como deve agir o gestor principal de uma empresa, para que esta não apenas sobreviva, mas conquiste seu espaço, cresça, imponha-se e se perenize?

A história da administração mostra inúmeros casos de renhida concorrência direta entre companhias, produtos e marca as. Era algo semelhante que se delineava em Porto Alegre, entre C&A e a Lojas Renner.

Galló optou por usar a força do concorrente como argumento para pedir empenho e dedicação às equipes de trabalho das Lojas Renner e motivá-las para os duros embates diários contra a C&A. Não tínhamos como ignorar o valor daquela empresa e, para suplantá-la nas batalhas do cotidiano, precisaríamos de muita inteligência, esforço e determinação.

Entrementes, já a partir de 1992 a Lojas Renner começou a se reposicionar no mercado, em torno da clientela que haviam escolhido: a mulher. A empresa começou, assim, a reformular o *layout* de suas lojas e a refazer seus estoques, procurando privilegiar sempre a mulher como cliente final preferencial.

Mais especificamente, o *target* da empresa passou a ser a mulher das classes A-, B e C+, com idade entre 18 e 39 anos – uma mulher moderna, que tem profissão e trabalha fora, que nutre ambições pessoais e sabe reconhecer seu lugar na sociedade. Aliás, uma sutileza por trás disso foi que o nome "Renner", que até então vinha sendo tratado no masculino ("o" Renner) quase imperceptivelmente foi passando a ser mencionado no feminino, como é sempre citado agora: "a" Renner.

Tendo definido seu principal público-alvo, Galló e sua equipe de direção trataram de observar detidamente o que acontecia com esse público no mercado: que opções de compra de roupas teria essa mulher? O que ela quereria, quais seriam suas preferências? Galló pediu que todos, nas equipes de trabalho da Lojas Renner, dessem a máxima atenção às iniciativas dos concorrentes, constantemente se perguntando sempre o que estariam oferecendo a esse público e por quê. Ele queria – e dava ele próprio o exemplo – que todos os executivos estivessem sempre visitando as lojas da Renner e as lojas dos concorrentes. "É preciso gastar sola de sapato, para encantar o cliente", é o que ele sempre dizia a todos.

Profundamente empenhado em conhecer o máximo possível do seu público-alvo o Diretor Superintendente da Lojas Renner se perguntava: qual proposta de valor vamos formular para nossa clientela? Quais valores teremos nós mesmos de professar, para implementar com êxito essa proposta de valor? Em que devemos crer e o que devemos praticar internamente? Quais traços de união nos tornarão uma equipe coesa em busca de satisfazer a essas necessidades de nosso público-alvo?

Como responsável pela gestão de RH da Lojas Renner, participei ativamente desse processo de transformar valores em prática concreta: a estratégia dessa área, nesse sentido, consiste justamente nisso: dar concretude e visibilidade a esses valores escolhidos e adotados pela empresa.

A proposta original da Lojas Renner, segundo o plano estratégico que fora elaborado, era não permanecer como uma empresa apenas gaúcha, mas expandir-se, abrindo lojas no Paraná e em Santa Catarina e, assim, tornar-se a maior empresa de varejo da região Sul do país.

Entretanto, esse plano teve de ser postergado por um tempo, pois havia algo mais urgente a resolver. Os quatro Ps do marketing (produto, preço, promoção e padronização dos pontos de venda) inspiravam cuidados e Galló tratou primeiro de reforçar esses aspectos, dedicando-se a eles nos dois primeiros anos de sua gestão. Em 1994, efetivamente, começamos a expansão para os dois outros Estados do Sul e nos tornamos a maior empresa do ramo na região Sul, como havíamos previsto.

Foi nesse ano que a empresa, tendo se reposicionado em termos dos quatro Ps, definiu uma nova estratégia de comunicação com o mercado, fazendo investimentos mais substanciosos em publicidade. Para tanto, foi buscar no mercado uma boa agência, tendo escolhido a Paim, que passou a ter Lojas Renner como sua cliente a partir de 1995.

Também foi nessa época que abrimos uma nova loja no Praia de Belas Shopping, em Porto Alegre, e adotamos um novo modelo de atendimento inteligente. Decidimos que a figura do vendedor tradicional deveria ser substituída por outra: o cliente deveria ter um serviço de autoatendimento, pelo qual faria, com total autonomia, suas escolhas na loja, mas contaria com a ajuda do profissional de vendas, quando a solicitasse ou esta fosse necessária. Essa experiência bem-sucedida foi então estendida para demais lojas e veio a se tornar o embrião de um incrível programa de Encantamento do Cliente, que viríamos a implantar pouco tempo depois.

Nossa expansão prosseguiu e, em 1997, chegamos a São Paulo, onde até então a Lojas Renner ainda não tinha lojas. Um novo plano estratégico foi feito para isso. Na época, as marcas mais conhecidas na capital paulista eram, sem dúvida, Mappin, Mesbla e C&A. Para vir a ser a maior varejista de sua especialidade no Brasil, era fundamental que a Lojas Renner também conquistasse São Paulo.

Não sendo uma varejista conhecida no estado, entretanto, lhe era difícil conseguir uma loja de dois ou três mil metros quadrados em um shopping center em uma área nobre da capital. A opção foi selecionar outros shopping centers, em cidades populosas e de bom poder aquisitivo da Grande São Paulo. Foram escolhidas as cidades de Osasco e São Bernardo do Campo. Mais tarde, a empresa conseguiu abrir ainda outra loja no Shopping Center Eldorado, um dos seus primeiros alvos.

Ao mesmo tempo, a empresa começou a tentar interessar investidores com a intenção de melhor capitalizar-se para ampliar ainda suas operações. *Road shows* foram feitos em 1995, com a finalidade de despertar o interesse de investidores pela empresa, até mesmo internacionais. Coordenaram esse esforço a Dynamo, o Banco Icatu e o investidor profissional.

Um dos grandes valores que decidimos introduzir na Cultura Organizacional, e que seria central para a Estratégia Corporativa, foi o que convencionamos chamar de "Encantamento do Cliente"; e, em 1996, lançamos um sistema de medição da satisfação do cliente nas lojas, que chamamos informalmente de Encantômetro, nome que pegou.

O Encantômetro era (e é) um sistema de rápida avaliação do atendimento recebido pelo cliente. Imediatamente após ter sido atendido, o cliente o avalia, assim como também avalia sua própria experiência de compra. Somente no ano de 2020, o Encantômetro registrou cerca de três milhões de opiniões nas unidades das Lojas Renner, com absoluta predominância de clientes satisfeitos e muito satisfeitos somados atingindo um patamar impressionante de 97% das opiniões.

O Encantômetro tem também a utilidade de permitir, que, nos poucos casos em que o cliente diz estar insatisfeito com o atendimento recebido, fiquemos cientes de algum ponto a melhorar em nossa atividade. Assim, o cliente também nos ajuda a corrigir problemas e defeitos, transformando nosso serviço em algo sempre melhor. A realidade é que, desde sua implantação, o Encantômetro foi se tornando uma marca registrada e um autêntico símbolo da Cultura Renner.

Desejávamos que cada colaborador das Lojas Renner se sentisse responsável por fazer sempre algo mais pelo cliente a cada atendimento. Queríamos que o colaborador surpreendesse o cliente, lhe oferecendo algo de que este necessitasse, mesmo que não estivesse plenamente consciente disso. Esse conceito surgiu a partir de leitura e debates que fizemos sobre experiências memoráveis de serviço ao cliente oferecidas pela literatura especializada.

Uma das experiências inspiradoras veio do maravilhoso trabalho feito pelo CEO da Scandinavian Airlines System (SAS), Jan Carlzon. Em seu livro *Moments of Truth* ("A Hora da Verdade", na edição brasileira), Carlzon relatou esse trabalho com certo nível de detalhe, contando como conseguiu transformar a SAS em uma empresa admirada no mundo todo e em que todos queriam viajar. O aspecto-chave que o levou a conseguir isso foi o empoderamento de seus funcionários, para que efetivamente cuidassem dos clientes – em última análise, para que os encantassem, sempre que fosse possível.

Além desse modelo, também nos inspiramos em outros exemplos. Outra maravilhosa experiência de encantamento do cliente é aquela apresentada pela Disney Corporation, especialmente em seus parques na Califórnia, na Flórida, em Paris, em Tóquio – principalmente a proposta de que cada *host* ou *hostess* (o colaborador ou colaboradora que lida diretamente com o visitante no parque) deveria ser selecionado principalmente com base em sua personalidade e sua capacidade de ser empático ("o novo colaborador pode não ter experiência no trabalho que fará, mas isso é ensinável!", diz a pregação da Disney).

Há outros casos exemplares de excelente atendimento ao cliente que fizemos questão de também de conhecer, com as lições de Tom Peters a respeito em seu livro *Prosperando no Caos* (Ed. Harbra, 1990) ou as experiências da varejista norte-americana Nordstrom, uma importante rede de lojas de departamentos de luxo.

O fato é que a Lojas Renner mostrou uma grande competência em elaborar seu próprio programa de Encantamento do Cliente, partindo de alguns exemplos. Criamos, por exemplo, um programa de treinamento e motivação dos empregados de todas as unidades da empresa, que chamamos de "Magia Renner", com o qual pudemos sensibilizar todo o contingente de colaboradores, apostando na capacidade de realização de uma equipe que estivesse altamente motivada.

Em larga medida, isso foi conseguido pelo exemplo pessoal do Diretor Superintendente. Galló sempre agiu com grande espontaneidade e simplicidade, traços de personalidade que tinha (e tem) e sempre fez questão de mostrar aos seus comandados. E, quando o executivo principal da organização se mostra assim tão prontamente disponível e receptivo para com todos na organização, certamente não faz sentido que seus diretores e gerentes ajam de forma contrária e se mostrem formais e distantes.

Assim, em relativamente pouco tempo, começamos a notar, mesmo nas mais distantes unidades da Lojas Renner, que o modo como as pessoas estavam se tratando entre si e lidando com as coisas do dia a dia estava se tornando algo cada vez mais leve e descontraído.

O compromisso com o Encantamento do Cliente seguiu foi se firmando cada vez mais como uma marca registrada da Cultura Renner. Em 1996, a empresa criou um concurso para premiar as melhores histórias verdadeiras, ocorridas nas suas lojas e outras unidades, narradas pelos empregados, sobre o tema "Encantamento do Cliente".

O que levou a esta iniciativa foi um episódio digno de ser relembrado: como fazia assiduamente, o CEO Galló visitou, certa ocasião, nossa loja no Shopping Iguatemi, em Porto Alegre e, em conversa com o gerente, ouviu um relato maravilhoso:

Um médico de São Leopoldo havia comprado um*smoking* na Lojas Renner e o tinha deixado na loja para ajustes. Entretanto, por razões que não vêm ao caso, acabou não voltando para buscar o produto. Retornou, sim, quatro anos depois (!), quando as Lojas Renner nem mais comercializava esse produto. E, esperadamente, o cliente não encontrou seu *smoking*.

Que fazer? Frente à situação, o gerente não podia decepcionar o cliente e, para resolver o problema, decidiu ir à concorrência e comprar um *smoking*. Foi o que fez, conseguiu que o cliente o experimentasse, efetuou os ajustes necessários e, por fim, entregou o produto sem ônus algum ao cliente, com quatro anos de defasagem. Galló ficou boquiaberto ao ouvir isso: o gerente da loja havia se arriscado a tomar uma decisão pessoal que não tinha respaldo no rol de suas atribuições; no entanto, ciente de que seu papel era manter o cliente satisfeito, ele se arriscou e agiu daquele modo. E, desse modo, ele realmente havia encantado aquele cliente!

Galló viu nesse precedente uma inspiração: empoderar o colaborador para que se sentisse autônomo, a ponto de tomar por si mesmo uma decisão que o levasse a encantar o cliente... Esse teria de passar a ser um pilar de sustentação na gestão de vendas e marketing da Lojas Renner!

Desse exemplo nasceu o programa da Lojas Renner que estimula o relato de histórias de encantamento pelos colaboradores. Aqueles que fizessem algo para superar a expectativa do cliente poderiam relatar essa história por escrito e a enviar à sede da empresa, onde as histórias seriam avaliadas e classificadas, selecionando-se as melhores para premiações mensais e semestrais.

Até hoje o programa existe e faz grande sucesso. O vencedor do concurso é convidado a viajar a Porto Alegre, onde é homenageado em uma linda cerimônia, à qual comparecem os diretores e a celebração se encerra com um almoço. Os colaboradores valorizam muito esse programa e gostam de visitar a loja da rua Otávio Rocha, um símbolo da Lojas Renner, a primeira aberta pela empresa, muito tempo atrás!

Quando da inauguração da loja no Praia de Belas Shopping, durante o treinamento dos colaboradores para adoção desse princípio do Encantamento do Cliente como um valor primordial, a título de exercício certa vez pedimos aos participantes que compusessem, para uma alguma música já conhecida, uma nova letra que falasse do tema "Encantamento do Cliente". De imediato percebemos que o exercício era excelente para avaliar se os colaboradores que passavam pelo treinamento haviam, de fato, entendido o que esse valor representava e como deveria se expresso no dia a dia. Passamos a repetir o exercício a cada treinamento, com a música composta se transformando em uma espécie de hino da loja, não raro acompanhada de um grito de guerra, também escolhido pelos participantes.

Para reforçar esse valor, criamos também o informativo interno "Planeta Renner", hoje acessado online, diariamente, por cerca de 19 mil colaboradores. Foram criados também o canal Renner de comunicação interna, assim como convenções anuais dos gerentes, nas quais os valores da empresa são retomados e debatidos, sendo os resultados desse exercício posteriormente cascateados para as equipes abaixo.

Subsidiária da J.C. Penney (1998-2005) –

Em 1998, a varejista norte-americana J.C. Penney comprou 98% do controle acionário da Lojas Renner. Nossa empresa, portanto, deixou de ser uma empresa familiar para se tornar a subsidiária brasileira de uma empresa varejista norte-americana. A J.C. Penney já havia operado anteriormente também no México e no Chile, além de Porto Rico e, naturalmente, nos Estados Unidos. Para a Lojas Renner, começava aí um novo ciclo de vida, com importantes impactos em sua orientação estratégica e em sua Cultura Corporativa.

"O que é essa empresa, a J.C. Penney?" – perguntaram-se, é claro, os colaboradores da Lojas Renner, quando receberam a notícia da compra da empresa em que trabalhavam.

A J.C. Penney era (e é) uma rede de lojas de departamentos *full line*, estabelecida nos EUA, de médio porte para os padrões americanos, com lojas em todos os Estados da Federação e em Porto Rico. Na maioria, suas lojas (atualmente mais de 600 nos EUA) localizam-se em shopping centers suburbanos.

Fundada por James Cash Penney (1875-1971), a empresa teve origem em 1902, na pequena cidade de Kemmerer, no estado de Wyoming, tendo o dono transferido sua sede, sete anos depois, para a conhecida cidade de Salt Lake City (Estado de Utah), por desejar estar mais próximo de casas bancárias e ferrovias – o que facilitaria seus negócios. Em 1912 (mesmo ano em que, muito longo dali, no Rio Grande do Sul, o jovem A.J. Renner estava abrindo seu negócio), nos EUA, nas Montanhas Rochosas, J.C. Penney já tinha uma respeitável cadeia de 34 unidades.

A trajetória da J.C. Penney foi de um salutar e estável crescimento nas décadas seguintes; e, em 1940, ela já tinha mais de 1.600 lojas em todo o país. Uma curiosidade é que, nesse mesmo ano, ingressava para trabalhar em uma dessas lojas, localizada em Des Moines, no Estado de Iowa, um jovem americano recém-formado em Economia, chamado... Sam Walton – que, onze anos depois, iria abrir, com a esposa, em Bentonville (Estado de Arkansas) a sua própria loja comercial, embrião da mundialmente conhecida Walmay

James Cash Penney morreu aos 95 anos em 1971, mas a ascensão da empresa que fundara prosseguiu estável pelo menos até dois anos depois, quando atingiu seu pico de mais de 2 mil unidades em operação, 300 delas *full line*. No entanto, a empresa foi duramente atingida pela recessão que se abateu sobre os EUA em 1974; e o preço de suas ações no mercado caiu vertiginosamente para apenas um terço do valor anterior, com graves consequências.

Começou aí um sério estágio de declínio da companhia. Em poucos anos ela teve de fechar vários negócios e vender ativos nos EUA e em outros países, além de transferir sua sede para outra cidade: Plano, no Estado do Texas.

Curiosamente, em 1998, quando adquiriu o controle acionário da Lojas Renner no Brasil, a empresa norte-americana tinha uma rentável rede de drogarias como um dos seus negócios mais importantes; e era também a maior varejista em vendas por catálogo dos EUA (uma vez que a Sears, famosa pelo uso e pela própria invenção desse canal de vendas, já havia encerrado suas operações por essa via).

Em dezembro de 1998, o jornal *The New York Times* noticiou a aquisição, pela J.C. Penney, do controle acionário da Lojas Renner S. A., no Brasil, por pouco mais de US$ 33 milhões. É preciso dizer que, para os padrões da J.C. Penney, a operação brasileira era pequena: em comparação com o que permitia o porte muito maior da varejista norte-americana, o faturamento anual da empresa, no Brasil, não passava de US$ 300 milhões. Isso significava aproximadamente 1% do total que era faturado pela J.C. Penney em termos mundiais!

No entanto, um dado extremamente atraente para os americanos era que a rentabilidade da operação brasileira era invejável: o Ebitda da Lojas Renner, nessa época, era de cerca de 8%, portanto, significativamente mais alto do que o Ebitda médio da J.C. Penney nos EUA e outros países, que chegava apenas à metade desse valor. Além do mais, o giro de estoque brasileiro era de 8, sendo o da J.C. Penney como um todo de somente 2, 8!

Para a Lojas Renner S.A., a mudança de controle acionário teve a condição de instilar na empresa uma nova onda de energia e agilizar as operações. É pouco afirmar que o novo controlador prestigiou integralmente as ideias e a orientação estratégica que o principal executivo de Lojas Renner, José Galló, vinha imprimindo à sua nova subsidiária.

Mais do que isso, a importância da Cultura Organizacional e a alta qualidade da gestão estratégica de Galló à frente da empresa tinham sido fatores decisivos na decisão da J.C. Penney de adquirir o controle da Lojas Renner. A continuidade dessa gestão era, por conseguinte, um requisito essencial para que a matriz norte-americana se sentisse confortável acerca do acerto do investimento que fizera.

A Lojas Renner impulsionaram decisivamente, partir desse momento, seus planos de expansão, que foram totalmente referendados pela empresa-mãe, nos EUA: a expansão para a região Sudeste, bem como a entrada no Centro-Oeste do território brasileiro.

Quase imediatamente, no início de 1999, a oportunidade do século de iniciar essa expansão se delineou; e a Lojas Renner adquiriu porções importantes das conhecidas empresas Mesbla e Mappin, com isso acrescentando mais sete lojas às 21 unidades comerciais que já tinha, totalizando uma ampliação, nesse ano, para 28 lojas.

Mappin e Mesbla eram marcas muito importantes na história do varejo brasileiro e o encerramento de suas atividades foi bastante melancólico, dadas as inúmeras histórias outrora repletas de alegria e êxito que ambas as empresas haviam acumulado ao longo de décadas.

Em situação pré-falimentar, ambas haviam sido adquiridas pelo empresário Ricardo Mansur. Agressivo nos negócios, Mansur pretendia fundir as duas empresas, torná-las rentáveis e as revender com lucro. Contudo, não logrou êxito nessa iniciativa e acabou por desistir do projeto, tendo sido decretados, finalmente, a falência e o encerramento definitivo das atividades de Mappin e Mesbla.

O executivo da J.C. Penney encarregado das operações internacionais na época era George Kapingler. Em visita a Porto Alegre na ocasião, Kapingler ficou entusiasmado com a perspectiva de adquirir os principais pontos de venda de Mesbla e de Mappin nos Estados situados nessas regiões.

Essas empresas também tinham lojas instaladas em outras regiões do País e a aquisição de mais unidades pertencentes a elas chegou a ser cogitada. Porém, Kapingler tinha outra posição, que acabou prevalecendo: para suprir pontos de venda já estabelecidos nas regiões Norte e Nordeste do Brasil, parecia-lhe mais indicado negociar com redes que já tivessem uma presença marcante nessas regiões.

A rede Riachuelo, muito forte no Norte e no Nordeste foi lembrada como possível alvo da J.C. Penney. Todavia, a negociação entre ambas nem chegou a ser tentada, por ser desde logo evidente que os controladores da Riachuelo não tinham interesse no assunto. Assim, enquanto sob o comando da J.C. Penney, a Renner não chegou a expandir-se para o Norte e o Nordeste do Brasil – o que somente veio a acontecer mais tarde, em 2006/07.

Lojas Renner estava, então, fortemente direcionada para a adoção do conceito de *lifestyle*. Seu plano estratégico claramente definia essa escolha como muito importante, ao ponto de já estar previsto (o que realmente foi feito em 2003), o encerramento da comercialização de produtos de bazar e decoração, para que houvesse uma efetiva concentração em moda e *lifestyle*.

Na virada para o século 20, a aplicação do conceito de *lifestyle* estava sendo visto como um importante avanço no mercado da moda e a Lojas Renner se interessaram tão fortemente por ele. Em linhas gerais, o termo *lifestyle* – estilo de vida – significa o modo de viver de um grupo social, levando em conta seus valores, comportamentos, hábitos, aparência, ambientes frequentados, relacionamentos mantidos, tipo de lazer que praticam, aspectos da vida que mais valorizam, o modo como usam seu tempo pessoal, em que aplicam seu dinheiro...

Uma especialista norte-americana nessa área, Fatima Whitaker, havia fundado em 1991, em Nova York, sua consultoria, a Whitaker International, por meio da qual aplicava um método próprio no desenvolvimento do *lifestyle*. Não pudemos contratá-la de imediato para nos assistir nesse área, porque sua empresa na ocasião estava atendendo à C&A. Mas, em 2000 ela encerrou seu compromisso com nossa concorrente e pudemos trazê-la para nos ajudar a implantar na Lojas Renner o confeito de *lifestyle*.

Assim, ao se iniciar o novo século, já em sua primeira década, Lojas Renner estava fortemente empenhada em recorrer a esse conceito na seleção de suas linhas de produtos. Para nós, optar por esse conceito significava também outra coisa igualmente importante: passar a trabalhar com marcas próprias.

Isso representou uma grande transformação em Lojas Renner, que tinha por muitos anos trabalhando com fornecedores de produtos com os quais sempre teve uma relação de alto nível. Mudar tão radicalmente de estratégia não era algo simples, requerendo muito cuidado, atenção aos negócios e respeito para com nossos parceiros, leais fornecedores de vários anos.

Até então, os fornecedores de confecções vinham a Lojas Renner para apresentar e defender suas coleções. A Lojas Renner os ouvia e fazia sua escolha dos produtos que estivessem de acordo com nossa concepção de moda, adquirindo-os e os colocando à venda. Agora tudo deveria ser feito de modo diferente: criaríamos as nossas próprias marcas, com as quais passaríamos a operar. Assim foram criadas várias delas: Cortelle, Blue Steel, Marfinno, Just Be... Cada marca representava um estilo de vida e tinha consumidores previstos, cujas personas eram claramente reconhecíveis.

Essa nova concepção teve de ser amplamente debatida com a J.C. Penney. O varejista norte-americano não trabalhava desse modo e não vinha pensando nessa linha. Assim, seus representantes precisaram ser convencidos de que a experiência que queríamos introduzir na sucursal brasileira realmente valeria a pena, ao menos como uma operação piloto. Mas sua compreensão da questão foi digna de nota e, por fim, estávamos todos, matriz e sucursal brasileira, alinhados em torno dessa mudança estratégica.

Nossa empresa passou a operar desse modo a partir de então, para tanto tendo adotado o também moderno conceito de *clusters*. A *clusterização* é uma ferramenta empregada pelo varejo para chegar à definição de *lifestyles*. Ela ajuda muito o consumidor a encontrar o produto certo, porque significa um agrupamento dos produtos dentro de uma loja (ou em lojas específicas) de acordo com suas similaridades quanto às suas características ou formas de utilizar.

Em um exemplo bem simples, quando alguém vai ao supermercado fazer compras para a casa, provavelmente já saberá que os produtos de limpeza estão concentrados nas prateleiras de um dado corredor, as frutas reunidas em outro ponto da loja, a panificação lá no fundo da loja, os vinhos em determinada área... Claramente os supermercados usam o conceito de *clusterização*. No caso da Lojas Renner, a intenção não era propriamente essa, de optar por *clusterização* dentro de cada loja, mas sim de adotar *clusters* por loja, especializando os pontos de venda de acordo com os estilos de vida de seus consumidores.

Para uma *clusterização*, os especialistas procuram primeiro definir quais dimensões deverão empregar na definição dos *clusters* para o agrupamento dos produtos. No caso da Lojas Renner, primeiro foram determinados quatro eixos básicos que orientariam as escolhas: o clima da região, as cores localmente preferidas, as classes sociais das consumidoras locais e os tamanhos das peças. Em seguida foram definidas as várias categorias que cada eixo comportaria. Assim, chegamos a estas classificações:

- clima – definido conforme a localização geográfica da loja, podendo esta ser considerada quente, fria ou híbrida;
- cores – recomendando que as roupas tivessem cores mais vibrantes nas lojas do Norte e Nordeste e cores mais discretas nas lojas do Sul;
- classes sociais – quando houvesse duas ou mais lojas em uma mesma cidade, a orientação é que elas atuassem com perfis diferenciados entre si, em termos de nível de renda da clientela ou outros quesitos relevantes; e
- tamanho da roupa – recomendando a predominância dos tamanhos P e M nas lojas de Norte e Nordeste e dos tamanhos G e GG nos estados do Sul.

O sistema deu muito certo e contribuiu decisivamente para as vendas da empresa. Nos anos seguintes, a Lojas Renner foi ganhando cada vez mais destaque no mercado, tendo, inclusive, recebido prêmios por seu desempenho em vários concursos. Por exemplo, várias vezes foi destaque durante o tempo em que durou sua condição de subsidiária local de J.C. Penney, tendo sido premiada nos anos de 2004, 2006, 2007, 2008 e 2010.

Promovendo crescimento (de 2005 em diante) –

Corporation (2005-2012) –

Nos primeiros anos do século 21, a Lojas Renner já havia também montado um novo e amplo Centro de Distribuição em Santa Catarina e abria, em média, nada menos que 15 a 20 lojas novas a cada ano. Mesmo assim, em 2005 a J.C. Penney tomou a decisão de vender sua operação no Brasil e sair do país. Não foi uma decisão intempestiva, muito pelo contrário: já por um bom tempo, anteriormente, a empresa americana vinha considerando essa opção, em parte porque seus negócios não tinham ido tão bem no Chile e no México, onde havia operado.

Mas esse não era o caso do Brasil, onde a Lojas Renner tinha negócios rentáveis e confortáveis. Nesse mesmo ano, 2005, a empresa tinha uma carteira de aproximadamente 10 milhões de clientes e operava com diversas opções de crédito, além do "velho" cartão Renner, lançado em 1979.

De fato, o que mais preocupava a varejista americana, na época, era sua necessidade de se concentrar nas operações em seu próprio país, onde a concorrência da Target havia se tornado um sério obstáculo ao desenvolvimento da J.C. Penney.

Galló ficou sabendo da intenção da J.C. Penney de sair do Brasil em uma visita que o *chairman* da empresa nos fez. Quando estiveram juntos em nossa loja no Shopping Morumbi, em São Paulo, o dirigente americano revelou essa intenção ao CEO brasileiro. Sua maior preocupação estava, na ocasião, na decisão sobre como operacionalizar a venda da Lojas Renner, uma vez que não existia, no Brasil, um modelo de corporação parecido com aquele, dos EUA, que o *chairman* da J.C. Penney teria preferido adotar.

Na ocasião, a J.C. Penney aventou, inclusive, a possibilidade de vender o controle da Lojas Renner ao CEO Galló, em uma operação de *takeover* management. Outras opções também foram consideradas, envolvendo redes de varejo locais bem conhecidas, porém nenhuma delas pareceu adequada o suficiente para ser viabilizada.

A melhor solução encontrada foi vender o controle da empresa de modo pulverizado no mercado de ações, em um movimento de abertura do capital. Ficou resolvido que a Lojas Renner ingressaria, então, na Bolsa de Valores, faria um IPO e se tornaria uma *corporation* – isto é, uma empresa de capital aberto, sem a presença de um acionista majoritário. Iniciou-se aí, então, mais um novo e importante ciclo na vida da nossa organização.

A Lojas Renner agora havia passado a ser propriedade de cerca de sete mil acionistas, dos quais 182 eram investidores maiores, que detinham 80% da propriedade. Eram, principalmente, grandes fundos, dos quais 40% estavam sediados na Europa; 30%, nos EUA; 10%, no Extremo Oriente e 2%, em outras partes do mundo.

Em 2009, a matriz da Lojas Renner foi transferida para uma nova sede. Durante a construção descobriu-se, no local, uma grande e imponente rocha. Uma inspiração fez com que, em vez de removê-la, tivessem decidido transformar a rocha em um símbolo da corporação, colocando-a próximo à entrada do prédio e fixando nela uma placa de metal comemorativa. Na placa, uma frase emblemática foi inscrita, fazendo referência à já consagrada política da companhia de Encantamento do Cliente. Dizia a placa:

Que as paredes deste prédio ecoem encantamento.

Em 2010, a Lojas Renner inaugurou também seu museu, chamado a Sala da Memória. Essa sala contém um vasto acervo de fotografias, documentos e objetos diversos que contam esta mesma história da Lojas Renner, desde seu princípio, há já um século. Ali também existe a cópia de um tocante documentário feito anos atrás pela rede RBS de TV sobre a família fundadora, tendo como personagens o patriarca A.J. Renner, seus filhos e netos.

O ano de 2010 mostra também a introdução do cartão *co-branded* da Lojas Renner, utilizado pelo cliente para a aquisição das diversas marcas comercializadas pela empresa. No mesmo ano, a Lojas Renner inaugurou sua operação de e-*commerce*.

No ano seguinte, 2011, a Lojas Rennere adquiriu o controle da rede Camicado, que comercializa artigos para cama, mesa, banho e decoração. Essa decisão foi tomada porque verificamos que a identidade da Camicado com a Lojas Renner era muito grande: ambas as redes atendiam basicamente ao mesmo público-alvo, a mulher das classes A-, B e C+. A Camicado tinha, na época, 28 lojas em São Paulo. Com essa aquisição, a corporação consolidava ainda mais sua disposição de atuar em parceria com a mulher que definira como sua consumidora. E, como planejado, a expansão da rede Camicado aconteceu imediatamente após a aquisição.

Fast retailer (2012-2019) –

Em 2012, a Lojas Renner decidiu focar seus negócios em uma atuação típica de *fast retailer*, preferindo apostar, agora, em simplicidade e velocidade, características que marcavam esta nova tendência que, segundo nossa concepção – que se provou correta, aliás –, representava o "novo varejo", em oposição ao "velho varejo".

Esse "velho varejo" seria justamente aquele representado por grandes lojas de departamentos operando em modelo multimarcas e oferecendo uma imensa variedade de produtos em amplos espaços. Esse modelo, segundo decidimos, nos anos 2012/13, já não se mostrava inteiramente compatível com o reduzido tempo disponível na agenda da mulher moderna – que desejava, sobretudo, um atendimento ágil e eficiente, com a fácil localização de um produto que a atraísse autenticamente.

Estudos já mostravam, na época, a dificuldade que o consumidor sentia ao fazer a opção de compra: no "velho varejo", ele frequentemente se deparava com muitas alternativas que não eram claramente diferenciáveis entre si – o que acabava tornando a experiência de compra mais confusa, mais demorada e, no limite, até um tanto angustiante para o cliente.

Esse "velho varejo" de moda, em verdade, estava mais fortemente presente no mercado norte-americano, marcando algumas lojas de departamentos, algumas das quais já vinham percebendo o esgotamento do modelo.

Ainda assim, aparentemente lhes era difícil fazer a transição para um novo modelo que fosse mais consistente com os desejos dos consumidores. Verificamos, por exemplo, que muitas cadeias de varejo de tradição e prestígio na América do Norte, como Macy's, Bloomingdale's e até mesmo a nossa bem conhecida J.C. Penney, nos EUA, assim como a Liverpool, no México – além de redes europeias, como El Corte Inglés, na Espanha, para citar apenas um caso –, seguiam insistindo naquela opção mais conservadora.

Essa foi uma das razões pelas quais decidimos buscar inspiração para nosso novo modelo *de fast retail* não nos Estados Unidos, mas em grandes lojas de moda europeias, que nos pareceram ser referências mais apropriadas.

O conceito do *fast retail* não é difícil de explicar: resumidamente, significa que a varejista rapidamente identifica uma tendência de moda que representa um efetivo desejo do consumidor e comunica essa tendência à sua cadeia de suprimento. Assim, rapidamente acionada, a cadeia traduz essa tendência em produto, peças concretas absolutamente novas, para serem apresentadas e oferecidas aos consumidores nos pontos de venda.

O executivo comercial torna-se, então, um elo importante entre as lojas e o departamento de Compras, cuidando para que aquelas estejam sempre apresentando novidades: novas peças, traduzindo novos conceitos e propostas, embora em uma quantidade claramente pequena, já que é literalmente impossível – inclusive, contraintuitivo – produzir grandes lotes em tão pouco tempo.

Nas lojas, os produtos apresentados tendem a atrair fortemente os clientes, que desejam reais novidades. De acordo com a lógica do *fast retail*, portanto, esses estoques durarão poucos dias, esgotando-se rapidamente e deixando nos consumidores aquele "gostinho de quero mais".

Nas lojas, entretanto, novos lotes de outros produtos, seguindo outras tendências, em poucos dias substituirão os anteriores, reiniciando o ciclo, caracteristicamente muito rápido, de dez ou quinze dias – se tanto –, cumprindo-se, assim, o que reza o termo *fast* (rápido), na expressão *fast retail*.

O *fast retail*, então, tem essa dinâmica: a geração intencional de uma relativa escassez do produto, que gera no consumidor o desejo de seguir suas inclinações e adquiri-lo prontamente em vez de "deixar para amanhã", quando o item desejado possivelmente não mais estará disponível.

Frente ao avanço dessa nova tendência, as empresas de varejo mais tradicionais, sintomaticamente, começavam, portanto, a perder terreno, já na segunda década do novo século. Apostava-se, então, em lojas menores, propositalmente oferecendo menor variedade, mas trabalhando com marcas próprias e apostando na rápida substituição de coleções nas vitrines, gôndolas e araras. Sabíamos que, por exemplo, H&M e Zara eram cadeias de lojas que utilizavam esse novo modelo e, baseadas nele, vinham crescendo notavelmente.

A H&M, para quem não sabe, é a Hennes & Mauritz, empresa multinacional sueca com mais de cinco mil lojas em 74 diferentes mercados, cujo lema é: "Moda e qualidade ao melhor preço, de forma sustentável". A Zara, por sua vez, é a conhecidíssima rede de moda de origem espanhola, que também opera no Brasil, pertencente ao grupo Inditex – e que, caracteristicamente, além da sua marca forte Zara, tem outras que atendem aos mesmos públicos e, planejadamente, concorrem diretamente entre si: Massimo Dutti, Pull&Bear, Bershka, Stradivarius.

Víamos um grande potencial nesse "novo" modelo e, inspirados nele, abrimos, para nossa marca Blue Steel, três lojas em São Paulo. Embora a experiência tivesse dado bons resultados, ela revelou, também que as consumidoras iam a essas lojas esperando encontrar ali, além dos produtos Blue Steel, aqueles com a marca Lojas Renner. Assim, para uma diferenciação mais incisiva da marca, acabamos por mudar seu nome para Youcom.

O novo modelo do *fast retail* vinha conquistando espaço no varejo com notável rapidez e se mostrou muito mais próximo dos desejos de compra da consumidora que havíamos definido para a Lojas Renner. Era o modelo que viria a facilitar, para essa consumidora, fazer boas e rápidas escolhas pessoais, e que estava muito mais identificado com as expectativas dessa mulher. Ao mesmo tempo, esse novo varejo também tendia, segundo apuramos, a aumentar a frequência média com que as consumidoras comparecem à loja em busca de novidades.

Para efetuar a mudança estratégica necessária, constituímos, na Lojas Renner, um grupo de trabalho formado por executivos de diferentes áreas que passaram a se reunir periodicamente para debater a questão, sob a coordenação de Fábio Faccio – que, depois, viria a substituir José Galló no cargo de CEO. Participei dessa força de trabalho voltada para estudo e planejamento e posso afirmar que foi uma escolha feliz, que produziu excelentes resultados. Aprendemos muito nessas reuniões, em que grandes ideias surgiram, elaboradoras pelo grupo.

Entre nossas principais atividades, viajamos a diversos países europeus, fazendo visitas técnicas para conhecer em detalhe os principais aspectos do *fashion retail* naquele continente. Após retornarmos, também convidamos palestrantes que dominavam o tema para virem nos falar sobre ele, principalmente ex-executivos das cadeias de lojas mais importantes que havíamos visitado. A partir dessas experiências desenvolvemos o modelo de *fashion retail* da Lojas Renner.

A Lojas Renner, entretanto, quis dar ainda um passo à frente e preferiu não usar o termo *fast retail*. Associado à ideia de uma maior velocidade de descarte do produto, depois de poucas vezes usado, o adjetivo *fast* pareceu-nos inadequado. Ele dava a ideia de algo do qual a consumidora talvez se cansasse rapidamente, em um ramo de negócios – as confecções, a moda – em que a sustentabilidade e a evitação de processos de produção poluidores precisariam estar o tempo todo no radar dos fabricantes. Não gostávamos da ideia de ter nossos produtos associados a essas dúvidas, razão por que desconfiamos desde logo do termo *fast*. Assim, o substituímos por *fashion*: a Lojas Renner não faria *fast retail*, mas *fashion retail*.

Atualmente seguem esta tendência do *fast retail* – cada qual o traduzindo de modo exclusivista, com características próprias – conhecidas redes de varejo de moda, tais como: as já citadas Zara (Espanha) e H&M (Suécia) e a Uniqlo (Japão), assim como a Forever 21 (EUA).

Caracteristicamente, essas redes operam com inteligência de mercado buscando, sistematicamente, um conhecimento mais aprofundado das preferências dos seus consumidores e das tendências mais recentes verificadas em consumo, mantendo uma rotatividade mais alta de fornecedores e adotando bem mais agilidade nas informações, em conexão com a matriz. Essas redes são as que se denominam fast retailers – e a Lojas Renner encaminhou-se nessa direção, com aquela mudança do termo para *fashion retail*.

No *fashion retail* cada vez mais cresce a importância dos funcionários da loja, que precisam de mais autonomia, mais empoderamento. Eles precisam ser capazes de entender, a cada momento, o que o consumidor está querendo e, principalmente, o que esse consumidor *não quer*. Essas percepções vindas lá da ponta, do contato direto com o consumidor, passam a ser compartilhadas com o setor de Compras, na matriz da empresa.

No modelo anterior, conhecido como "velho" varejo, o setor de Compras é todo-poderoso e onisciente, detendo, com total exclusividade, a decisão sobre quais produtos a empresa deve adquirir. No mundo da moda atual, isso já não funciona.

No novo modelo, com frequência praticamente diária, todas as áreas da base na empresa, a extraordinária turma lá do contato diário com o consumidor, trabalhando em equipes bem azeitadas, contribui com informações preciosas, colhidas no trabalho de detectar, com a maior velocidade possível, as tendências de moda que deverão vigorar nos próximos meses. Todos, na loja atual, passam a ser, afinal de contas, *cool hunters*.

Nesse novo modelo trabalha-se com uma antecipação de tendências da ordem de semanas, apena, ou até mesmo dias. Enfim, estuda-se o que está na moda – e não só isso, mas também o que, muito provavelmente, entrará na moda muito em breve. Caracteristicamente, essa moda principia no hemisfério Norte do planeta, que dita a tendência. A expectativa, de acordo com um movimento já sobejamente conhecido pelos especialistas em mercado, é que essa tendência chegará em pouco tempo ao hemisfério Sul.

No *fashion retail*, portanto, as lojas vivem intensamente o presente, o curtíssimo prazo, o que requer especial dinamismo, decisões ultrarrápidas e muita energia colocada diariamente na base das operações. A velocidade nas operações de logística torna-se, então, um fator preponderante para o êxito do modelo – a logística, na Zara, por exemplo, é extraordinariamente bem realizada.

Na prática, sempre estão esvoaçando sobre o grande público de consumidores umas três, quatro ou cinco tendências mais marcantes, sendo necessário ainda escolher, entre elas, não mais que uma ou duas tendências para serem "deglutidas" pela organização. Esse movimento levará o varejista de *fashion retail* a lançar no mercado nada menos que seis e sete coleções – por vezes, até mesmo oito –, anualmente. Ou seja, o ciclo atual do varejista que deseja permanecer vivo no mercado é esse: extraordinariamente rápido!

No ano de 2012, dando mais um passo importante em sua modernização e expansão, visando ao aumento da velocidade e da eficiência das operações de logística, a Lojas Renner inaugurou um novo Centro de Distribuição no Rio de Janeiro. Foi esse, também, o ano em que a empresa criou seu Centro de Serviços Compartilhados (CSC).

Faço aqui um breve parêntesis, caro leitor, para comentar o seguinte: tenho dedicado este capítulo a apresentar, com brevidade, mas também com exatidão, a trajetória da Lojas Renner em cada um dos ciclos de vida da empresa. Não venho me preocupando muito, por enquanto, em salientar o papel essencial que a área de Recursos Humanos veio tendo nas decisões estratégicas tomadas em todos esses processos, sobretudo na implementação dessas estratégias. Temos, aliás, vários outros capítulos pela frente, em que essas questões serão abordadas.

Todavia, preciso falar aqui, especificamente, do Centro de Serviços Compartilhados, uma iniciativa que começou na área de Recursos Humanos e na qual tive uma atuação importante. O relato a respeito, que será viso a seguir, mais uma vez confirma a importância de um órgão de Recursos Humanos ter seu foco totalmente colocado no negócio, trabalhando em perfeita integração com as demais diretorias da empresa.

Quando estudávamos a implantação da nova fase da Lojas Renner como *fashion retail*, constatamos que as operações de loja que deveriam ser focadas nos clientes, eram, no fundo, muito simples e claras, e que grande parte das atividades que ocupavam o pessoal de loja constituíam-se, de fato, em serviços apenas burocráticos. Imediatamente nos ocorreu que as lojas precisariam ser liberadas de toda essa burocracia para que pudessem devotar sua energia inteiramente ao que era o mais importante: proporcionar um excelente atendimento ao cliente.

Foi assim que surgiu a ideia da criação do Centro de Serviços Compartilhados. A finalidade dele consistia em retirar de dentro das lojas todas aquelas atividades que, embora necessárias, não estivessem diretamente associadas ao escopo da loja e as centralizar em um único órgão.

Na Lojas Renner, o Centro de Serviços Compartilhados, assim lançado em 2012, tornou-se um importante pilar de sustentação da companhia. Ele teve início com uma ideia que surgiu dentro do RH e que nos pareceu sumamente importante. Mas, para que se transformasse em realidade, deveria ser gerenciada por um profissional que tivesse, além de competência e motivação, uma forte identificação com essa atividade e suas complexidades.

Escolhi, para fazê-lo, um jovem talento, um profissional de 40 anos, já experiente, que então ocupava o cargo de Gerente de Administração de Recursos Humanos dentro da Diretoria de RH. Era alguém que havia trabalhado apenas nessa área; porém, pelas características que pude enxergar nesse colaborador, senti que ele poderia alçar voos mais altos e experimentar outros desafios. E eu estava certa, como logo constatei.

Dei a esse profissional a missão de planejar e estruturar o Centro de Serviços Compartilhados (CSC), o que ele fez com a competência esperada. Quando o projeto estava pronto e aprovado, convidei-o a ser o *head* dessa área. Ele aceitou, assumiu o cargo e vem fazendo, desde então, um belíssimo trabalho, mostrando uma excelente capacidade de entrega.

Preciso salientar que o CSC tem *interfaces* importantes com vários setores-chave da empresa, uma vez que centraliza e entrega serviços a todos eles: serviços financeiros, de atendimento, cobrança e outros mais. A *interface* do CSC com os serviços de Gestão de Pessoas propriamente ditos também existe, obviamente, mas representa uma parcela menor das atividades do Centro.

Em 2014, a Lojas Renner, para nosso orgulho, estava presente em todos os estados brasileiros, inclusive o Distrito Federal. No ano seguinte, em nova expansão, inauguramos nosso novo Centro de Distribuição em Santa Catarina. Era o ano em que a Lojas Renner comemorava meio século de existência.

Em 2016 a empresa já tinha 300 lojas, além de 85 unidades da rede Camicado e 63 lojas da nova rede Youcom; e planejávamos abrir mais duas lojas no Uruguai.

Em 2017, o valor de mercado da Lojas Renner era da ordem de US$ seis bilhões. Nesse ano, a empresa lançou a Realize CR, de prestação de serviços financeiros, assim como as primeiras lojas UY, no Uruguai. A Interbrand, especializada em *branding*, apontava Lojas Renner como sendo a décima terceira marca mais valiosa do Brasil.

O plano do CEO José Galló era, então, chegar a 450 lojas de Lojas Renner em 2021, além de 125 lojas Camicado e 300 lojas Youcom, totalizando 875 pontos de venda. Era seu plano, também, lançar uma plataforma digital reunindo essas três marcas.

Ciclo digital (2019 em diante) –

Um novo momento na vida da Lojas Renner, marcando o início do atual ciclo, começa em 2018, quando a questão digital passa a ser fortemente debatida dentro da empresa. O tema da transformação digital da empresa é tão importante que reservamos um capítulo inteiro, mais adiante, para examiná-lo.

O ano seguinte, 2019, marca o momento da sucessão do CEO. De acordo com o rito estabelecido pela corporação, em abril desse ano, José Galló, depois de quase trinta anos atuando brilhantemente como o principal executivo da Lojas Renner, deixa o cargo e toma assento no Conselho de Administração da empresa. Em assembleia, o Conselho aprova para o posto Fábio Adegas Faccio, executivo que já trabalhava na Renner há 19 anos e ocupava, nos últimos anos, o cargo de Diretor de Produto.

A promoção de Fábio Faccio ao posto executivo mais alto na hierarquia da corporação foi antecedida por vários anos de preparação – de fato, foram seis anos, durante os quais a diretoria de RH participou direta e ativamente dessa preparação. Faccio foi um dos vários altos executivos da Lojas Renner inicialmente considerados para o cargo.

Cuidadosamente selecionado, esse grupo de executivos cumpriu um extenso programa de desenvolvimento teórico-prático que os direcionou para o exercício executivo em diferentes áreas-chave da empresa, nas quais, à guisa de preparação profissional, deviam ganhar experiência para virem a ter uma visão abrangente e sistêmica das operações.

Faccio acabou sendo o escolhido. Ele tinha sido, originalmente, um executivo da área de lojas, mais especificamente o Diretor de Lojas. Quando foi considerado para o cargo de CEO, começou sua preparação, com sua Diretoria incorporando, por seis meses, as operações de Logística. Em seguida, passou por um importante *job rotation*, indo dirigir a Diretoria de Compras, onde permaneceu por dois anos, até passar, finalmente, ao cargo que era o objetivo desse programa, o de CEO da empresa.

Seguindo-se a essa importante mudança, a empresa se abre agora para uma nova e esperada fase de grande expansão com base em novos desafios e em um novo ambiente de negócios. O grande objetivo atual da Lojas Renner está na decisiva incorporação, em suas operações, do *e-commerce* e da digitalização. Ambas essas linhas de atuação já haviam sido, aliás, anunciadas como sendo plano do antecessor de Faccio, José Galló, que pouco antes de deixar a presidência falava em lançar uma plataforma digital que reunisse as vendas das várias marcas do grupo.

Quanto ao início do novo ciclo digital da empresa, é preciso dizer que digitalização é um conceito muito mais amplo do que apenas a construção de um site de apresentação da companhia ou a implantação ou ampliação de uma loja de *e-commerce*. A digitalização levará, na verdade, a um modelo inteiramente novo de negócio, que deverá incorporar diferentes tecnologias de grande complexidade, envolvendo itens tais como: big data (inteligência no uso dos dados), armazenamento em nuvem, algoritmos, inteligência artificial, robôs, beacons, internet, realidade virtual etc.

O que a Lojas Renner está começando a vivenciar agora, em seu novo ciclo de vida, é, portanto, um momento de grande ruptura (mais um, afinal de contas!) em relação aos modelos que viveu anteriormente.

Em todos esses ciclos na vida da Lojas Renner, a área de Recursos Humanos teve um papel necessário e destacado, dando sustentação às estratégias corporativas, à educação profissional dos executivos e empregados, à preservação e modificação da Cultura Organizacional, à coordenação das interações políticas internas, à escolha das pessoas-chave que desempenhariam papéis centrais em projetos especiais que precisavam ser levados adiante.

Nos próximos capítulos teremos a oportunidade de detalhar mais essa importante presença da Gestão de Pessoas na vida estratégica dessa empresa – e, por extensão, de outras tantas empresas onde Recursos Humanos (ou que outro nome receba essa área) tenha *status* estratégico.

Capítulo 2

Gestão da Cultura Organizacional

Em um dos capítulos anteriores, relatei a história da Lojas Renner, empresa com mais de meio século de existência. Dividi sua história em ciclos – como a empresa oficialmente faz em seu memorial –, tentando tornar o relato o mais informativo e didático possível, preparando o terreno para as análises que irei desenvolver neste e nos próximos capítulos, sobre Cultura Organizacional, Estratégia e outros temas importantes para os profissionais de Gestão de Pessoas.

A partir deste ponto, já posso me dirigir para os conteúdos mais centrais deste livro, começando por explicar o que é a Cultura Organizacional de uma empresa, bem como demonstrar que o Gestor de Pessoas é o verdadeiro guardião dessa Cultura Organizacional.

Sempre que possível, irei recorrer a exemplos extraídos da história da Lojas Renner. Todos que trabalharam nessa empresa têm um enorme apreço por ela. Mais do que uma empresa, a Lojas Renner chega a ser mesmo uma extensão da nossa família; e é, além disso, um verdadeiro símbolo do Rio Grande, um motivo de orgulho para todos os gaúchos.

Exploremos agora o conceito de Cultura Organizacional.

Um bom ponto de partida para isso é apresentar uma boa definição de Cultura Organizacional. Quero apresentar duas, aliás, bastante parecidas entre si.

A primeira definição que escolhi é da consultora britânica Carolyn Taylor, que figura em seu *livro Walking the Talk - A Cul-*

tura Através do Exemplo (Ed. Publit, 2014, 420 p.). A consultoria internacional de Carolyn tem um braço que opera no Brasil e que prestou um excelente trabalho de consultoria na Lojas Renner. Para essa consultora,

> *Cultura organizacional são padrões de comportamento encorajados ou permitidos na empresa ao longo do tempo. Ela resulta das mensagens recebidas nesse ambiente, sobre como se espera que as pessoas se comportem.*

A outra definição de Cultura Organizacional que destaco aqui segue na mesma linha, embora seja mais elaborada. Foi dada pelo psicólogo social norte-americano Edgar H. Schein. Schein é psicólogo, professor e pesquisador norte-americano nascido em Zurique, na Suíça, em 1928 – completou 93 anos de idade em 2021 –, tendo trabalhado em grandes universidades, como MIT, Harvard e Stanford. Notabilizou-se também por estudos de campo sobre Liderança, Desenvolvimento Organizacional, Carreiras Profissionais e Team Building.

Escolhi esta outra definição de Cultura Organizacional por ser aquela mais frequentemente aceita como válida e operacional na literatura especializada, na grande comunidade dos estudiosos desse tema nas empresas. Segundo Schein, em seu clássico livro *Organizational Culture and Leadership*, San Francisco [Calif., EUA], Jossey Bass Pub. 2ª. edição, 1989):

> *Cultura Organizacional é o conjunto de pressupostos básicos que um grupo terá inventado, descoberto ou desenvolvido ao aprender como lidar com os problemas de adaptação externa e de integração interna, e que terão funcionado suficientemente bem para serem considerados válidos e ensinados a novos membros, como forma correta de perceber, pensar e sentir em relação a esses problemas.*

Tomemos alguns parágrafos para examinar essa definição mais de perto e discutir o que ela está de fato nos dizendo:

Os pressupostos, os valores e as práticas culturais –

Schein nos diz que a Cultura Organizacional implica em valores baseados em pressupostos básicos, e que ambos se encontram por trás das práticas cumpridas pelos membros da cultura, em suas práticas diárias. Há muitos exemplos disponíveis sobre esse ponto.

Um caso emblemático é o da SAS – Scandinavian Airlines System, dirigida entre 1981 e 1994 por Jan Carlzon, que escreveu um importante livro, *Moments of Truth* (publicado no Brasil pela Ed. Sextante, em 1995, com o título *A Hora da Verdade*) sobre a intensidade com que os colaboradores da empresa vivenciavam os principais valores de sua companhia.

Impressionou-me muito, nesse livro, a história narrada por Carlzon, de um passageiro que se apresentou para o *check-in*, no balcão da companhia, sem ter em mãos o bilhete de voo, sem o qual não poderia embarcar – lembremos que nessa época não havia outra modalidade de comprovação da reserva no voo além do próprio bilhete físico, que devia ser apresentado pelo passageiro na hora do embarque.

Informado pelo passageiro – este, muito preocupado, pois não podia perder esse voo – de que esquecera o bilhete na mesinha de cabeceira do quarto, no hotel em que se hospedara, o funcionário da SAS aceitou sua palavra e enviou um táxi ao hotel para apanhar e trazer o bilhete. O viajante, agradecido e sensibilizado, conseguiu, dessa forma, ingressar normalmente na aeronave para o voo. A situação sinalizou um momento de inegável demonstração de confiança e respeito pelo passageiro por parte do funcionário da companhia aérea, momento esse que certamente serviu para transformar aquele viajante assíduo em um fã incondicional da SAS. São momentos como esse que Jan Carlzon chama de "momentos da verdade", ou seja, situações nas quais os mais importantes valores da organização são postos à prova.

Um exemplo muito mais duradouro e útil aos nossos propósitos vem sendo aquele da Disney, que, fundada por Walt Disney em 1923, há décadas dá ao mundo todo aulas incríveis sobre sua alta qualidade no atendimento aos visitantes em seus parques, tanto os situados nos Estados Unidos quanto em outros países.

É bastante conhecido, dentro dessa corporação, o princípio segundo o qual é muito mais fácil ensinar todo o serviço a alguém totalmente inexperiente – qualquer que seja esse trabalho – do que ensinar uma pessoa já experiente no trabalho a dar um atendimento excepcionalmente bom aos visitantes em um parque de diversões. Levando isso em conta, a Disney claramente prefere contratar jovens que cheguem aos parques já se mostrando "apaixonados por gente", mesmo que lhes seja totalmente desconhecido o trabalho que irão fazer e tenham de aprendê-lo a partir do zero.

Os traços de uma cultura são inventados, descobertos ou desenvolvidos –

Schein admite essas três possibilidades em sua definição de Cultura Organizacional. Um traço de Cultura Organizacional pode ser:

- Inventado por algum dirigente, consultor ou colaborador criativo e empreendedor, que tem uma ideia interessante e a implanta nessa cultura – nesse caso, esse traço era algo que não estava ali anteriormente e, uma vez iniciado, se instala, dissemina-se por todo o grupo e se torna uma prática recorrente, que todos passam a exercer e que pode até mesmo vir a ser copiado e espalhar-se por outras empresas.
- Descoberto por alguém – há traços culturais que simplesmente estavam ali, naquela cultura, mas não eram percebidos nem reconhecidos como tal, passando batidos para a maioria das pessoas; uma vez descobertos, entretanto, os dirigentes dessa organização precisam decidir se esses traços têm alguma utilidade e se devem ou não ser mantidos e estimulados.
- Desenvolvido na empresa – quando é necessário introduzir uma nova maneira de agir, em determinado setor da organização ou nesta como um todo.

Um exemplo bom de comentar, que passeia pelas três formas anteriores, é o da cultura McDonald's: a literatura a respeito dessa fantástica cadeia de *fast food* mostra que Ray Kroc não criou do nada a cultura McDonald's. Em grande parte, ela já estava presente naquela minúscula e escondida lanchonete que era operada pelos irmãos McDonald, na pequena cidade de Arcadia, na Califórnia.

Eles tinham um jeito especial de montar seus sanduíches e outros ingredientes do lanche que ofereciam; e isso fazia toda a diferença, permitindo que a lanchonete estivesse o tempo todo lotada. Esse modo de produzir o lanche havia sido formatado por eles aos poucos, desde 1948, até que, em 1954, Ray Kroc descobriu essa lanchonete tão diferente. Kroc percebeu que havia ali algo inédito, especial mesmo: os rudimentos de uma Cultura Organizacional sofisticada, que merecia ser expandida e aperfeiçoada.

A cultura serve para a organização lidar com seus problemas, tanto internos quanto externos –

Em uma cultura – não apenas uma Cultura Organizacional, mas qualquer cultura, mesmo tribal – seus traços culturais nunca são supérfluos ou meramente decorativos; pelo contrário, eles existem, invariavelmente, para cumprir alguma função.

Em sociedades tribais, os totens, os cocares com penas, as pinturas do corpo, as danças típicas, certas técnicas de elaborar cestos ou redes etc. jamais devem ser olhadas como bobagens inúteis ou itens descartáveis; ao contrário, cada item desses está ali para cumprir uma finalidade, tendo por trás de si algum pressuposto, como já discutimos antes.

Nas empresas também acontece algo semelhante. Rituais, tais como celebrar o aniversário do colaborador, fazer uma festa para quem é promovido ou dar um relógio a quem faz 25 anos de casa são formas de simbolizar a importância das pessoas na empresa, de assinalar uma trajetória bem-sucedida, de referendar a lealdade à empresa que é demonstrada pelos membros do time, entre outras.

Da mesma forma, reuniões, hierarquias, normas e procedimentos, organogramas, alçadas de decisão, titulação de cargos e uma imensa quantidade de outros itens que estão presentes nas empresas estão ali para algum fim – e, se não estivessem, outros itens estariam tomando seu lugar para o cumprimento dessa finalidade.

Pensemos no exemplo da Toyota, uma grande empresa automobilística japonesa que ficou famosa no mundo inteiro nos anos 1970, 80 e 90 por suas soluções incríveis em gestão da produção. Grande parte do que veio a se chamar Sistema Toyota de Produção é composto por técnicas que foram inventadas e se incorporaram às linhas de produção, primeiramente, da Toyota; depois, de outras empresas industriais japonesas; e, por fim, de indústrias de todo tipo no mundo.

Refiro-me a dispositivos, práticas e ações inteligentes, tais como: *kanban*, *just-in-time*, *setup* rápido de máquinas, Círculos de Qualidade, manutenção preventiva total, o 5S, o Kaizen, a forte identificação de cada operador com sua própria máquina, a contínua preocupação dos trabalhadores com a introdução de melhorias operacionais nas fábricas, entre outras.

Os traços da cultura precisam funcionar bem, para ser considerados válidos –

Repito algo que afirmei dois ou três parágrafos atrás: que cada traço de uma Cultura Organizacional está ali para algum fim – e, se não estivesse ali, algum outro traço teria tomado seu lugar para cumprir tal finalidade.

Ao salientar isso em sua definição, Schein está nos dizendo que a Cultura Organizacional – e as culturas, de modo geral – são instrumentos práticos de gestão. Isso é mais do que nunca verdadeiro nas empresas: o que funciona é mantido e o que não funciona é descartado e substituído.

Os exemplos de que é desse modo que a administração das empresas funciona são mais do que evidentes: um produto que está dando prejuízo deixa de ser fabricado e vendido; um colaborador ineficiente é demitido e substituído por outro que entrega adequadamente o produto do seu trabalho; um mercado que se esgota é abandonado pela empresa, que vai em busca de outros mercados mais promissores; um fornecedor de matéria-prima é trocado por outro, quando já não consegue oferecer à empresa industrial os insumos de que esta precisa, entre outros.

Da mesma forma, cada traço da Cultura Organizacional é um instrumento de gestão que passa pelo mesmo crivo: se funciona, ele é mantido; se não funciona, é abandonado e os membros da cultura tratam de inventar, descobrir ou desenvolver uma nova forma de cumprir a finalidade que fazia com que aquele traço cultural existisse.

Na maioria das vezes, esses traços culturais que acabam ficando sob análise têm alguma utilidade auxiliar ou subsidiária, ajudando a resolver um problema operacional, tático apenas, que não se refere ao *core-business da* empresa – isto é, ao negócio central, àquela atividade que realmente dá sentido à empresa, pela qual ela, afinal de contas, existe.

Mas há casos em que o traço cultural em questão focaliza uma questão-chave na vida da empresa – ou mesmo o seu *core business*. Pensemos, por exemplo, na situação em que seja necessário fazer a transformação da empresa para um ambiente digital.

Se essa empresa opera sob um modelo de gestão baseado em comando e controle, pode ser bastante difícil fazer essa transformação, uma vez que será necessário realizar grandes ajustes em termos de comportamento das lideranças, que precisarão passar a dar maior autonomia aos colaboradores, deixar as pessoas mais livres em sua forma de agir no trabalho.

Pense, caro leitor ou leitora, no caso da Lojas Renner, que no momento se encontra intensamente voltada para o desenvolvimento da venda via omnicanalidade (a venda por distintos canais, *online* e *offline*), que é uma das mais visíveis tendências que se verificam no varejo atualmente. Trata-se de uma mudança cultural de importância capital.

Outro exemplo de mudança cultural profunda dentro da Lojas Renner foi a criação do Centro de Serviços Compartilhados, capaz de promover a agilização dos processos internos; aperfeiçoar a qualidade do serviço prestado em muitas áreas; reduzir custos duplicados; aumentar a exposição e facilitar as *interfaces* entre áreas prestadoras e áreas receptoras desses serviços; aumentar, para todos, a transparência quanto à forma como tais serviços passariam a ser executados, entre outros.

Também nesse caso houve uma importante mudança cultural, dado que diversas áreas da empresa tiveram de renunciar a processos que conduziam diretamente e sobre os quais tinham autoridade – por exemplo, na área de RH: a administração da folha de pagamento, os processos de admissão, as demissões... tudo isso passou a ser feito pelo CSC. Tratou-se, então, de uma grande e relevante mudança.

No rol dessas mudanças culturais também pode ser incluída a transferência, para o CSC, da atividade de fechamento diário do caixa das lojas. Anteriormente, cada loja fazia seu próprio fechamento no final do dia. De uma hora para outra, a loja foi dispensada dessa responsabilidade, que passou a ser cumprida centralizadamente.

Foram mudanças que requereram que as pessoas renunciassem as suas atuais atividades. E, mesmo quando elas reconhecem que outra área irá cumprir aquela tarefa mais rapidamente, mais agilmente e com menos erros prováveis, isso significa, em última análise, renunciar a alguma forma de poder.

Talvez, em um primeiro momento, caro leitor ou leitora, você tenha a impressão de que, sim, isso está bem, é verdade, mas que eu não mais estou falando de Cultura Organizacional ao citar esse exemplo. O fato, porém, é que estou, sim, falando também de cultura,

Como ensina a definição de Schein, como vimos no início deste capítulo, traços de cultura podem ser inventados, descobertos, desenvolvidos. No caso do CSC, na Lojas Renner, inventamos um novo modo de fazer as coisas e o desenvolvemos e aperfeiçoamos. Implantado na empresa, esse novo modo de fazer as coisas entrou no processo organizacional diário, passando a ser realizado cada vez com maior eficiência e desenvoltura, corrigido e melhorado aqui e ali, a partir das constantes observações sobre como as coisas estavam indo e das muitas sugestões e ideias complementares que foram sendo colhidas dos usuários do sistema.

Um claro sinal de que um novo modelo de conduta como esse se transformou em traço de cultura é o fato de estar sendo repetido com frequência, tendo se tornado um modo de agir já bem conhecido e com resultados livres de surpresas normalmente esperados.

Qual é a origem, entretanto, da Cultura Organizacional? De onde ela brota? Como adquire forma esse conjunto de hábitos coletivos de pensar, sentir e agir que se torna tão característico de um dado grupo humano?

Vendo a cultura de um grupo social – empresa ou não – em ação, percebemos que ela, mais do que um mero ajuntamento de hábitos, é de fato um sistema harmônico. Esses hábitos, ou traços culturais que formam a cultura, dialogam entre si, apoiam-se uns nos outros, reforçam-se reciprocamente. O todo é que faz sentido como uma cultura, passando a ser uma espécie de "crachá" que confere aos membros dessa cultura uma identidade comum, como em uma irmandade ou confraria.

Como isso se forma, então? A resposta a essas perguntas é chave para o profissional de Gestão de Gente, pois o ajudará a saber como poderá lidar com a Cultura Organizacional em sua empresa.

Alguns antropólogos têm se interessado muito pelo tema das origens de uma cultura empresarial. Essa área configura uma ramificação da antropologia das sociedades complexas – que é, por sua vez, uma variante da antropologia que se desenvolveu à margem do estudo etnográfico das sociedades tribais, dirigindo-se para os agregados culturais que são multifacetados, típicos de agrupamentos humanos em ambientes urbanos.

Os antropólogos que estudam as empresas como culturas concordam, de modo geral, que há quatro origens básicas para a constituição de uma Cultura Organizacional. Essas quatro fontes aportam contribuições diferentes entre si, e as contribuições de cada uma dessas fontes podem ser identificadas, caso se preste a devida atenção à cultura da empresa. Essas fontes são:

- o ideário dos fundadores;
- a cultura local;
- o ramo de atividade;
- a atual liderança.

O *ideário dos fundadores* refere-se às ideias, valores e crenças que estão ou na mente do(s) indivíduo(s) que inventa(m) essa empresa e a põe(m) para operar, ou de uma organização-mãe – não raro outra empresa mais antiga – da qual aquela em questão se origina como uma filial, sucursal, associada ou *spin off*.

A *cultura local* traduz-se em modos culturais de pensar, sentir e agir das pessoas naquele ambiente cultural específico em que a nova empresa se ergue, ou no qual a empresa passa a operar quando muda de endereço, deslocando-se para outro país, outra região, outra cidade ou, por vezes, até mesmo outro bairro.

O *ramo de atividade* deixa claro quais são as características próprias do negócio em que essa empresa está, com suas especificidades quanto a produtos ou serviços, mercados, processos característicos, tecnologia pertinente, clientela típica, peculiaridades restritas ao *modus operandi* desse ramo de atividade, ambiente concorrencial próprio, legislação pertinente, entre outras.

Faço essa referência ao ramo de negócio, em especial, porque quero mostrar que este condiciona fortemente os métodos e técnicas, processos, equipamentos, produtos e serviços, segmentos de mercado em que atua, o perfil de seus consumidores, os comportamentos de seus concorrentes, entre outros. Há um mundo particular por trás de cada ramo de negócio, ou mesmo sub-ramo, condicionando o modo de atuar da empresa. O comércio eletrônico surgiu nos EUA no final dos anos 1970 e, entre nós, brasileiros, com a empresa Submarino em 1999, embora já algumas experiências já tivessem acontecido anteriormente, sem o mesmo êxito.

Dou ao *e-commerce* um destaque especial porque, com a pandemia de Covid-19 e seu duro efeito sobre as lojas físicas, o canal eletrônico de vendas simplesmente explodiu, como preferencial; e, mesmo assim, muitas empresas comerciais brasileiras – as pequenas e médias, com certeza, mas também muitas grandes empresas – ainda não sabem como conciliar vendas em varejo físico com vendas em varejo virtual.

A tendência à omnicanalidade é, aliás, das mais importantes no varejo atual. Por esse recurso, o consumidor tem condições de adquirir o produto por meio de variadas combinações de apresentação, negociação e entrega. O cliente poderá, por exemplo, estar presente na loja, onde o produto não está exposto, podendo, entretanto, lhe ser oferecido *online* nesta própria loja; ou o consumidor pode fazer a compra *online,* recebendo o produto em sua casa; ou poderá, também, efetuar a compra *online* a partir de sua residência, vindo a retirar o produto na loja... E, em outros casos, ainda, o cliente poderá estar na loja e, vendo o produto que deseja, prová-lo – ou não –, para depois compra-lo *online*.

O próprio vendedor da loja também poderá informar e orientar o cliente sobre o modo mais prático de efetuar a compra, em seu caso específico. Em outras oportunidades, a própria loja oferecerá o produto via WhatsApp – o que, de certa forma, se assemelha à venda *online*. É possível, inclusive, que a loja acione seu sistema de entregas para enviar à residência do cliente as roupas em que este poderia, em tese, ter interesse, a julgar pelo seu histórico de compras, hoje capaz de revelar o tipo de produto que o cliente aprecia de modo especial.

Mudanças importantes de comportamento se dão, então, com a implantação da omnicanalidade. O varejo, que era, até bem pouco tempo, totalmente dependente da loja física, não estava ainda habituado com a venda *online*. Por conseguinte, há importantes mudanças acontecendo no *business* dessas empresas comerciais que interferem diretamente na conduta das pessoas quando o comércio eletrônico entra em cena e se desenvolve em novas formas de venda.

Se encontros entre distintos sub-ramos, como nesses casos, já significam um desafio enorme em termos de harmonização de culturas distintas, imagine como pode ser problemática uma associação entre uma empresa que é ao mesmo tempo um empreendimento industrial e comercial; ou entre um banco de varejo e uma empresa de seguros; ou, ainda, entre uma empresa de guarda de valores e outra de armazenamento de documentos.

A questão que levanto aqui, portanto, é que o ramo de negócio da empresa condiciona diretamente sua Cultura Organizacional, impondo-lhe um *modus operandi* que pode não se coadunar com o de outro negócio que seja de ramo diferente.

Por fim, a *atual liderança* são os dirigentes que estão no comando da empresa, aquelas pessoas que tomam as decisões estratégicas nessa organização e que têm seus próprios ideários – ou modos de pensar, ideias, valores e crenças sobre como a empresa deve funcionar e como deve ser administrada, para que cumpra as finalidades para as quais foi constituída.

A liderança atual é a fonte mais imediata e perceptível da cultura. O que essas pessoas que tomam as decisões estratégicas acerca dos destinos da empresa pensam ser certo ou errado, o que elas imaginam que a empresa deva ser e aquilo que elas aspiram introduzir na cultura empresarial são os conteúdos imediatamente mais importantes na composição dessa Cultura Organizacional.

Quando um novo dirigente assume uma empresa, é comum que queira imprimir nela a sua marca, o que irá significar algum tipo de intervenção em algum aspecto relevante de sua cultura – talvez na forma como a empresa trata seus clientes, talvez em seu portfólio de produtos ou serviços, ou na tecnologia empregada, nos seus propósitos e nas razões de sua existência, nos processos de trabalho, entre outros.

Essa questão é delicada, porque, se agir inadvertidamente, um novo dirigente poderá se deixar levar por visões muito particulares ou mesmo vaidades pessoais, que podem levá-lo a mexer em algo que seria mais conveniente manter como está; ou, ao contrário, a deixar como está um ingrediente da cultura que de fato valeria a pena mudar. É muito difícil fazer julgamentos completamente objetivos acerca desse aspecto.

A propósito deste ponto, a empresa geralmente corre riscos quando um novo dirigente, vindo de fora, assume uma posição de comando, mas não consegue fazer uma leitura apropriada da cultura da empresa – muito especialmente quando esse dirigente chega com valores distintos daqueles que presidem essa cultura. Um conflito de valores, nesse momento, pode ter efeitos negativos, até mesmo nefastos.

Uma grande empresa varejista norte-americana, cujo nome não precisa ser apresentado aqui, passou por uma situação dessas: o novo presidente-executivo e *chairman* que assumiu a empresa em dado momento havia vindo de uma outra grande empresa do ramo da computação, onde sua gestão tinha sido de grande sucesso. Respaldado por essa experiência, ele não viu interesse em manter, na nova empresa que presidia, agora nesse ramo totalmente novo que era o varejo, o regime de *cashback*, que é a devolução ao cliente, no ato da compra, como forma de uma bonificação, de parte do valor que este despendeu, para que o use como desconto na aquisição de novo(s) produto(s). Trata-se de um modelo de incentivo muito comum nos Estados Unidos.

O novo presidente, entretanto, aboliu sumariamente o *cashback*, que simplesmente não existe no mercado da computação. Os efeitos dessa decisão foram muito ruins para as vendas e as receitas de sua nova empresa, revelando que o presidente cometera um erro infeliz e de grandes proporções em uma de suas primeiras decisões estratégicas.

É imperioso, portanto, que o ideário – conjunto das ideias, crenças e valores – do novo dirigente seja bem conhecido: esse sistema de conceitos que o novo líder traz na mente será decisivo para a composição da nova Cultura Organizacional, uma vez que conterá aspectos-chave da cultura que esse novo dirigente quererá e tentará implantar nessa organização.

A chegada de um novo dirigente é sempre um grande desafio para um Gestor de Gente na empresa, uma vez que este precisará construir, com esse personagem que chega, uma excelente relação de trabalho, baseada em confiança, colaboração e identidade de propósitos e de aspirações acerca dos rumos da empresa. Sendo o Gestor de Pessoas o principal guardião da Cultura Organizacional, caberá a ele, ou ela, o papel de:

1. Introduzir o novo CEO na Cultura Organizacional dessa organização, especialmente se este vier de fora da companhia.
2. Entender bem quais traços da Cultura Organizacional até então vigente o novo CEO aprova e quais não aprova.
3. Compreender por que razão o novo CEO está tomando essa posição e argumentar com ele, ou ela, acerca da razoabilidade da sua decisão;
4. Equalizadas as percepções de ambos e entendidas como válidas as intenções do CEO, ajudá-lo a implementar suas ideias, efetuando as mudanças e transformações pretendidas e acompanhando todo o processo.

Essas são quatro as fontes de conteúdo relevantes para a formação dos traços culturais de uma empresa: [a] o que pensam seus fundadores; [b] os direcionamentos dados pela cultura do lugar em que a empresa se instala; [c] as características do negócio a que se dedica essa empresa; e [d] o ideário dos novos dirigentes estratégicos que chegam.

Verifica-se que, quando uma nova empresa se forma, todos os quatro itens estão automaticamente presentes e vão formar um amálgama – um novo sistema cultural. Na verdade, nesse momento inicial do processo de formação da cultura, a fonte [d] acaba se confundindo com [a], afinal de contas, os próprios fundadores são os primeiros "novos dirigentes que chegam".

A partir desse ponto de partida, a empresa entra em operação e começa a testar novas formas de tratar e resolver seus problemas, adotando novas soluções. Algumas delas, pela experiência dos dirigentes e colaboradores, já deram certo em outros lugares; outras são soluções novas exigidas por novas questões que se colocam; e há aquelas inventadas no momento, conforme a necessidade exige.

O que dá certo, a empresa segue fazendo e estabelece cada vez mais claramente como rotina de trabalho. Rotina é, em última análise, repetição automática, isto é, operação ou processo cujo *modus operandi* já foi estabelecido e não mais é discutível, devendo ser cumprido na forma já definida. Sempre que uma atividade se torna rotina, ela pode ser cumprida sem se pensar muito. Inclusive, a empresa precisa dessas rotinas para que posa caminhar rápido, resolvendo as novas questões programáticas que vão aparecendo no dia a dia.

Dinâmica e efervescente, respondendo sempre o mais rapidamente possível às transformações que se dão e aos imprevistos que ocorrem no ambiente externo – especialmente no ecossistema em que ela se insere –, esta empresa precisará ter sua Cultura Organizacional permanentemente sob atenta observação, "sub judice", por assim dizer, sendo submetida a uma questão-chave: "estes nossos traços de cultura continuam valendo? Continuam sendo relevantes?

O fato que agora nos interessa é que os dois outros vetores que originam os traços culturais das empresas – o negócio a que a empresa se dedica e o que pensam sentem os seus líderes atuais – são os fatores de influência na Cultura Organizacional mais desafiadores da cultura já instalada.

Líderes de empresas são geralmente personalidades inquietas, constantemente desejando aperfeiçoar os sistemas que gerem: é da natureza do cargo executivo mostrar-se eternamente insatisfeito com o modo como as coisas estão andando e querer sempre que sejam melhores. Por conseguinte, executivos, por natureza, estão constantemente pensando em novos produtos, novos processos, novos mercados, novos modos de realizar as coisas e em resultados mais ambiciosos em algum sentido.

A consequência disso é que as culturas organizacionais são permanentemente questionadas pelos próprios dirigentes que as desenvolvem e que têm a missão de administrá-las. O ecossistema em que gira um negócio – qualquer negócio, hoje em dia – é sempre muito dinâmico, nervoso, agitado, em constante mutação. Em pouco tempo, alguns anos – e, em alguns casos, até mesmo em alguns poucos meses, como vivenciamos em 2020/21, com a pandemia mundial de Covid-19 –, tudo ao nosso redor muda, se reinventa, obrigando as próprias empresas a também se reinventar.

A propósito, já disse alguém que, como regra geral, nunca se passam mais de 30 meses (dois, cinco anos) sem que a empresa – qualquer empresa – sofra alguma transformação substancial: ou ela compra outra empresa ou é comprada; ou muda de ramo ou sua tecnologia não serve mais; ou o produto que é seu carro-chefe perdeu o valor que tinha ou ela vai à falência; ou ela se funde com outra... ou alguma outra coisa.

Conforme o ramo de negócios em que se insere, a empresa terá certos traços de cultura específicos, especializados: uma indústria, um banco, um hospital e uma empresa comercial são negócios muito diferentes uns dos outros, cada ramo desses impondo à empresa certos traços de cultura. E, mesmo dentro desses segmentos, outras divisões tendem a aparecer: uma empresa comercial pode ser varejista ou uma atacadista; pode ter uma ou muitas lojas; pode também não ter lojas, vendendo apenas por *e-commerce*; pode ter distribuidores de seus produtos; entre outros.

Quando A.J. Renner decidiu abrir a empresa comercial Lojas Renner S.A., em 1965, já estava fazendo uma grande alteração em sua Cultura Organizacional, pois sua principal atividade, até então, era a fabricação de têxteis e a confecção de roupas; ou em 1987, quando, já operando como empresa comercial, a Renner decidiu descontinuar a comercialização de produtos da linha dura pesada.

Mudanças culturais, ou mesmo a deterioração da Cultura Organizacional, pode dar-se pelo fato de o grande inspirador da cultura da empresa não mais se encontrar presente. Um exemplo bem real para os brasileiros é o da TAM. Esta empresa de aviação comercial tinha, na época em que era dirigida por seu fundador, o comandante Rolim, fortes valores, um dos quais era que o cliente, quando bem tratado, dá clara preferência a essa empresa e sempre retorna a ela.

Rolim tratava seus clientes, nos aeroportos, dentro das aeronaves e em todos os momentos de contato com o viajante, como pessoas muito especiais; por exemplo, o presidente respondia pessoalmente qualquer carta que um cliente enviasse à companhia; nas salas de espera dos aeroportos, os petiscos e bebidas eram da melhor qualidade; nos voos, frequentemente havia sorteios – de livros, brindes, ingressos para shows e peças teatrais...

Ficou famosa a ideia de que, em voos da TAM que partissem do aeroporto de Congonhas, em São Paulo, Rolim mandava estender um tapete vermelho de muitos metros de comprimento, indo da saída da sala de embarque de passageiros até o pé da escada de acesso à aeronave da TAM, no pátio, onde se postava, cumprimentando os viajantes um a um, antes de embarcarem no avião.

E certamente, o comandante Rolim fez mesmo isso, uma ou outra vez, o que foi suficiente para, em uma genial "jogada" de marketing, disseminar a ideia de que a TAM tratava seus passageiros como se fossem reis e rainhas, Fato é que, infelizmente, esses valores corporativos não permaneceram depois da morte do fundador, por não ter a empresa conseguido, sem ele, seguir agindo desse modo.

As rotinas que caracterizam a cultura cotidiana de uma empresa estão sempre sendo postas em questão. Rotinas são o claro sinal de que a Cultura Organizacional está em plena vigência. As rotinas, por definição, põem os processos da empresa para funcionarem, não exatamente no "piloto automático", mas convidando as pessoas a executar seus trabalhos tendo certa expectativa já estabelecida sobre o que deve acontecer em decorrência desse trabalho: a cultura sempre sugere certo grau de previsibilidade, embora sempre possam acontecer fatos inesperados, que a contrariem e requeiram exercícios de pensamento imediatos e, não raro, improvisados e criativos.

A Cultura Organizacional e as culturas em geral servem para isso: para que consigamos que o barco navegue sem termos de reinventar o modo de "remar", o que não nos impede de continuar exercendo nossa criatividade, é claro. Digo isso porque, quase sempre, em algum momento, temos de fazê-lo: sair do automático, tomar as rédeas da situação e nos desviar dos perigos que surgirão à frente. Uma empresa, mesmo uma grande empresa, um Titanic majestoso e poderoso, pode afundar porque seus dirigentes mergulharam nos hábitos e não saíram de lá a tempo de ver o *iceberg*...

A cultura de uma organização tem de ser capaz de falar ao coração das pessoas que ali trabalham – ela tem de fazer sentido para essas pessoas. Isso requer que elas professem os mesmos valores, se identifiquem com o propósito da empresa e com aquilo que ela é. Os colaboradores precisam acreditar que é verdade aquilo que a empresa prega, vivenciando essa verdade no seu dia a dia.

Caso a empresa não dialogue com os valores pessoais de seus colaboradores, estes não ficarão ali – mas cedo ou mais tarde se desligarão ou, de outro modo, serão desligados por comportamentos ou desempenhos que revelam essa dessintonia.

No entanto, as inevitáveis rotinas de trabalho de cada colaborador, postas em prática no dia a dia e seguidamente repetidas, não são justificativas para as pessoas agirem "no piloto automático", sem vibração, sem apego emocional às práticas no trabalho – sem alma, enfim. As rotinas não podem ser acusadas de ser as causas de uma execução pessoal do trabalho meramente automática e descomprometida. Se há identificação do colaborador com os valores da companhia, isso não acontece.

Um trabalho puramente automático, sem conteúdo afetivo, somente se concebe quando executado por máquina, quando a empresa automatiza inteiramente o processo, entregando-o à execução de um sistema eletronicamente controlado por computadores, robôs e algoritmos. Quando, em uma empresa, decide-se introduzir um sistema eletrônico de gestão, por exemplo, um ERP, esse sistema chega para absorver por completo uma enorme quantidade de rotinas, retirando-as das mãos e dos olhares dos colaboradores, cujo trabalho é sumariamente dispensado, agora substituído em definitivo pelos processos automatizados.

Edgar H. Schein tem uma abordagem verticalizada da Cultura Organizacional, que já mencionei em um capítulo anterior, mas que convém, de qualquer modo, retomar aqui: ele analisa em três níveis de profundidade, aos quais ele chama de:

- artefatos observáveis;
- valores compartilhados;
- pressupostos básicos.

Os Artefatos são os objetos óbvios representativos da cultura, que qualquer pessoa pode perceber. Incluem tanto os objetos físicos e concretos quanto objetos abstratos e simbólicos: as instalações da empresa e seu *layout*; a decoração dos ambientes; a maneira como as pessoa se vestem; como elas se tratam entre si e como tratam os visitantes; seus comportamentos habituais; os produtos da empresa; seus equipamentos típicos e processos de produção; as rotinas estabelecidas no dia a dia.

O segundo nível de análise da Cultura Organizacional, segundo Schein, é o dos Valores compartilhados. Esse nível já é mais sutil e de análise mais difícil que o anterior, pois pede ao analista que empregue alguma dose de interpretação.

Por exemplo, em uma dada escola de idiomas, o organograma mostra um Departamento Pedagógico que tem nível de Diretoria e cuja diretora responde diretamente ao Presidente. Esse departamento é responsável pela montagem dos cursos de inglês e conta com uma equipe de trabalho que inclui muitos professores altamente qualificados, com dedicação ao estudo e à produção de métodos e técnicas de ensino, em tempo integral.

Se o analista fizer algumas perguntas sobre esse "artefato" específico dessa empresa, facilmente descobrirá alguma coisa sobre os Valores professados por ela:

- Por que ter uma equipe pedagógica tão grande e tão qualificada?
- Por que esse departamento tem nível de direção e responde à presidência?

As próprias perguntas feitas sugerem que um dos Valores desta empresa é o alto padrão dos seus cursos de inglês, montados com rigor para serem pedagogicamente os melhores. Antes que os diretores da empresa sequer respondam às perguntas acima, já conhecemos as respostas.

Os Valores da empresa não são observados diretamente, dado que são formulações abstratas; mas podem ser percebidos indiretamente, interpretando os artefatos que são, estes, sim, visíveis.

O terceiro nível de análise da Cultura Organizacional, no esquema proposto por Edgar H. Schein, é o dos Pressupostos. Estes são ainda mais abstratos do que os valores compartilhados, mas podem ser captados questionando-se, agora não mais os Artefatos, mas os próprios Valores.

Na empresa de ensino de idiomas citada anteriormente, o analista pode perguntar aos diretores, por exemplo: por que, afinal de contas, vocês elaboram com tanto esmero a metodologia dos seus cursos de inglês antes de lançá-los? Precisam fazer isso? Não seria muito menos dispendioso e mais rápido criar, digamos, um MVP (um curso experimental de inglês apenas minimamente viável), lançá-lo para ver no que dá e, então, o ir aperfeiçoando aos poucos, a partir do *feedback* recebido dos alunos clientes?

A resposta provável talvez seja uma careta que fará o diretor ou diretora a quem a pergunta venha a ser dirigida. Por trás desse valor, expresso pelo esmero com que os cursos de inglês são metodologicamente montados, encontra-se toda uma história de tradição de altíssima qualidade no ensino de idiomas e de orgulho das pessoas que criaram essa escola, por essa altíssima qualidade.

Será isso bom? Ou não? Não vem ao caso aqui, pois o que nos interessa, neste ponto, é saber apenas que existe esse pressuposto básico presente na vida da empresa. Se os tempos tiverem mudado e essa forma de atuar no mercado de idiomas já não mais estiver condizendo com que o cliente deseja receber pelo preço que paga, então isso já é outra conversa, que provavelmente caberá ao Gestor de Pessoas examinar com o presidente e todo o C-Level da empresa.

Uma boa metáfora para se entender a forma como Edgar H. Schein aborda a Cultura Organizacional é vê-la como se fosse um *iceberg*, cuja parte situada acima da superfície da água é visível para todos, portanto, corresponde aos Artefatos. Abaixo do nível da água, ocultos, estão os Valores. E, mais abaixo ainda, em um nível especialmente profundo e, portanto, pouco acessível a qualquer observador, estão os Pressupostos.

Enquanto Schein nos ajuda a *entender* a Cultura Organizacional, outro autor, o norte-americano John P. Kotter, nos ajuda a mudá-la, quando for necessário fazer isso.

John P. Kotter é um acadêmico norte-americano nascido na Califórnia em 1947, portanto, com 74 anos em 2021. É professor emérito de Liderança na Harvard Business School, uma das escolas de administração mais prestigiadas do mundo. Kotter é autor de vários livros sobre Liderança, seu tema preferido, mas também escreve sobre Cultura e Mudança Organizacional – como no livro que tomamos como fonte de referência neste ponto do nosso texto. Viajando comumente entre Seattle e Boston, Kotter é também o fundador de uma consultoria de muito sucesso, que tem sede dupla, nessas duas cidades.

Voltemos agora àquela metáfora do *iceberg*, que adotamos para explicar os conceitos sobre cultura propostos por Schein: enquanto este autor prefere analisar o *iceberg* em camadas, distinguindo nele três níveis de profundidade, Kotter prefere estudá-lo do ponto de vista de sua formação, tentando entender como foi que o *iceberg* (a cultura) se formou e como pode ser, de alguma forma, modificado.

Pragmático, Kotter quer entender a Cultura Organizacional e decidir quais aspectos dela são úteis e devem ser mantidos, e quais não. Caso algum aspecto da cultura não atenda aos requisitos desejados, ela simplesmente terá de ser reformada em tais aspectos.

Kotter é, de fato, um especialista em mudanças organizacionais. Ele quer entender como a empresa é hoje e quais traços definem sua cultura atual. Conhecendo isso, ele se sentirá capaz de decidir se tudo está como deve ser ou se algum desses traços da cultura precisa mudar – ou ainda, se um novo traço, não presente na cultura atual, precisa ser introduzido; ou se é necessário retirar algum traço atual que esteja sendo inconveniente.

Qual estratégia, enfim, deve ser empregada para introduzir, eliminar ou transformar uma dada postura no trabalho, por parte dos colaboradores da empresa? Em um livro muito elogiado, *Liderando mudanças: Transformando empresas com a força das emoções* (Alta Books, 2017, 208 p.), o professor Kotter faz recomendações sobre como fazer isso.

Li esse livro com muita satisfação e enxergo naquilo que fizemos para mudar a Cultura Organizacional da Lojas Renner: praticamente tudo que Kotter propõe. Ele sugere um método de oito passos para mudar a cultura de uma empresa, que procuro reproduzir resumidamente aqui.

Vou apresentar esses passos como as ações que devem ser empreendidas pelo Gestor de Pessoas da empresa, porque estou segura de que a mudança organizacional é um tipo de projeto que, sempre que possível, deve ser liderado pela área de Gente.

(Para cada um dos oito passos do método de Kotter, apresentado a seguir faço, entre parênteses, algumas recomendações adicionais que julgo necessárias.)

O método de John P. Kotter –

- Gere um senso de urgência. Com a participação ativa do C-Level (os diretores), o Gestor de Pessoas deve criar na empresa uma atmosfera que mostre a todos o quanto aquela mudança é necessária para a saúde organizacional. As pessoas precisam sentir que o projeto faz sentido para elas, e que, portanto, precisam embarcar nele – e que, quanto antes o fizerem, tanto melhor.

(Esse senso de urgência, entretanto, não pode ser falso: é preciso que a mudança a ser feita seja efetivamente percebida e sentida como necessária para as pessoas, assim como para que a organização siga sendo competitiva e eficaz. Isso deve ser informado claramente a todos, para que o entendam. Não se trata de mentir ou inventar razões para a mudança, mas sim de deixar claro o quanto ela é importante.)

- *Forme alianças poderosas.* O Gestor de Pessoas deve procurar influenciadores internos fortes, capazes de convencer os outros de que essa mudança é necessária; e deve fazer alianças com esses influenciadores, para que ajudem a disseminar, entre todos, a ideia da mudança e a urgência de implementá-la.

(Faço aqui, ao Gestor de Pessoas, duas observações: a primeira é que a própria hierarquia já irá indicar quem são, na maioria, os influenciadores internos. Provavelmente, eles serão as pessoas que já ocupam cargos de poder e têm a prerrogativa de tomar as decisões mais importantes em suas respectivas áreas – portanto, diretores, gerentes, chefes, supervisores e líderes em geral.

Também pode haver, aqui e ali na organização, influenciadores importantes que não têm cargo decisório e que influenciam os outros dado seu histórico de vida, sua excepcional expertise, sua profunda vivência, elevado nível intelectual, seu prestígio na empresa e na sociedade, entre outras características. Essas pessoas são influenciadores importantes e devem ser procuradas.

A segunda observação é a seguinte: uma aliança é uma espécie de acordo político que o Gestor de Pessoas faz com cada influenciador: "Você me ajuda a implementar esta mudança e eu prometo ajudá-lo em qualquer projeto de importância para a empresa que você tenha também de implementar". Cada aliança, porém, deve ser fruto de um pacto, um trato, um ajuste mútuo feito com ética. Aliança não é conchavo, conluio ou barganha do tipo "toma lá, dá cá". Para ser válida, a mudança precisa ter a intenção de tornar as coisas me-

lhores para a empresa e para seus stakeholders, *no futuro próximo ou mesmo distante; e somente essa finalidade deve orientar o entendimento entre o Gestor de Pessoas e os influenciadores. Tudo deve ser feito às claras; não se trata de urdir maquinações "por baixo dos panos" para tirar vantagem disso, como, muitas vezes, infelizmente, políticos fazem na vida pública.)*

- *Crie uma visão para a mudança.* Elabore uma imagem de como as coisas serão melhores no futuro, quando a mudança já tiver sido implantada e o novo modo de agir já estiver em pleno uso. O estabelecimento de uma visão é algo que todos conhecemos: a visão é um recurso que se usa em planejamento estratégico, para mostrar às pessoas o que a empresa espera ser no futuro. O procedimento, neste caso, é o mesmo, embora aqui a visão não se refira à empresa com um todo, mas apenas àqueles aspectos dela que serão afetados pela mudança organizacional pretendida.

(Minha observação quanto a essa terceira recomendação de Kotter é que a visão seja realista, verossímil, factível. Muitas vezes, quando estabelecemos uma visão, em vez de criar uma imagem do viável e do provável, idealizamos uma imagem do maravilhoso, do fantástico. Isto é, traçamos um quadro irreal do futuro, incluindo nele tudo aquilo que adoraríamos poder fazer, em vez de mostrar um quadro do que será possível fazer. No enunciado de uma visão, é permitido pensar com a cabeça entre as nuvens, mas não é permitido tirar os pés do chão!)

- *Invista na comunicação.* Essa sábia recomendação, Kotter a faz com insistência, dizendo: "Comunique, comunique, comunique!" O processo de mudança precisará receber a máxima atenção de todos, portanto, deve ser objeto de uma intensa campanha informativa e promocional. Diferentes mensagens, veiculadas por diferentes mídias, em diferentes momentos, devem ser dirigidas a diferentes categorias de destinatários, tanto internos quanto externos – sim, também os consumidores, os fornecedores, os parceiros, o mercado, a comunidade próxima e a sociedade como um todo deverão ser informadas de algo sobre a mudança organizacional em curso.

(Fundamental, quanto a este aspecto, é fazer propaganda da mudança – mas uma propaganda informativa e persuasiva, sem fake news, *sem omitir informações relevantes e sem distorcer os fatos. Se houver algo na mudança pretendida que não seja tão bom assim para as pessoas, não será o caso de omitir essa informação, e sim de apresentá-la de modo apropriado, explicá-la adequadamente e mostrar como essa desvantagem será compensada por outros benefícios proporcionados pela mudança.)*

- *Empodere a base.* A base, neste caso, são aquelas pessoas que colocarão em prática os comportamentos esperados a partir da mudança. Quando a mudança organizacional se refere a processos internos que afetam todos os departamentos, "base" quer dizer todos os colaboradores. Quando a mudança se refere a uma nova forma de ação com os consumidores da empresa, a base são todos os colaboradores que têm contatos – ou "momentos da verdade", como dizia Jan Carlzon, um dos nossos inspiradores na Lojas Renner – com os consumidores da empresa, em especial o pessoal de loja.

Empoderar a base quer dizer: dar poder discricionário a essas pessoas, dar-lhes autonomia para que que possam tomar a decisão de agir de acordo com aquilo que a mudança pretendida está preconizando, em vez de continuarem a agir do modo antigo.

(Neste caso, recomendo, por experiência própria vivida em minha estada na Lojas Renner – assim como quando gerenciei o RH da Imcosul – que é fundamental ensinar fortemente à base quais comportamentos traduzem esse empoderamento. O colaborador geralmente não sabe quais são esses comportamentos; ele está acostumado a fazer as coisas de um modo preferentemente rotineiro, sem se preocupar em tomar decisões novas sobre questões novas, que nunca teve de avaliar anteriormente.

Ou seja: frente a uma situação em que deve exercer sua autonomia pessoal e decidir por si, é razoável esperar que o colaborador tenha dúvidas: "será que posso fazer isso? Meu chefe não irá me admoestar seu eu agir desse modo? Ele não irá me dizer que eu não tinha autoridade para tal? Não irá me obrigar a [por exemplo] repor esse dinheiro?"

Um executivo da empresa, investido de autoridade para isso, deve dizer explicitamente aos colaboradores que eles não serão repreendidos por assumirem um comportamento empoderado. Pode ter certeza, caro leitor: empoderar os colaboradores é uma coisa complexa de se fazer, mas necessária para que a cultura se materialize no dia a dia.)

- *Estabeleça metas de curto prazo.* Ou seja, faça ciclos curtos de acompanhamento dos trabalhos. Uma meta é basicamente uma associação entre um resultado esperado e um prazo dado para atingi-lo; e, quanto mais curto for esse prazo, mais cedo deve acontecer o *follow-up* do superior para verificar se o resultado está sendo atingido.

Esse *follow-up* deve ser constante, para reforçar o comportamento esperado do colaborador. Na Lojas Renner, desde que implantamos nossa política de Encantamento do Cliente, fomos rigorosamente assíduos no *follow-up*. Cada momento desses ajuda a dar sustentação aos comportamentos que desejamos reforçar.

Outro programa da Lojas Renner que funciona eficazmente como reforçador desses comportamentos é o chamado "Cliente Oculto", em que o "cliente", na verdade um observador contratado que visita a loja incógnito, nos ajuda a escolher os melhores atendimentos, aqueles que queremos premiar.

Isso é óbvio, não? Mas, como regra geral, a frequência com que o superior faz *follow-up* do trabalho do colaborador tem também uma correspondência direta com a competência e o engajamento demonstrados do colaborador no trabalho: quanto mais competente e mais engajado for o colaborador, menos precisará de acompanhamento; portanto, mais espaçado este acompanhamento poderá ser. Inversamente, quanto menos experiente e/ou menos envolvido for o colaborador, mais frequentemente o supervisor ou chefe precisará acompanhar o que ele está fazendo.

No caso de uma mudança organizacional, novos modos de agir deverão ser adotados pelos colaboradores; e, sendo novos esses comportamentos, justifica-se um *follow-up* mais detido, mais constante – e até mesmo contínuo, em um primeiro momento –, já que os colaboradores da companhia não estão costumados, ainda, a atuar daquele modo. Mas, à medida que forem se familiarizando com o que se espera deles – forem, podemos dizer, "pegando o jeito" –, eles se sentirão cada vez mais à vontade e, por conseguinte, mais espaçados poderão ser os momentos de *follow-up*.

(Minha recomendação, aqui, refere-se aos cuidados que cada líder deve tomar ao fazer esse follow-up de sua equipe de colaboradores: em geral, os profissionais mais competentes e, em particular, os mais inteligentes e talentosos, não gostam que seus chefes fiquem atrás deles, "pegando no seu pé", como popularmente se diz. E esses profissionais poderão estranhar que, agora, esteja acontecendo justamente isso, quando antes da mudança eles se sentiam livres para agir. O que me parece importante para evitar esse tipo de interpretação é o líder passar a dar feedback *mais frequentemente a esses liderados.*

Saliente-se que o feedback *é um meio de reforçar os ditames da Cultura Organizacional, que precisa ser constantemente reforçada. E isso não é diferente no caso de indivíduos especialmente talentosos trabalhando para a organização.*

Quem lidera profissionais especialmente competentes e talentosos, portanto, deve deixar claro para esses colaboradores que, ao fazer um follow-up *mais estrito e frequente, está preocupado apenas com o fato de a conduta esperada deles ser ainda inédita, não se tratando da confiança que tem neles. Isso é tão importante que aconselho ao Gestor de Pessoas da empresa, que lidera a mudança, a deixá-lo claro aos líderes das equipes.*

Ademais, se o líder estabelecer um clima de confiança entre ele e os liderados, e estes perceberem que a intenção daquele, em suas intervenções, s é de promover desenvolvimento, as ações do líder serão mais facilmente aceitas. Aliás, várias pesquisas já mostraram que as pessoas mais engajadas são aquelas que mais recebem feedback *de seus superiores.*

Na Lojas Renner, em nossas pesquisas de engajamento, uma pergunta sempre presente era (e é): "Quantas vezes você recebeu fee-

dback *de seu superior sobre seus comportamentos no trabalho ao longo do ano?" E, tipicamente, os colaboradores que mais recebiam* feedback *de seus líderes eram os que se mostravam mais comprometidos.*

Aliás, outra constatação de grande importância é que as novas gerações parecem gostar especialmente de receber feedback *de seus líderes.)*

- *Não diminua o ritmo.* Kotter recomenda que o Gestor de Pessoas e a diretoria não se descuidem quando perceberem que o esforço de mudança está dando resultados e os novos comportamentos desejados estão acontecendo na base. A tendência, nesse caso, é relaxar e achar que a mudança pretendida está sendo bem-sucedida e seguirá, daí por diante, seu ritmo "normal', sem que seja preciso fazer muita coisa mais. Isso é um grande engano, pois poderá haver, sim, uma reversão, com tudo que já se conquistou voltando à estaca zero.

(Das oito recomendações de Kotter, talvez seja esta aquela mais sutil e na qual os gestores de mudanças mais erram: achar que o jogo está ganho, uma vez que seu time fez dois a zero no adversário ainda no primeiro tempo. É muito importante não pensar dessa forma, não relaxar, não reduzir a pressão, digamos, até o apito final do juiz.

Kotter é sábio neste particular: "Ainda que os ganhos de curto prazo sejam atraentes em um momento inicial", ele adverte: "verdadeiras mudanças levam certo tempo para ser totalmente absorvidas". Em outras palavras, não perca o foco, pois somente quanto a mudança atingir um nível mais estrutural, mais profundo, ela será capaz de manter-se em pé por si mesma, trazendo as melhorias esperadas.

A expressão que descreve quando a mudança já chegou a um ponto irreversível é "massa crítica": o projeto de mudança somente começa a andar sozinho depois que uma apreciável "massa crítica" já aderiu a ele.)

- *Faça com que a nova forma de conduta se torne parte da Cultura Organizacional.* Kotter adverte que a mudança só é finalizada quando os novos comportamentos se tornaram parte do DNA do negócio. E quando é que sabemos que eles já estão no DNA do negócio? Quando esses comportamentos já estão disseminados por toda a organização, já fazem parte do dia a dia das pessoas, já são cumpridos sem maior esforço e parecem totalmente naturais, ao ponto de as pessoas estranharem quando veem alguém que não faz as coisas daquele do jeito.

(Minha recomendação a respeito – e que considero especialmente importante –, é a seguinte: você, como Gestor de Pessoas, deve ficar atento aos sinais informados anteriormente, de que os novos comportamentos foram devidamente assimilados pela Cultura Organizacional. No entanto, também deve também ficar de olho no que está acontecendo no meio ambiente externo, perguntando a si mesmo se esses comportamentos, agora tão naturais, são realmente necessários e adequados.

Sim, porque a Cultura Organizacional tem esse caráter ambíguo: quanto mais arraigada está, mais as pessoas agem de acordo com ela, com despreocupação e naturalidade, sem mais se questionarem a respeito. E aí mora o perigo, pois, se houver uma mudança no ambiente externo que peça outro tipo de comportamento, as pessoas não perceberão que precisam mudar e, por conseguinte, continuarão indevidamente fazendo a mesma coisa, com resultados funestos.

Essa questão é levantada com inteligência por aquela conhecida fábula do "sapo cozido": ponha um sapo em uma bacia de água fervendo e ele saltará imediatamente, porque terá percebido a alta temperatura. Mas, se você colocar o sapo em uma bacia de água na temperatura ambiente e puser a água para ferver, o sapo morrerá cozido, pois não perceberá a alteração gradativa da temperatura.

Não sei dizer quanto de verdadeiro ou falso existe nessa "historinha"; mas uma coisa é certa: ela diz que nos acostumamos tanto com nosso jeito de fazer as coisas que frequentemente não percebemos quanto a situação já mudou, pedindo outras formas de agir.

Veja, também como exemplo, a triste história das aglomerações das pessoas nas cidades brasileiras nesta época de pandemia: apesar de todos os alertas em contrário, as pessoas continuam indo aos bares e fazendo festas e reuniões, como se magicamente achassem que o vírus da Covid-19 não as atingirá. No entanto, como o sapo que não reage apesar de a temperatura da água estar realmente subindo, também es-

sas pessoas estão apenas repetindo seus comportamentos "normais", aqueles que sempre seguiram, sem perceber o risco crescente que correm. Elas simplesmente não sabem fazer de outro jeito.

Ao se manter ativo e atento à Cultura Organizacional, o Gestor de Pessoas precisa saber avaliar quando é essencial manter e reforçar um traço presente na empresa e sedimentado no seio do público-alvo.

Com relação aos traços mais proeminentes, o Gestor de Pessoas, com o CEO e os demais diretores, deve propor análises periódicas da adequação de tais traços culturais, inquirindo-se sobre se estes serão capazes de dar sustentação aos planos futuros da organização.

Esse é o momento de propor eventuais ajustes de cultura, prevendo quais comportamentos poderão ser impeditivos para o crescimento e o desenvolvimento da organização e, caso isso seja constatado, indicar planos viáveis de mudança.

O Gestor de Pessoas deve levar em conta que a organização de fato se transforma a partir da mudança comportamental de seus líderes atuais. No que concerne à mudança cultural, esse é o principal papel do Gestor de Pessoas.

E não é somente isso. O Gestor de Pessoas também deve prestar atenção às situações em que transformações no ambiente externo requerem mais mudanças internas da organização. Em tais casos, podem ser requeridas transições, por vezes importantes, no próprio negócio, pedindo mudanças comportamentais dos colaboradores e dos líderes – portanto, com reflexos diretos sobre a cultura interna.

Capítulo 3

Gestão Estratégica de Pessoas e Desenvolvimento de Lideranças

Definindo a Liderança

O que é a Liderança? Como ela se manifesta e que atributos devemos tentar encontrar em um verdadeiro líder? Já sabemos que não há mais espaço, nas empresas de hoje, para o gestor que age de modo autoritário, coercitivo, tentando liderar seus subordinados pelo medo. Essa figura pertence totalmente ao passado.

Atualmente, é bem sabido que um líder autoritário provoca mais prejuízos que benefícios, à empresa e às pessoas. Se este líder eventualmente consegue, a curto prazo, maior presteza e maior rapidez dos seus colaboradores na execução dos trabalhos e no cumprimento das metas – e isso é geralmente verdadeiro –, em contrapartida, são simplesmente nefastos os efeitos de suas atitudes sobre a motivação dos colaboradores; sobre o trabalho em equipe; sobre a geração de mal-entendidos e incompreensões nas relações interpessoais; e, a médio e longo prazos, sobre a performance dos grupos e da organização como um todo.

Um recente estudo sobre engajamento de colaboradores e produtividade no trabalho dá conta de que, quando o engajamento atinge um nível equivalente ou superior a 75% dos membros do grupo, os ganhos em produtividade, por parte do grupo, na obtenção de resultados, chegam a ser de 25% ou mais.

Vale a pena liderar de modo mais participativo, engajando os colaboradores pelo propósito. Esta é, portanto, a hora e a vez da liderança participativa, democrática, que ouve o grupo de colaboradores e o convida e estimula a entrar no jogo, vivenciar com a liderança os problemas e as soluções no ambiente de trabalho. O momento histórico é o de estimular a atuação do líder que inspira seus colaboradores e que assume declaradamente o papel de *coach* ou treinador.

Dos muitos autores que tratam do tema e das muitas definições de liderança que nos são apresentadas, tenho para comigo que uma das que mais gosto e acho, portanto, que vale a pena adotar é a do consultor e professor norte-americano Warren Bennis. Bennis foi um escritor, conferencista e renomado consultor de empresas. Foi também, por vários anos, professor emérito da Universidade do Sul da Califórnia, onde conduziu, de forma pioneira, estudos sobre a moderna liderança empresarial.

Nessa universidade, Bennis fundou um centro de estudos especializados, o Leadership Institute, com o objetivo de estimular pesquisas e publicações sobre as características, as teorias e as práticas da liderança. Quando morreu, em 2014, era largamente reconhecido como um dos mais importantes teóricos tratando do tema da liderança, em qualquer tempo.

Dos mais de trinta livros que Warren Bennis escreveu, um dos mais destacados foi *On Becoming a Leader* (Tornando-se um Líder), originalmente publicado em 1989. Ali, o autor apresenta o líder como um personagem capaz de combinar vários traços de personalidade: autenticidade, autoconhecimento e grande experiência, traços esses temperados por um forte posicionamento ético no trato profissional.

Seu conceito de liderança, exposto no livro citado, faz referência à noção de poder – sobre o que desejo emitir minha opinião, logo a seguir –, como sendo um atributo essencial para um líder. Diz Bennis que:

> *O poder é a energia fundamental no líder, necessária para sustentar suas ações de liderança. Dito de outro modo, o poder é sua capacidade tanto de traduzir intenção em realidade, quanto de sustentar suas ações. A verdadeira liderança requer um uso judicioso desse poder.*

No Brasil, o conceito de poder está fortemente lastreado em um persistente patrimonialismo autoritário, que historicamente marca toda a nossa vida social e política. Por causa disso, não gosto muito de falar em poder, já que o termo quase sempre nos remete ao exercício de uma liderança baseada em comando e controle, decorrente de "direitos adquiridos" pela pessoa, por força da posição que ocupa, do dinheiro que tem, das propriedades que herdou da família, entre outros fatores. Entre nós, portanto, o conceito de poder está muito contaminado por uma "razão histórica", por assim dizer.

No entanto, não precisa ser necessariamente assim, e por certo não é esse tipo de poder, que beira a imposição e a coerção como um direito quase sagrado de quem pertence a uma elite, que Bennis advoga. Ele fala em "capacidade de traduzir intenção em realidade" e em "capacidade de sustentar suas ações".

Assim, para ele, o verdadeiro poder que devemos cultivar para exercer a liderança é aquele que vem de dentro da pessoa, que decorre de seus méritos pessoais, da personalidade especialmente dotada que esse indivíduo logrou desenvolver em sua vida e sua carreira. O líder é, ao mesmo tempo, causa e consequência, insumo e produto dessa personalidade especial, dotada de poder.

Por ele ressaltar essa característica no líder, gosto da definição de liderança de Bennis, e concordo com ela em gênero, número e grau. Mas, pelas conotações tão marcantes do termo "poder" no contexto brasileiro, prefiro, para designar esse grande "princípio ativo" da liderança, substituir o termo por outro: influência.

Sem que isso me afaste da definição de Bennis, para mim, o líder é alguém capaz, sobretudo, de influenciar outras pessoas: de as mobilizar pela inspiração, levando-as, de alguma forma, a querer participar, a se sentirem intimamente motivadas a isso. Gosto de pensar, então, na influência, não no poder, como sendo o ingrediente-chave desse complexo composto que é a liderança. Ao inspirar e mobilizar as outras pessoas por sua influência sobre elas, o líder as leva a irem com ele, pela trilha que ele escolheu conduzir a organização que está liderando.

Liderança, propósito e visão de futuro

Uma liderança eficaz, diz ainda Warren Bennis, é capaz de promover o desenvolvimento de uma organização na direção de um estado futuro não apenas sonhado e desejado, mas, sobretudo, arquitetado pelo líder em um exercício de visão do que virá a ser esta organização em alguns anos mais.

Bennis propõe que um verdadeiro líder é alguém capaz de formular com clareza uma visão de futuro – também capaz de, por meio dessa visão, acenar para seus liderados com efetivas perspectivas de crescimento e progresso potencialmente realizáveis. Dessa forma, então, o líder inspira em seus colaboradores a real vontade de mudar quando é preciso fazê-lo, introduzindo na organização novos valores, estratégias, práticas – que a irão conduzir na direção de um futuro ainda melhor que o presente.

Infelizmente, porém, reflete também Bennis, nem sempre as organizações contam com líderes inspiradores, desse calibre. Muitas delas sofrem, ao contrário, de uma saturação de procedimentos, um excesso de rotinas e de processos que atravancam o ritmo de sua caminhada na direção do futuro.

São organizações altamente burocratizadas, que por isso acabam embaralhando diversas rotas labirínticas, que se entrecruzam levando a lugar nenhum. Muitas vezes, os líderes que comandam essas organizações não têm êxito em suas tentativas de desembaraçar esse emaranhado confuso de opções a escolher – especialmente nos dias confusos de hoje – e, por isso mesmo, acabam fracassando.

O grande líder tem visão lúcida da rota que deve seguir dentro do atual labirinto, cheio de armadilhas. Ele não apenas tem uma clara ideia daquilo com que irá se deparar ao chegar lá fora. Mais até do que isso, ele tem a mão percorrendo um invisível fio de Ariadne, que o guiará para encontrar a saída, como aquele que a princesa, filha do rei de Creta, deu ao herói Teseu para achar a saída do labirinto depois de liquidar o grande inimigo, o Minotauro.

O líder com clara visão de futuro é essencial na organização. Na ausência de verdadeiras lideranças, capazes de sinalizar novos e promissores destinos – e os caminhos para chegar a eles –, os profissionais das empresas acabam despendendo suas energias em uma rotineira e burocrática aplicação de instrumentos de gestão sobejamente conhecidos e estados – sem correr riscos, é verdade, mas também passando ao largo de quaisquer perspectivas de inovação. Nessas condições, aqueles que ocupam posições oficiais de liderança tornamse apenas gestores de rotinas, infelizmente.

Ter um propósito em seu trabalho de liderança é um dos aspectos mais importantes na atuação de um líder. As pessoas tendem a seguir o líder com redobrada convicção, quando se identificam com o propósito que este líder lhes oferece. Nesse caso, o líder "contamina" positivamente as pessoas, conseguindo delas, justamente em função do propósito, essa forte adesão.

Um exemplo interessante disso é o do fundador da Apple, Steve Jobs, que admiro muito. Segundo muitos depoimentos, Jobs era um sujeito de relacionamento complicado, o que é mostrado em vários filmes feitos sobre ele – as ficções *Piratas do Vale do Silício*, de 1999, do diretor Martyn Burke – com o ator Noah Wyle no papel de Jobs; *Jobs*, de 2013, do diretor Joshua Michael Stern – com Ashton Kutcher no papel; e *Steve Jobs*, de 2015, do cineasta inglês Danny Boyle – com o ator Michael Fassbender –, além do documentário *Billion Dollar Hippy*, rodado pela BBC britânica em 2011. A biografia de Jobs, publicada em 2011 pelo jornalista norte-americano Walter Isaacson, igualmente revela a difícil personalidade do fundador da Apple.

Jobs frequentemente tratava as pessoas de modo grosseiro, dizendo, sem meias medidas, o que pensava, fosse a quem fosse; e, com certa frequência, demitiu colaboradores, mesmo profissionais importantes, de uma hora para outra, na presença de testemunhas, de forma intempestiva e constrangedora. Por causa disso, dizem que a maioria das pessoas que trabalharam com Steve Jobs não se sentiam nem um pouco à vontade – para dizer o mínimo – na presença do fundador da Apple.

No entanto, curiosamente, ninguém deixava a empresa. Todos queriam participar dos grandes projetos que a Apple desenvolvia, porque sabiam que eram de enorme importância para a humanidade e sem dúvida fariam a diferença, inovando em produtos e mercados, com repercussões mundiais. Em resumo, Jobs tinha propósitos altissonantes e maravilhosos, dos quais todos os especialistas e executivos mais ambiciosos na carreira queriam muito participar, mesmo que para isso tivessem de se sujeitar a explosões de humor desagradáveis e irrazoáveis.

E isso certamente vale também para líderes religiosos e políticos, além de líderes empresariais. Portanto, líderes com propósitos ambiciosos e inspiradores são, automaticamente, referências! Por esse motivo vemos, nos dias atuais, muitos jovens querendo trabalhar especificamente em determinadas empresas, com determinados líderes. Esses jovens estão atrás de um propósito – é em função deste que desejam se engajar nesta, mas não naquela empresa!

Gerentes e líderes

Para Bennis, há uma importante diferença básica entre um gerente e um líder: "um líder sabe *o que* é necessário fazer", ele pondera, "enquanto o que um gestor sabe é *como* fazer bem aquilo".

No entanto, é preciso ter um olhar atento também sobre essa definição de gestor de Bennis, porque, na maioria das vezes, o gestor quererá apenas continuar fazendo aquilo que faz *bem*: não são tantos assim os gestores que se dispõem a arriscar-se na intenção de realizar o novo. Frequentemente, eles optam por realizar tão-somente aquilo que já realizaram antes, que conhecem sobejamente e em que têm intimamente a garantia de saber fazer bem. Isso é muito mais seguro! Quando um gestor decide ir além desse limite, pensando, como se diz, "fora da caixa", ele, então, começa a se tornar um autêntico líder.

Assim, alguns autores, emulando Bennis, associam gestão e liderança, respectivamente, com os conceitos de eficiência e eficácia: "fazer gestão é *fazer certo as coisas*, ao passo que liderar é *fazer as coisas certas*", dizem, por exemplo, os franceses Michel Crozier e Hervé Sérieux, estudiosos da gestão que seguem as ideias prescritas por Warren Bennis.

Um gestor tradicional, por assim dizer, irá cuidar principalmente do andamento dos processos, da manutenção dos recursos, da conservação do sistema e de sua estrutura, das ações de curto prazo, da obediência às ordens, do controle – enfim, de "como" fazer as coisas.

No entanto, agir desse modo, segundo Bennis, é muito diferente de atuar como um líder, que é alguém constantemente voltado para a inovação e o desenvolvimento assim como para o entusiasmo e o engajamento dos colaboradores, além das ações da empresa no médio e longo prazo: lidar com "o quê" e "porquê", em vez de "como" – empregando mais proficuamente, para tanto, os instrumentos de poder pessoal (de influência) de que dispõe.

O líder precisa ser um visionário, capaz de enxergar mais longe, pensar "fora da caixa", para poder inspirar seus colaboradores. Steve Jobs, que citei anteriormente, tinha essa característica, razão por que as pessoas permaneciam com ele, apesar de seu temperamento áspero, abrasivo. E não se consegue ser esse líder inspirador quando se dedica todo o esforço apenas às questões de rotina do dia a dia.

O líder deve, portanto, ocupar-se de canalizar a atenção de todos para a visão de futuro que formulou, explorando os recursos emocionais e espirituais das pessoas na organização, seus valores e suas aspirações. Não é o papel do gestor: este explora os recursos físicos da organização, seu capital, suas competências, suas matérias-primas e tecnologia. Em última análise, enfim, o líder está centrado no lado humano da empresa; enquanto o gestor se ocupa de seu lado material.

Em *A Force for Change* (Um Ímpeto para Mudar), livro de 1990, o professor John Kotter, da Harvard University, que já citei aqui, neste livro, a propósito de suas importantes ideias sobre como realizar mudanças culturais nas organizações, sugere que, enquanto o papel da gerência é controlar a complexidade – uma necessidade indispensável em uma organização moderna – o papel da liderança é, justamente... produzir mudança.

Durante décadas, no passado, os ambientes dos negócios foram relativamente estáveis e previsíveis, sendo, então, as mudanças necessárias predominantemente evolucionárias e incrementais. Nos dias de hoje, entretanto, o mundo é imensamente mais complexo e cada vez mais turbulento. A velocidade das mudanças é muito maior e sua direção, bem menos previsível. Esta é a Era da Liderança. A liderança é, agora, muitíssimo mais necessária do que jamais o foi anteriormente!

Aprendendo a ser líder

Em coautoria com um seu colega de universidade, Burton Nanus, em 1985 Warren Bennis, publicou outro de seus livros mais conhecidos, chamado *Liderança Visionária* (publicado no Brasil em 2000 pela Editora Campus), em que expõe essas ideias acima. Os autores declaram, nessa obra, ser a liderança uma competência que *pode ser aprendida*, com o que, com base em minha experiência de quase quarenta anos desenvolvendo líderes em Recursos Humanos, concordo plenamente.

Esse aprendizado para a liderança não é, entretanto, um caminho tranquilo e estável, muito pelo contrário: trata-se de um percurso acidentado, pedregoso, pontuado por muitos momentos de ensaio-e-erro, cujo trajeto impõe vitórias, mas também fracassos, além de acasos inesperados. Aprender a ser um líder é, portanto, um processo profundamente humano, requerendo muito esforço, intuição, perspicácia, além de outras qualidades mais, por parte do aprendiz.

Bennis e Nanus acreditam que os ensinamentos vindos da primeira infância – e não só, mas também aqueles obtidos nos primeiros anos escolares, assim como as vivências da adolescência – são de grande importância, por vezes até mesmo decisivos, na modelagem dos traços que caracterizam um líder. Mas, acreditam também que, quando essas experiências da infância e da adolescência não são favoráveis, ainda assim, com dedicação pessoal – e, por vezes, guiado pela clarividência de um bom terapeuta, *coach* ou *counselor* – o indivíduo pode, ainda assim, vir a se tornar um bom líder.

Muito é possível adquirir, em termos de desenvolvimento e maturidade, ao cabo de vários anos de significativas experiências pessoais, ponderam Bennis e Nanus. E, quando uma organização tem líderes fortes e dignos de apreciação, pensam os autores, o caminho do aprendizado se tornará mais suave e efetivo para aqueles que tiverem a sorte de trabalhar com tais líderes.

Embora seu poder ou influência também possa advir, ao menos parcialmente, da posição hierárquica ocupada (como ensina Max Weber, por exemplo), para Bennis e Nanus a verdadeira liderança nunca pode ser creditada apenas a esse "poder da posição formal" (expressão usada por Paul Hersey e Kenneth Blanchard, que criaram a teoria da Liderança Situacional).

Nas organizações modernas, dizem Bennis e Nanus, cada trabalhador precisa colocar para si mesmo um projeto concreto e efetivo de autodesenvolvimento, no qual se proponha ser, ele próprio, primeiramente o líder de si próprio, e, em seguida, o líder de outras pessoas. Essa proposta de Bennis e Nanus está, aliás, em perfeita consonância com o que recomenda Ram Charan, em seu conhecido modelo do Pipeline de Liderança, do qual falarei mais adiante, por ser um instrumento de grande valia para um Gestor de Pessoas em nível estratégico.

Feedback e coaching: desenvolvendo as qualificações do líder

Em seus estudos, Bennis analisou os traços de personalidade de "grandes líderes" históricos, tendo identificado alguns requisitos prioritários que são comuns nesses personagens, que precisam estar no centro da cena organizacional. Para ele, um verdadeiro líder é capaz de:

- Comunicar claramente a todos, sejam colaboradores, pares, superiores, indivíduos e grupos que estejam fora do âmbito da empresa sua visão sobre a organização.
- Fazer com perfeição a articulação entre conhecimento e desempenho, de modo que o excelente desempenho gere mais conhecimento e, por sua vez, o profundo conhecimento gere melhor desempenho.
- Enfatizar a ética em tudo que faz,
- Manter permanentemente em vigência um plano de sucessão para sua própria posição.
- Manter constante contato com os clientes ou usuários – externos ou internos – dos produtos e serviços gerados pela unidade que dirige.
- Recompensar sempre as demonstrações de lealdade à organização.

Por outro lado, para Bennis, dois defeitos são muito graves em um líder: a arrogância, demonstrada principalmente pela atitude de não querer ouvir; e o baixo nível de inteligência emocional, principalmente quando gera maus relacionamentos interpessoais.

Para que alguém possa ser um verdadeiro formador de líderes, algumas qualidades são necessárias. Uma delas, que reputo como sendo uma qualidade-síntese, é saber dar *feedback* às pessoas com as quais interage, especialmente com aquelas com quem trabalha. O *feedback* é fundamental, porque é um instrumento educativo – é principalmente por meio do *feedback* substancioso (dado sobre o tema certo), apropriado (dado da maneira certa) e oportuno (dado no momento certo) que as pessoas aprendem.

Por que chamo o *feedback* de uma qualidade-síntese? Pela simples razão de que diversas outras qualidades estão em seu bojo – estão por baixo desta e, sem elas, não se consegue dar um bom *feedback*. Posso citar pelo menos cinco dessas outras qualidades que se situam abaixo da linha de percepção imediata dessa competência que é saber dar *feedback*, sem as quais este bom feedback simplesmente não acontece. São elas:

- Escuta ativa – para se dar um bom *feedback* é preciso, primeiro, ser capaz de ouvir e entender o outro,
- Empatia – é preciso, também, ser capaz de se colocar na posição do outro, compreendendo como se sente e do que necessita,
- Ausência de vaidade – quando alguém dá *feedback* a outrem, deve fazê-lo sem ostentação ou arrogância, aceitando permanecer em uma posição de apoiador e permitindo a quem recebe o *feedback* assumir o papel principal que lhe cabe na situação.
- Disposição para compartilhar – quem dá *feedback* está dando ao outro algo de si: aquilo que sabe, aquilo que sente ou acredita, sem esperar retorno.
- Honestidade intelectual – o *feedback* não pode ser artificial, tratando de algo que não seja verdadeiro – ao contrário, o que ofereço ao outro como *feedback* precisa ser sincero e honesto, precisa ser aquilo em que efetivamente acredito.

E outro requisito importante no líder formador de líderes é a capacidade de servir de exemplo! Soa falso e desonesto o comportamento de uma pessoa que age diferentemente daquilo que apregoa. Sobretudo no ambiente profissional, é fundamental que o superior pratique aquilo que deseja que seus colaboradores pratiquem – não faz sentido algum a velha antirregra: "Faça o que eu digo; não faça o que eu faço".

Finalmente, penso que formar líderes requer também coragem – coragem para aceitar correr riscos; para escolher e designar ao outro novas situações de trabalho que lhe sejam desafiadoras e enriquecedoras; para saber quando fazer – e quando *não* fazer – *coaching* ou *counseling* com a outra pessoa.

Tenho excelentes exemplos pessoais de momentos como esses, em meu trabalho como Diretora de RH da Lojas Renner.

Mais de uma vez, ali, tive a oportunidade de conduzir ações de *job rotation* de executivos, por vezes radicais mesmo, por exemplo, deslocando para uma área de *business* alguém que não tinha experiência nessa área, mas já havia demonstrado ser um talento.

Tenho um grande apreço pelo *coaching* como abordagem para o desenvolvimento de líderes. No *coaching*, podemos nos dedicar a uma pessoa em particular, com suas necessidades próprias, diferentes daquelas de todos os demais. Quando fazemos *coaching* com alguém, vamos ao âmago do seu problema e a interlocução se torna extremamente mais positiva e profícua. Por meio do *coaching* é muito mais fácil e rápido tocar na questão que merece ser tocada e lidar em profundidade com ela. As sessões de *coaching* em grupo, conduzidas com vários *coachees* ao mesmo tempo, geralmente não têm a mesma eficácia.

Gosto muito das abordagens, em *coaching* e *mentoring*, da consultora Rosa Bernhoeft, titular da Alba Consultoria, que nos prestou serviços de consultoria na Lojas Renner, em nível executivo, por vários anos. Aprendi muito com ela e gosto de como atua, com grande intuição e sem se limitar aos aspectos apenas técnicos do trabalho executivo, mas entrando fundo nas questões afetivas. Rosa nos ajudou muito em vários processos de desenvolvimento, sucessão e preparação de líderes.

Meu modelo de líder na vida real

Dos líderes empresariais de minha geração, admiro muitíssimo Steve Jobs e Jeff Bezos. Jobs revolucionou a indústria da computação no mundo e foi capaz de replicar sua genialidade em outras indústrias, a música, com o iTunes e o cinema de animação, com a Pixar. E ainda reinventou a si mesmo, depois de ter sido alijado do Conselho de Direção de sua própria empresa, como todos sabem.

Jeff Bezos, da Amazon, ex-CEO e atualmente no Conselho de Administração de sua companhia, é um gênio da comercialização, um visionário que começou vendendo livros pela internet e construiu, em muito pouco tempo, um império dos *marketplaces*.

Quando falamos de liderança, frequentemente nos concentramos apenas no "aqui e agora", esquecendo que, para ser um autêntico líder, o dirigente precisa pensar no futuro, algo que, aliás, Warren Bennis ressalta.

Penso que tenho tido muita sorte em minha trajetória profissional, mas isso não explica tudo que consegui na carreira, até o presente. Estou certa de que, em grande parte, meu êxito no que venho fazendo decorre de eu ter tomado as atitudes certas, nos momentos adequados.

É verdade que todo mundo quer acertar e pensa estar mesmo acertando ao escolher uma forma de agir entre várias opções. Se terá sido essa ou não a escolha certa, é algo que se verá mais tarde – por vezes prontamente depois e, outras vezes, apenas tempos depois –, quando sobrevierem as consequência do ato dessa pessoa. A vida é assim mesmo, cheia de incertezas; e a carreira profissional, parte da vida, não foge a essa regra.

No entanto, no caso específico da minha carreira profissional, posso dizer que tive uma ajuda decisiva da parte do presidente da Lojas Renner, a quem me reportei por cerca de três décadas, José Galló. Penso que ele fez uma boa escolha me elegendo para dirigir sua área de Gestão de Pessoas. Da mesma forma, penso que minha escolha, de o seguir, foi também plenamente acertada.

Galló é um executivo e um dirigente empresarial muito especial. É profissionalmente ambicioso e sempre quer o máximo que se possa conseguir. É ousado, fazendo escolhas grandes e quase nunca errando no panorama que traça sobre o que resultará de suas decisões. É muito bem-informado sobre o trabalho de um gestor estratégico e ama profundamente a ciência prática da administração e o trabalho cotidiano de aplicar essa disciplina a uma área de negócios dinâmica e complexa, como é o varejo.

Usei de propósito, aqui, esses dois adjetivos, "dinâmico" e complexo", porque é como vejo o varejo. Galló ama apaixonadamente o varejo, repito, como um tipo de atividade que é capaz de alavancar empresas, nações, o mundo todo – impulsionando tudo para ir adiante, na direção do progresso.

Sendo um ambiente essencialmente vivo e pulsante, o varejo convida as pessoas a usarem plenamente o melhor de suas energias para estimular o desejo, o prazer, a afluência, o conforto e, sobretudo, o bem-estar das pessoas em geral – tanto aquelas que fazem o varejo acontecer quanto aquelas que são o alvo de seus benefícios, trazidos pelos produtos e serviços que adquirem. Galló vibra com essa percepção tão óbvia de como a vida pulsa intensamente no dia a dia, por meio da estimulação vinda do varejo.

Galló e eu compartilhamos inteiramente essa percepção e esse sentimento sobre a área de atividade profissional que escolhemos. Isso nos identifica fortemente um com o outro. Porém, não é apenas a paixão pelo varejo, mas são outros valores. Inclusive, penso que até mais importantes: os que fazem nos sentirmos tão bem trabalhando juntos.

Galló é um profissional da gestão sobretudo ético, solidário e generoso. Quer ver as outras pessoas bem e faz o que está ao seu alcance para que seja assim. Pode-se contar com ele como pessoa, como chefe e como profissional. Pode-se acreditar na sinceridade do que diz, na qualidade do que ensina e no direcionamento que inspira.

E, além disso, como líder, está sempre ensinando e inspirando. Tem a mente aberta e é receptivo às questões que os outros colocam. E tem frequentes ideias inovadoras, apresentando-as, discutindo-as e querendo experimentá-las. Está sempre antenado, buscando outros pontos de vista, outros conceitos e teorias, outras tecnologias. E compartilha o que obtém, o que é uma qualidade louvável em um gestor e em um autêntico líder. Fico feliz em poder dizer que, lendo tudo que Bennis escreveu sobre um grande líder, sem esforço algum apliquei esse decalque na figura ímpar de José Galló.

O desenvolvimento das lideranças é, enfim, uma questão estratégica para qualquer empresa, cabendo ao órgão gestor de Pessoas cuidar disso. Como tive oportunidade de declarar em uma entrevista que dei em 2004, quando assumi a presidência da ABRH-RS, um dos papéis mais importantes do Gestor de Pessoas, em uma empresa, é justamente este: preparar e municiar os líderes para que consigam obter o melhor desempenho das pessoas que trabalham com eles, bem como desenvolver ao máximo seu potencial.

Formar e desenvolver líderes é crucial para uma organização, se ela pretende manter elevadas a competitividade e a lucratividade – e, em muitos casos, até mesmo quando existe um problema e a empresa precisa de atuação competente das lideranças para garantir uma sobrevivência ameaçada.

E como deve agir o órgão estratégico de Gestão de Pessoas para que a empresa disponha de uma liderança de alto nível? O que é preciso que esse Gestor de Pessoas apresente ao seu CEO, ao corpo de diretores da empresa e ao Conselho de Administração, nesse sentido? Creio que posso esquematizar em cinco tópicos essenciais o que a área de Gente deve ser capaz de mostrar a superiores e pares. Refiro-me aos seguintes tópicos:

1. Conceito;
2. Dimensão do Projeto;
3. Arquitetura de Aplicação;
4. Metodologia Educativa; Resultados Esperados.

Trato, em seguida, de explicar esses tópicos.

Conceito

Trata-se, aqui, de adotar um conceito de liderança: a que estamos nos referindo, quando usamos esse termo? O que a liderança efetivamente é? E o que não é? Quais formas de agir dos gerentes, nos vários escalões hierárquicos, configuram o exercício de uma autêntica liderança? Ou melhor: quando um gerente está sendo líder e quando não está?

A literatura sobre liderança nas organizações – e fora delas também – é muito vasta e oferece inúmeras opções de entendimento sobre o que é essa função, qualidade ou competência. Assim, temos, desde cedo, de fazer escolhas: nos decidir por um conceito de liderança específico e nele nos fixarmos, ao abordar essa questão em nossa organização. É o que Gestor de Pessoas da empresa deve fazer desde logo, acerca dessa questão crucial.

Evidentemente, a área não fará isso sozinha, pois não se trata de um projeto pessoal do Gestor de Pessoas. Muito pelo contrário, Gestão de Pessoas precisará buscar, antes de mais nada, o posicionamento a respeito do CEO e dos demais membros da Diretoria, assim como dos membros do próprio Conselho de Administração da empresa. O conceito de liderança adotado precisará ser, sobretudo, consensual, para que todos os que decidem sobre as estratégias da organização se sintam envolvidos.

Dimensão do Projeto

Que proporções deve ter nosso projeto de formação e desenvolvimento de líderes? A resposta a esta pergunta depende de considerarmos, em primeiro lugar, que tamanho tem nosso quadro atual de líderes, e que tamanho ele deverá ter no futuro (pelo menos no futuro de curto e médio prazo), levando em conta os planos estratégicos da nossa organização.

Uma regra de bolso fácil de seguir, que muitos consultores usam quando precisam calcular quantos gerentes deveriam ser treinados na empresa, na implantação de uma nova abordagem qualquer, é esta: em geral, em torno de 5% do quadro de colaboradores fixos da empresa são indivíduos que ocupam posição de mando, em algum nível – do chão de fábrica à sala de reuniões da Diretoria.

Assim, se sua empresa tem mil empregados, pode apostar que o número de encarregados, supervisores, gerentes, superintendentes, diretores, vice-presidentes (não importa o título que recebam) somados estará entre 45 e 55 pessoas, ou seja, em torno de 5%, um pouco mais ou um pouco menos. Se você for o responsável pela Gestão de Pessoas de uma empresa que emprega 25 mil colaboradores, muito provavelmente terá entre 900 e 1.100 deles ocupando posições de liderança.

Como irá dimensionar esse quadro atual nos próximos anos? Para isso, caro leitor ou leitora, você precisará estar totalmente ciente dos planos da companhia, sabendo, sobretudo, se são planos de expansão ou de manutenção de suas atuais proporções.

Além disso, é preciso que considere – mesmo que esses planos estratégicos não sejam totalmente explícitos nesse aspecto – se sua empresa é intensiva em tecnologia ou intensiva em capital humano.

Seja como for, definido um conceito de liderança, o Gestor Estratégico de Pessoas se defrontará, em seguida, com estas duas perguntas-chave: quantos novos líderes precisaremos formar nos próximos anos? Quantos dos atuais líderes da empresa deverão receber educação corporativa e aperfeiçoar-se em seu papel de liderança? Além disso, é preciso considerar que inovações estão sendo introduzidas ou pretendidas e como essas inovações deverão requerer o desenvolvimento de novas competências no quadro de colaboradores.

Arquitetura de Aplicação

Já sabendo quantas pessoas deveremos educar profissionalmente para exercerem a liderança na organização e qual conceito de liderança temos em mente, tratamos agora do terceiro item, entre aqueles cinco que mencionei no início deste capítulo: que arquitetura daremos ao nosso projeto de formação e desenvolvimento de líderes?

Preciso deixar claro o que quero dizer com uma "arquitetura" para o projeto: refiro-me a uma estrutura básica que deve ser usada como referência para a montagem de programas educativos de liderança. A "arquitetura" é uma espécie de molde ou arcabouço dentro do qual esse projeto deve caber e estar ajustado; ou, se se preferir, a "arquitetura" é um roteiro, ou uma narrativa por meio da qual explicaremos esse projeto de desenvolvimento de tal modo que consigamos, a qualquer momento, saber em que parte do programa de desenvolvimento de líderes nos encontramos.

Em nosso caso, a cada ação de Educação Corporativa que fazemos para formar ou desenvolver líderes, precisamos saber também: (a) em que momento do nosso roteiro essa iniciativa está sendo tomada; (b) quais iniciativas foram antecessoras; e (c) quais outras iniciativas acontecerão em seguida, dando sequência ao projeto.

Há várias possíveis arquiteturas que podemos adotar para um projeto de formação e desenvolvimento de lideranças em uma empresa, mas existe uma que já vem pronta e acabada, e é aplicável à maioria das grandes organizações. Trata-se do "Pipeline de Liderança", desenvolvido pelo conhecido consultor e professor Ram Charan. O *pipeline* de Charan é apresentado por ele no livro *Pipeline de Liderança - O desenvolvimento de líderes como diferencial competitivo* (Ed. Sextante, 2018 - a edição original, em inglês, é de 2011).

Charan e seus colegas criaram uma metáfora para explicar o *pipeline*: imaginando que a liderança poderia ser conduzida por um duto desses, que levaria o líder de um momento inicial em sua carreira até o ápice desta: mas, em vez de um gasoduto, oleoduto ou aqueduto, Charan e seus colegas estão imaginando um autêntico... "lideroduto". Sugiro que você, caro Gestor de Pessoas, use o *Pipeline de Liderança* de Ram Charan como a arquitetura com a qual dará consistência ao seu projeto de formação e desenvolvimento de líderes. Para mais detalhes a respeito, falo, a seguir, um pouco mais sobre o *Pipeline*.

O Pipeline de Liderança

As ideias de Ram Charan são, em geral, muito ousadas; e, entre elas, uma das mais ousadas é esse *Pipeline de Liderança*. Penso que a arquitetura engenhosa que esse autor propõe para pensarmos o exercício e a trajetória ascensional da liderança dentro de uma grande empresa, em sete estágios bem definidos e com seis passagens entre eles, é algo perfeitamente organizado.

Alguns afirmam que o *Pipeline* se aplicaria tão-somente a grandes organizações que crescem estavelmente durante décadas, portanto, quando há tempo de sobra para se aplicar essa arquitetura. Segundo essa concepção, os tempos de hoje, tão turbulentos e rápidos, acenariam para uma realidade completamente diferente, menos previsível e repleta de movimentos inesperados e repentinos, não favorecendo, portanto, uma concepção sistêmica desse tipo.

Não concordo com essa visão – penso que o *Pipeline* continua sendo uma excelente referência para a formação e o desenvolvimento das lideranças em quaisquer organizações. Ele continua fazendo todo sentido, apesar da nítida aceleração nas mudanças e do senso de urgência que tomam conta da cena empresarial e dos negócios, atualmente: continua inalterado o conceito de que a carreira de um líder segue mesmo a sequência daqueles sete estágios, atravessando, entre eles, aqueles seis pontos de passagem.

Na Lojas Renner, em particular, em várias ocasiões tive a oportunidade de apresentar e debater a metodologia de Ram Charan com os executivos da empresa – e posso assegurar que minha posição favorável a ela não é isolada, muito ao contrário: a totalidade dos gestores da empresa – e penso que isso se repita nas demais empresas deste e outro ramos de negócio –

acredita e é favorável ao emprego dessa metodologia em gestão de carreiras de liderança.

Aliás, pela experiência da Renner, ao longo de todos esses anos da minha Gestão em Pessoas, tenho visto o *Pipeline* em plena vigência. Posso assegurar que nada menos que 80% dos líderes da Renner foram desenvolvidos dentro da própria empresa, o que é uma demonstração cabal do que estou afirmando.

Não apenas assisti – no sentido de que vi, como espectadora –, como também assisti – no sentido de que dei a devida assistência – à carreira de inúmeros de nossos executivos, na Lojas Renner, profissionais que foram lindamente galgando posições sucessivamente superiores, em trajetórias ascensionais nas quais foi sempre muito fácil reconhecer com nitidez essa arquitetura do *Pipeline* de Charan.

Aliás, na Lojas Renner, chegamos mesmo a estabelecer, inclusive, um rito de passagem, que é vivenciado pela companhia em cada momento de transição: sempre que um líder é promovido, esse fato não passa em branco, mas é claramente comemorado como uma vitória – não apenas uma vitória do gestor em questão e/ou da área de trabalho beneficiada, mas da empresa como um todo. Todos nos regozijamos com o êxito de cada um de nós! Na Lojas Renner sempre demos grande valor a essas comemorações.

Charan não desenvolveu sozinho o *Pipeline*, mas sim com vários de seus colegas. Trata-se de um modelo descritivo da evolução ideal na carreira dos gestores em uma empresa. Compõe-se de seis etapas, que os autores chamam de "passagens", e pretende ajudar a identificar líderes, avaliar suas competências e capacidades, planejar seu desenvolvimento e medir os resultados que conseguem. Além disso, ajuda a planejar as carreiras dos executivos e a formular um plano de sucessão para as principais posições executivas da empresa.

Charan e seus colaboradores basearam esse modelo em um estudo desenvolvido nos anos 1970 pelo então consultor especializado em Administração por Objetivos, Walter Mahler, denominado "Critical Careers Crossroads". O modelo de Mahler, aliás, chegou a ser aplicado com sucesso por esse consultor em mais de 80 companhias norte-americanas.

A ideia de um "*pipeline*" de liderança é, como já tive oportunidade de mencionar antes, neste livro, uma metáfora inteligente: sugere que a estrutura organizacional funciona como se fosse uma rede de dutos capazes de conduzir os executivos da companhia, das posições menores para as sucessivamente mais altas na hierarquia, de tal sorte que dois princípios sejam plenamente atendidos:

- O primeiro deles é, que, em condições ideais, a empresa deve estar permanentemente suprida com os talentos gerenciais de que precisará para atender aos seus planos estratégicos.
- O segundo princípio é que a maior parte desses talentos gerenciais sejam recrutados dentro da própria organização, onde devem estar totalmente disponíveis. Esses profissionais poderão, então, ser produtivamente aproveitados em novas e mais altas posições de comando, conforme os planos organizacionais o requeiram.

O modelo inclui seis *checkpoints*, ou "passagens", como foram denominados por Charan, cada qual colocando o gestor em um novo contexto no qual o líder é estimulado e desafiado por novas demandas, sendo instado a desenvolver e exercer novas habilidades. A cada passagem efetuada, um novo contexto, então, se descortina para o profissional, requerendo deste que teste novos conhecimentos, novas formas de pensar a organização e novos métodos de agir no trabalho.

O aprendizado que o executivo adquire, em cada *checkpoint*, vai se somando àquele já obtido em *checkpoints* anteriores, o que o leva a se transformar, ao término de sua jornada pelas trilhas internas do *pipeline*, em um CEO altamente qualificado, atuando em uma grande e complexa corporação.

As seis passagens propostas pelo *Pipeline*:

- P1 -- da autogerência à gerência de outras pessoas;
- P2 -- da gerência de pessoas à gerência de gerentes;
- P3 -- da gerência de gerentes à gerência de funções;
- P4 -- da gerência de funções à gerência de negócios;
- P5 -- da gerência de negócios à gerência de grupo;
- P6 -- da gerência de grupo à gerência da empresa.

Eu poderia discorrer agora sobre cada uma delas, assim como sobre cada um dos estágios envolvidos – tanto o estágio que é ultrapassado em cada passagem, quanto aquele que é então alcançado – mas penso que, ao fazê-lo, estaria apenas repetindo informações que Ram Charan já nos dá, com eficiência, em seu livro a respeito.

Assim, prefiro encerrar neste ponto meus comentários sobre o *Pipeline*. Aconselho o leitor ou leitora a ir em busca desse livro e o estudar devidamente, a fim de poder aplicar, com propriedade, este arcabouço ou estrutura, para orientar a formação e o desenvolvimento de líderes em sua organização. E, dessa forma, poderemos utilizar melhor nosso espaço e nosso tempo, aqui, sem duplicação de trabalho.

Metodologia para Educação Corporativa

Nossa questão seguinte consiste em identificar procedimentos, métodos e técnicas que devemos empregar para formar ou desenvolver nossos líderes. Indo direto ao ponto, posso dizer que existe um amplo elenco de abordagens, todas sobejamente conhecidas e usadas em formação e desenvolvimento de lideranças, e que têm se mostrado plenamente eficazes em projetos desse tipo.

Algo muito prático e fácil de lembrar, quando nos referimos à Educação Corporativa – e não apenas no que diz respeito à formação e ao desenvolvimento de líderes – é o conceito popularmente conhecido como 70-20-10. Esses números sintetizam a seguinte regra de bolso: 70% da aprendizagem se dá na própria execução do trabalho; 20%, no contato com outras pessoas (professores, orientadores, *coaches*, mentores); e apenas 10%, em situações formais, como as de sala de aula.

Gosto desse conceito, no qual acredito e que costumo aplicar no planejamento dos meus programas de Educação Corporativa. Quanto à formação de líderes, em especial, penso que é preciso que a pessoa que está se capacitando para isso precisa mesmo "pôr a mão na massa", trabalhar experimentando-se como um verdadeiro líder de equipes, em situações reais. De pouco adiantaria, a meu ver, essa pessoa apenas frequentar uma porção de cursos e seminários – uma vez que estes representarão muito pouco, em termos de reais oportunidades de aprendizagem.

Na Lojas Renner, temos empregado com sucesso essa regra de bolso, bem como as propostas metodológicas de Educação Corporativa que estou elencando abaixo. Por essa razão posso recomendá-las, sem restrição. Sabendo aplicá-las bem, elas lhe trarão resultados excelentes.

No entanto, quais métodos ou técnicas que constam deste meu *menu* virão a ser mais vantajosos neste ou naquele caso, é algo que dependerá das circunstâncias envolvidas na situação e da avaliação criteriosa daqueles que decidem, em cada organização, sobre as ações de Educação Corporativa. Proponho as seguintes abordagens, para uso na capacitação dos líderes da empresa:

- *Programa de trainees* – Vale muito a pena contratar, anualmente, um grupo seleto de jovens recém-formados, criteriosamente escolhidos, para, mediante rodízio entre as áreas e trabalhando sob orientação de profissionais da própria empresa, vivenciarem os dilemas, as sutilezas e os problemas peculiares presentes nos vários departamentos da empresa.

- *Avaliação sistemática dos atuais líderes* – O modelo de avaliação de líderes da Renner é o que eu defendo, por ser muito bem estruturado e já ter sido sobejamente testado: uma vez ao ano o líder avalia individualmente seus liderados em um sistema *online*, efetuando tanto uma avaliação de competências quanto de potencial, respondendo a algumas perguntas bem objetivas. O resultado obtido é lançado em uma Matriz 9-Box, que ajudará a definir futuros sucessores para a posição do líder. No próximo capítulo, a falar sobre talentos, retornarei ao modelo do 9-Box.

O passo seguinte consiste em reunir o Comitê de Calibragem, no qual o líder dá sua avaliação e seus pares de outras áreas, que são seus clientes, também opinam sobre o executivo. Portanto, o *feedback* proporcionado ao avaliado não vem apenas de seu superior imediato, mas também inclui uma percepção das áreas que são suas clientes sobre o impacto que causa sobre elas.

Há casos em que é recomendável que a empresa faça uso de um *assessment* próprio ou terceirizado, para avaliar desempenho, relacionamento e potencial dos líderes atuais da empresa. Da minha parte, definidamente prefiro um *assessment* externo, que sempre garante a isenção dos avaliadores, o que pode não ocorrer quando o *assesssment* é interno.

Um *assessment* é um sistema especializado de avaliação de performance + potencial. Para tanto, em tal sistema os avaliandos são, tipicamente, submetidos a uma ampla bateria de instrumentos de medição, incluindo: testes psicológicos variados, entrevistas, provas práticas, análise documental, técnicas de observação, provas de conhecimento, sessões de debates, simulações e games, entre outros.

Por meio desses instrumentos, o *assessment* tanto diagnostica comportamentos e/ou desempenhos atuais quanto prognostica a atuação futura dos avaliados. Estes tanto podem ser profissionais da empresa, o que é mais comum. quanto candidatos externos, quando são de especial interesse para a organização. Os laudos de um *assessment* são geralmente individuais e quase sempre permitem que, a partir das informações que trazem, construa-se, para cada avaliado, um Plano de Desenvolvimento Individual (PDI).

O *assessment* permite à empresa, ainda, ter uma fotografia bastante convincente de seu time de liderança, com suas características e modos próprios de ser. Nesse caso, é possível observar se as competências nas quais o grupo de líderes da empresa é mais forte serão suficientes para os desafios do negócio, ou se aquelas em que os líderes têm mais baixo *score* farão falta para alavancar as inovações ou mudanças necessárias.

A título de exemplo, imaginemos que a empresa pretenda implementar uma transformação digital, mas o *assessment* realizado sinaliza que uma característica comum entre os líderes da empresa é uma certa aversão a correr riscos, ou capacidade estratégica. Esse traço típico será, então, um fator limitante. Em tais casos, um novo *skill* terá de ser introduzido na organização, seja pela preparação dos atuais líderes, seja pela iniciativa de trazer de fora líderes que possam já apresentá-la.

- *Plano de sucessão* – É um mapa indicativo dos cargos de liderança existente na empresa, apresentando, para cada um deles, não apenas os dados do atual ocupante, mas também os dados de um ou dois prováveis sucessores indicados. O plano de sucessão é um requisito importante na construção de um grupo de líderes de alto calibre na empresa; e as empresas cujo órgão de Gestão de Pessoas atua estrategicamente tendem a incorporar esse recurso como parte de seus procedimentos de formação e desenvolvimento de executivos.

Ainda assim, não muitas empresas, no Brasil, mantêm planos de sucessão: um levantamento realizado em 2016 pela empresa multinacional anglo-americana de gestão de risco e consultoria, Willis Towers Watson, mostrou que, no Brasil, entre 124 grandes empresas pesquisadas, 87% admitiam que a sucessão de diretores seria um objetivo estratégico válido. Todavia, por mais paradoxal que pareça, apenas 18% dessas empresas haviam realmente focado a sucessão em posições estratégicas como uma ação prioritária.

Em outro levantamento mais recente, de 2020, feito pela empresa internacional de *headhunters* Heidrick & Struggles, em tês mil empresas pesquisadas, somente 71 relataram casos de sucessão em nível de Diretoria, ou seja, 2, 4% do total, uma quantidade inexpressiva. Ressalte-se que estamos nos referindo a um ano mundialmente assolado pela pandemia de Covid-19 e, portanto, completamente atípico, em que planos de sucessão de altos executivos provavelmente não constituiriam, mesmo, uma prioridade.

- *Seminários cursos e workshops internos, presenciais ou semipresenciais* – Todos conhecemos bem esse tipo de evento, praticado nas empresas há mais de meio século. Nos anos 1960, eles costumavam ser eventos longos, com duração de três ou quatro dias – e, não raro, durando a semana toda. Com o tempo, foram encurtando em tamanho, até se reduzirem, nos anos mais recentes, a eventos de oito horas, quatro horas e, não raro, duas horas ou até mesmo uma hora de duração, apenas.

Com a pandemia de Covid-19 grassando entre nós, outro tipo de mudança drástica aconteceu: esses eventos passaram, de uma hora para outra, a ser realizados virtualmente por meio de uma plataforma do tipo Zoom, Google Meets, Microsoft Teams ou outra. Muitos afirmam que essa mudança veio para ficar e que, após a pandemia, os *workshops* e outros eventos presenciais serão a exceção, não a regra.

Outra questão importante que diz respeito a *workshops* e seminários de gestão refere-se aos conteúdos que devem ser abordados e trabalhados nesses eventos. No passado, valorizava-se muito a escolha, para conduzirem cursos, seminários e palestras de gestão, de consultores com larga experiência de campo, geralmente ex-executivos e profissionais especializados que já haviam passado várias décadas em posições de mando ou especializadas em outras organizações.

O mundo, entretanto, mudou muito de lá para cá. Por um lado, com o advento da internet, das redes sociais, do Big Data e de muitas eficientes tecnologias de acesso, nosso planeta transformou-se em um manancial de informações e conhecimentos disponíveis para quem queira acessá-los.

Por outro lado, as mudanças nas organizações passaram a ser cada vez mais rápidas e mais radicais – ao ponto de desafiar a grande experiência anterior de qualquer profissional, mesmo aqueles com vivência de muitos e muitos anos em organizações de ponta. Essas grandes transformações no mundo passaram a mostrar claramente, a esses profissionais, que sua vasta experiência, por si só, já não seria suficiente para continuar sendo atualizada. Caso não fosse ela devidamente mesclada com novas e modernas visões sobre a realidade empresarial atual, tal experiência poderia fazer o efeito inverso, vindo a significar, de fato, apenas uma grande coleção de vivências passadas não mais significativas, que não mais se aplicariam ao mundo dos negócios de hoje.

Tendo tido eu própria uma vasta experiência profissional na Lojas Renner e outras organizações, conheço sobejamente essa questão – e sei perfeitamente quanto esforço e estudo continuado me tem sido necessário para manter-me sempre atualizada no que faço profissionalmente.

Assim, o que vejo hoje é a necessária presença de um novo personagem no campo da Educação Corporativa: o curador de conteúdo. É alguém que veio para guiar o acesso da empresa e de seus executivos e profissionais aos novíssimos conhecimentos, práticas, teorias e conceitos que continuamente vão surgindo no horizonte, em fluxos cada vez mais intensos, tornando-se vitais para uma boa gestão empresarial.

A curadoria de conteúdo tornou-se, portanto, uma novíssima e importante função a ser exercida na atualização permanente dos conhecimentos a serem empregados, em qualquer empresa. E essa nova função veio modificar substancialmente a forma como se planejam, organizam e conduzem cursos, seminários e *workshops* de gestão destinados a atualizar os executivos e profissionais da empresa.

Para não perdermos o fio da meada, não me estenderei mais sobre esse tema neste ponto de nosso livro. Irei retomá-lo mais adiante, em outro capítulo, quando teremos uma nova oportunidade de examinar, em seus aspectos mais relevantes, essa questão importante que é a nova curadoria de conteúdo.

- *Participação em eventos externos de alto nível* – O desenvolvimento de gerentes nas empresas passa, necessariamente, pelo encaminhamento desses profissionais à participação em eventos externos: *workshops*, seminários e cursos; programas de pós-graduação ou de extensão universitária; visitas a feiras; participação em congressos e simpósios; visitas técnicas a empresas ou outras organizações; estágios orientados; programas de *benchmarking*, entre outros.

Tais eventos frequentemente são úteis para ampliar a visão do executivo sobre seu trabalho, sua empresa, o mercado etc. Assim, eles nunca deixaram de ser realizados e, embora tenham diminuído de frequência com a pandemia de covid19, jamais deixaram de ser realizados.

- *Programa de coaching e mentoring individual para líderes em casos especiais* – A contratação de serviços de *coa-*

ching ou *mentoring* para executivos que sejam especiais para a empresa e que esta não pode perder para a concorrência ou o mercado, cresceu enormemente nos últimos vinte anos ou mais – em grande parte substituindo a modalidade de capacitação em sala de aula, com grupos de participantes. O *coaching* tem justamente esse papel de ajudar na formação ou desenvolvimento dos executivos.

As empresas tendem a oferecer esses serviços especialmente aos seus gerentes ou diretores mais talentosos, quando enxergam neles alguma competência especial, ou um potencial excepcional; e, então, concluem que vale a pena apostar em sua futura promoção a algum cargo de maior responsabilidade.

- *Programa de job rotation (rodízio de cargos) e substituições temporárias em cargos-chave* – Em muitas empresas, quando fica decidido que determinado executivo será promovido a uma posição superior – por exemplo, um gerente deverá ocupar, em breve, um posto na Diretoria, ou um diretor virá a se tornar o novo presidente – o Gestor de Pessoas de nível estratégico se incumbe de orientar toda a preparação do novo incumbente para esse alto posto, expondo-o a experiências concretas de gestão naqueles setores em que esse profissional ainda carece de maior vivência.

Foi como fizemos na Lojas Renner, com muito sucesso, aliás, na preparação do atual presidente, Fabio Faccio, que, em 2019, passaria a ocupar o cargo, substituindo José Galló, que passou para o Conselho de Administração da empresa. Essa preparação foi feita com grande esmero e cuidado, tendo Fabio, que realizou sua carreira na área de Operações de Lojas, tido a oportunidade de dirigir por seis meses a área de Logística, indo depois para a Gestão de Compras. Após essas experiências. ele efetivamente tornou-se o novo presidente.

Outra ideia é a substituição temporária do CEO, quando em férias. Trata-se de um período curto, mas a ocupação da posição pelo eventual sucessor, ainda que por alguns dias apenas, já permite fazer algum tipo de avaliação de seu desempenho. Em outros cargos menores, também pode ser esse um modelo bastante eficaz, segundo consta, especialmente no sentido de começar a preparar jovens profissionais para, em breve, assumirem seus primeiros cargos de liderança.

O caso bem-sucedido da Lojas Renner

Na Lojas Renner, começamos, em 2013, a preparar a sucessão de José Galló à presidência da empresa. Galló decidiu que a data de sua saída do cargo seria abril de 2019; e então me chamou para juntos elaborarmos o plano de viabilização dessa decisão. Aceitei com muita alegria! Considero que tenha sido das mais auspiciosas essa oportunidade de vivência profissional e desenvolvimento que ele me proporcionou, demonstrando tal confiança em mim ao me chamar para uma participação tão decisiva nesse projeto.

A escolha final do executivo que o substituiria e a comunicação da mudança ao mercado aconteceriam, conforme combinamos, no final de 2018. A preparação dessa sucessão requereu uma cuidadosa reflexão inicial sobre se teríamos candidatos internos potencialmente em condições de, sendo bem preparados, ocuparem tal posição em um prazo de seis anos. Fizemos, para isso, uma séria análise crítica do desempenho e do potencial de vários dos nossos mais competentes executivos.

Nesse primeiro passo, igualmente consideramos a possibilidade de suprir a posição com algum candidato externo. Para começar a examinar essa possibilidade, consultamos alguns *headhunters* experientes que eram de nosso relacionamento e gozavam de nossa inteira confiança. Eles nos apresentaram sua visão a respeito do perfil do cargo, dos tipos de candidato que o mercado poderia oferecer por essa época e o que pensavam a respeito. Foram conversas muito elucidativas.

Conversamos igualmente com consultores de gestão de grande experiência, que nos atendem regular ou ocasionalmente em vários tipos de atividades e em quem confiávamos. Ouvindo esses profissionais pudemos manter a mente aberta sobre o que pensar acerca do daquele que, em poucos anos mais, viria a substituir nosso presidente José Galló.

Com base em reflexões conjuntas com profissionais de dentro e de fora da Lojas Renner, pudemos, portanto, desenhar o perfil que desejávamos enxergar no candidato que seria futuramente escolhido. Elencamos com o CEO todas as responsabilidades e atividades que o novo executivo, ao ocupar a cadeira, deveria assumir. Isso nos ajudou a definir também os traços de personalidade e os comportamentos mais claramente esperados do sucessor, assim como nossas expectativas em relação à sua formação educacional, experiência profissional e vivência pessoal.

Definimos, enfim, quais seriam os fatores de sucesso que estariam em nosso radar, na escolha do novo CEO, que viria a substituir José Galló na presidência da Renner. Ninguém menos do que o próprio Galló teve uma participação muito ativa nas discussões a respeito e na formulação desse perfil.

Procuramos conhecer outros casos de sucessão do CEO em grandes empresas, para saber o que havia sido feito e o que tinha resultado do processo. O exemplo mais conhecido de sucessão do CEO em uma grande empresa é, de longe, o da General Electric Co., em 2000, quando Jack Welch entregou o comando da empresa a Jeffrey Imelt.

Lendo o que se publicou a respeito, vimos que não foi um processo simples, muito ao contrário. A sucessão de Jack Welch começou quase seis anos antes da data prevista de sua saída e envolveu, de início, cerca de duas dezenas de executivos da companhia – um grupo que foi sendo reduzido pouco a pouco, até que, havia, ao final, três candidatos com reais condições de ocupar a posição. Jack Welch optou por Imelt e sua escolha foi aprovada pelo Conselho de Administração da GE. Os outros dois candidatos finais, até mesmo atendendo a uma sugestão do próprio Welch, deixaram a empresa para presidir outras companhias – James McNerney saiu para presidir a 3M e Robert Nardelli, a Home Depot.

Esse estudo nos deixou claro o que já suspeitávamos: a sucessão do CEO é uma questão complexa, que envolve muitos passos e decisões delicados, dificilmente tomados por uma pessoa só, mas que exigem grande discernimento e ponderação.

Tendo à nossa frente o perfil detalhado do cargo, foi-nos possível montar um plano detalhado para recrutar os candidatos para a posição. Em casos de sucessão de gerentes e mesmo diretores, a Lojas Renner regularmente aciona o Comitê de Sucessão, formado por todos os diretores.

O Comitê de Sucessão é parte integrante do ciclo todo de avaliação de desempenho dos executivos. Primeiro o líder avalia o colaborador em suas competências, avalia-o também em relação ao seu potencial, gerando-se, nesse ponto, a Matriz 9-Box. Entra em ação, então, o Comitê de Calibragem e, em seguida, o Comitê de Sucessão: tendo havido a calibragem das avaliações dos executivos, o Comitê de Sucessão toma todos os cargos do C-Level e indica os sucessores indicados para cada um deles.

Na Lojas Renner, o processo que se adota ao indicar um executivo como sucessor potencial para um alto cargo de gestão compreende algumas etapas bem estabelecidas, nas quais a empresa já tem larga experiência. Vou descrever como é, basicamente, esse processo:

Feita a avalição anual de competências do executivo, ele recebe o devido *feedback* sobre os resultados tabulados, ocasião em que se se discutem suas expectativas de carreira e se formula, para esse executivo, um Plano de Desenvolvimento Individual (PDI).

Segue-se, no devido tempo, uma avaliação de seu potencial, sendo o executivo localizado em uma das posições do 9-Box, o que permitirá uma definição prévia sobre sua continuação no processo. Nessa posição, o profissional é detidamente analisado pelo Comitê de Calibragem da empresa e, dependendo do resultado dessa análise, pode passar a figurar como sucessor indicado para uma posição executiva.

Nesse caso, definem-se, para esse executivo, ações específicas visando a acelerar sua prontidão para a posição. Essas ações pressupõem também a formulação de metas claras, que serão acompanhadas pelo Comitê de Sucessão.

Neste caso tão especial, da sucessão do próprio CEO, não cabia fazer uso desse comitê, sendo mais apropriado realizar o trabalho consultivo em uma instância mais elevada, razão por que optamos pelo Comitê de Pessoas, que faz parte do Conselho de Administração de Lojas Renner.

Em dado momento, chegamos à conclusão de que faríamos a escolha entre candidatos internos, excluindo a possibilidade de nomear um CEO vindo de fora da Lojas Renner. Fizemos essa opção porque percebemos claramente que tínhamos um robusto time de executivos dentro da própria empresa, entre os quais, potencialmente, vários poderiam ser candidatos a CEO no devido tempo, se tivessem adequadas oportunidades de desenvolvimento.

Posso dizer que, pessoalmente, eu me senti muito contente ao constatarmos isso, porque penso que há um reconhecimento tácito, mas inegável, dos méritos do órgão de Gestão de Gente da empresa quando se conclui que esta dispõe de um grupo de executivos bem preparados e capazes de altas promoções. Esta não é uma condição muito comum nas empresas – que, ao se depararem com a perspectiva de uma sucessão desse porte, a curto ou médio prazo, frequentemente não conseguem encontrar sequer um único bom candidato interno, precisando recorrer ao mercado externo.

Não estou afirmando que, na sucessão do presidente, uma grande empresa sempre deva preferir candidatos que já trabalham nela. Há casos em que, sim, o recrutamento externo é não apenas viável, mas até mesmo aconselhável.

Sem dúvida, um candidato externo pode, eventualmente, trazer ao cargo de CEO inúmeras contribuições importantes, entre as quais frequentemente podem ser citadas uma experiência profissional profunda e renovadora e ideias revigorantes para uma empresa que esteja necessitada delas. Por outro lado, um candidato externo também eleva o risco da empresa de ter sua Cultura Organizacional posta à prova de modos que, por vezes, não são os mais convenientes.

Trazer alguém de fora não era, entretanto, o que pretendíamos, então, nos concentramos nos valores que tínhamos em casa. Iniciamos, assim, um processo de atendimento às necessidades específicas de desenvolvimento pessoal e profissional de nossos vários possíveis candidatos. Todos receberam atenção especial do CEO e da Diretoria de RH, para que tivessem amplas oportunidades de desenvolver seu potencial. A cada sucessor em potencial, criteriosamente, proporcionamos oportunidades de exposição a desafios mais altos de gestão e de participação em projetos de Educação Corporativa.

Todos tiveram a chance de participar de programas de gestão de alto nível e, ocasionalmente, em programas de *job rotation*; todos puderam, também, participar de reuniões individuais com mentores experientes, que os ajudaram a examinar e refletir sobre seus encaminhamentos pessoais na carreira; e a todos foram oferecidos planos de desenvolvimento profissional concretos, sob orientação direta da Diretoria de RH e com sugestões e recomendações pessoais do CEO. Cada candidato em potencial teve, portanto, todas as chances para mostrar sua experiência, discernimento e potencial capacidade de vir a ocupar o ambicionado cargo.

Os planos individuais de desenvolvimento foram, aliás, detidamente acompanhados em reuniões mensais com o CEO, em que se verificava objetivamente tudo que havia sido realizado no período anterior e os resultados obtidos, com constantes sugestões de aperfeiçoamento desses planos.

Quero fazer um breve parêntesis, aqui, para uma reflexão sobre processos de sucessão como este, não apenas para o cargo de presidente, mas até mesmo para algum outro cargo em nível estratégico em uma grande empresa: há especialistas que relutam em fazer algo deste tipo, proporcionando oportunidades de desenvolvimento a vários candidatos internos nessa fase do processo de sucessão.

Esse temor repousa em uma crença de que investir na formação de futuros diretores pode levar a empresa a estimular a saída de profissionais competentes, quando, ao final, apenas um deles vier a ser escolhido para a posição focalizada. Não penso dessa forma: creio que esse tipo de processo sempre vale muito a pena, mesmo quando um ou outro executivo que se veja preterido ao final resolva deixar a empresa. No cômputo geral, o saldo positivo sempre supera as eventuais perdas, claramente adicionando valor à empresa.

Esse saldo altamente positivo foi claramente constatado no processo de sucessão do CEO da Lojas Renner. Embora um dos nossos executivos tenha deixado a companhia, o ambiente interno entre os diretores, já pouco tempo após a sucessão ter sido efetivada, mostrava-se amplamente favorável, com todos os diretores trabalhando em equipe com grande engajamento e competência. É falso, portanto, que executivos potencialmente vistos como futuros diretores e presidentes irão se desmotivar quando não tiverem sido os escolhidos na seleção final. Na prática, a grande maioria deles reconhece o valor da experiência que lhes foi proporcionada, que julga tê-los tornado ainda melhores do que já eram.

Voltando ao relato do lindo caso que tivemos na Lojas Renner: quero ressaltar também a grande contribuição, nessa preparação dos executivos, que tivemos por meio do trabalho de *coaching* realizado com profissionais da Alba Consultoria.

Esse processo se estendeu também a outros profissionais executivos da empresa, não se limitando àqueles que participavam do processo seletivo para a presidência. E essa extensão do trabalho de *coaching* a outros profissionais trouxe-nos vários benefícios: em primeiro lugar, desenvolvemos mais pessoas, seguindo um modelo de desenvolvimento de alto nível; além disso, tiramos um pouco o foco dos candidatos à presidência, reduzindo a pressão sobre eles; depois, estabelecemos, dessa forma, parâmetros permanentes de comparação; e, finalmente, preparamos os escalões executivos para responderem adequadamente à mudança que haveria na presidência.

Em 2014, também realizamos, com uma consultoria especializada externa, um primeiro exercício de *assessment* com todos os diretores da empresa. Queríamos ter uma avaliação totalmente isenta que nos confirmasse as escolhas feitas e nos ajudasse a definir, concretamente, os próximos passos a serem dados para o desenvolvimento desses executivos.

Aproveitamos para novamente fazer o *assessment* dos executivos ocupantes do escalão logo abaixo, uma vez que pode perfeitamente ocorrer que haja profissionais muito talentosos no nível imediatamente abaixo, que, se forem devidamente acompanhados e desafiados, poderão mostrar prontidão suficiente para virem a ser pensados para o cargo ou para substituir o executivo que for promovido.

Seguiram-se os planos de desenvolvimento para todos os executivos que passaram pelo *assessment*, obviamente com uma lente de aumento mais potente colocada sobre aqueles que víamos como candidatos potenciais.

Enquanto isso, o Comitê de Pessoas realizava reuniões trimestrais, em que o presidente Galló e eu informávamos aos demais membros, em detalhes, como estavam seguindo os planos de desenvolvimento e quais deveriam ser os próximos passos. O Conselho de Administração da Lojas Renner era sempre informado a respeito, recebendo sugestões para deliberação, decorrentes das análises e reflexões feitas pelo Comitê de Pessoas.

Antes do final de 2018 realizamos nova rodada de *assessment*, com o mesmo grupo de executivos, para avaliar sua evolução e ter certeza de sua prontidão. Estávamos já próximos de optar por um deles e queríamos ter certeza do estágio de prontidão de cada um. Foi nessa etapa que definimos Fábio Faccio como sendo aquele que iria substituir Galló na presidência. Fábio era o candidato que reunia, entre todos, as melhores condições – e logo percebemos que ele seria uma excelente escolha.

A partir desse momento iniciou-se um detalhado plano de transição focado no candidato escolhido: Fábio começou a receber mais responsabilidades, novas atribuições estratégicas e maior participação nas decisões estratégicas. Também foram incluídos, em seu plano de desenvolvimento, muitas reuniões com o presidente atual, que pessoalmente se encarregou de atuar como um mentor de seu substituto.

Nessas reuniões, conversas importantes sobre todos os aspectos essenciais no exercício da presidência foram realizadas. O plano todo foi formulado e posto em ação com participação direta do CEO atual, da Diretora de RH e do Comitê de Pessoas, com suas sugestões e recomendações ao Conselho de Administração – órgão maior que, por definição, tomaria a decisão final sobre a eleição do novo CEO.

Fizeram parte do trabalho de desenvolvimento do futuro presidente, nos vários anos durante os quais a sucessão do CEO esteve em pauta, múltiplas iniciativas de *job rotation*, atribuição de desafios estratégicos, como a coordenação de um comitê para implantação do modelo de *fashion retail* na Lojas Renner, além da coordenação de atividades envolvendo seus pares, em vários projetos específicos, em que Fábio teve a oportunidade de exercer suas qualidades de liderança.

Um plano de transição também foi elaborado, relacionando todas as medidas que deviam ser tomadas na execução do processo de sucessão propriamente dito – medidas relacionadas com procedimentos legais, comunicação ao mercado, aos pares e a toda a organização e demais interessados, plano de integração do novo CEO na posição, datas previstas para tais providências e assim por diante.

Resultados Esperados

Que resultados esperamos com a aplicação dessa variada metodologia de educação corporativa? Como saberemos se ela tem sido eficaz, se tem produzido melhores líderes para nossa empresa? A questão da medição dos resultados dessas aplicações é nossa próxima e última preocupação, quanto a este aspecto.

A área de Pessoas precisa saber apresentar resultados concretos, coisa que muitas vezes tem dificuldade em fazer. Frequentemente os indicadores para metas escolhidos pela área de Gente – e, portanto, também os resultados que essa área apresenta com base nesses indicadores – refletem apenas processos, sem que venham a dar conta do que se obtém de concreto com o cumprimento destes. Tais metas geralmente não permitem afirmar que os resultados obtidos a partir delas acrescentaram, de fato, valor para a companhia.

É mais interessante cultivar outros tipos de metas, nas quais o valor acrescentado pelo resultado produzido seja mais evidente, tais como: "preencher 100% das vagas abertas em quaisquer níveis no máximo em 15 dias"; "alcançar pelo menos 80% dos cargos de liderança preenchidos com promoções ou transferências internas"; ou ainda: "para 80% ou mais, entre as posições de alto escalão executivo, ter sucessores com prontidão para suprir a posição no máximo em um ano". Metas redigidas desta forma podem ser muito melhores, porque supõe-se que os resultados que ela proporcionam efetivamente contribuirão para elevar o valor das operações da empresa.

É preciso entender, entretanto, que nem sempre uma única meta é suficiente para indicar se o resultado conseguido pela empresa foi ou não expressivo. Em um dos exemplos dados anteriormente, o indicador "tempo de preenchimento da vaga" – 15 dias, no máximo – teria de ser complementado por outro mais que informasse a percentagem dos novos colaboradores que ultrapassaram o período de experiência trabalhando na empresa. Sim, porque não adiantaria muito preencher rapidamente as vagas com novos empregados se estes não permanecessem na organização – seja por não terem conseguido apresentar bom desempenho, seja por não terem se sentido à vontade para continuar trabalhando na companhia.

No caso de um Gestor de Pessoas que atue estrategicamente, os resultados que se esperam precisam espelhar essa preocupação estratégica. Quando se trata de resultados relativos especificamente à preparação de lideranças, é necessário selecionar indicadores que se refiram à performance desses líderes em sua atuação estratégica; por exemplo: quanto líderes nomeados mais recentemente trouxeram resultados reais para a empresa? Que inovações estratégicas foram conseguidas a partir das ideias que eles aportaram à companhia? Quais transformações processadas na empresa foram, de fato, iniciadas ou continuadas a partir de suas iniciativas?

O mais frequente, em tais casos, é que o órgão estratégico de Gestão de Pessoas não possa – ou mesmo não deva – apresentar metas próprias e independentes das demais diretorias ou da Direção da empresa como um todo, mas deva participar de uma espécie de *pool* de metas – uma vez que tais resultados normalmente não decorrem de uma atuação específica e isolada do órgão de Gestão de Pessoas, e sim de sua atuação combinada com as de outras diretorias.

Por exemplo, se um novo diretor promovido de uma posição gerencial anterior faz um excelente trabalho em seu novo cargo, trazendo bons resultados para a companhia, é muito provável que a área de Gente tenha parte dos méritos, por ter escolhido bem o candidato interno que preencheria a posição e por tê-lo preparado adequadamente para o novo cargo. Mas, por certo, essa terá sido a contribuição da área de Gestão de Pessoas para um conjunto de variadas condições que permitiram que o novo diretor tivesse esse excelente desempenho. O mérito pelo resultado deve ser creditado em conjunto ao órgão de Gestão de Pessoas e à área atendida.

No fundo, entretanto, o importante não é que se consiga destacar aquela parcela específica de contribuição para os resultados gerais conseguidos pela empresa que tenha vindo da área de Gestão de Pessoas. O importante é que se tenha, de modo generalizado, a certeza de que a contribuição da área de Gestão de Pessoas de fato existiu e foi inegavelmente importante.

E a absoluta certeza dessa contribuição virá, caso a empresa tenha planos ousados de crescimento e disponha de líderes bem preparados em quantidade suficiente, com a prontidão exigida para assumirem os postos de comando e liderança que se apresentarão em virtude dessa expansão.

Por exemplo, se a empresa decidir ampliar suas operações, comprando o controle acionário de outra empresa do mercado, se ela abrir novas linhas de produção ou operação, se vier a desenvolver novos negócios, ela precisará ter gente pronta para atender aos novos desafios. Se efetivamente tiver, então, sim, o Gestor de Pessoas poderá afirmar com total segurança que o órgão que dirige cumpriu bem seu papel.

Conheço poucas empresas que são realmente modelares neste quesito. Uma das que admiro por sua capacidade nessa área é a Ambev – uma grande organização, como frequentemente ficamos sabendo, que, tendo ampliado mais uma vez suas operações, mostrou ser uma autêntica "fábrica de líderes", pois sempre dispõe, em seus quadros, de talentosos executivos, profissionais de gestão bem preparados para atenderem às novas demandas criadas!

Capítulo 4

Aquisição e Retenção de Talentos

O que é talento?

Os dicionários definem "talento" como uma aptidão natural ou habilidade adquirida em uma área de atividade qualquer; uma capacidade que alguém tem e é capaz de demonstrar em nível de qualidade muito superior ao normal.

A palavra vem do grego *talanton*, que significava inicialmente "peso" ou "equilíbrio". Como o dinheiro é, em si, um "peso" ou medida para se aquilatar o valor dos objetos nas transações comerciais, ainda na Antiguidade "talento" também passou a significar dinheiro e, em seguida, a denominar uma dada moeda ou unidade monetária usada na Mesopotâmia, e que depois se disseminou pelo mundo conhecido, com as conquistas do Império Romano.

A existência, no passado antigo, da moeda Talento ficou conhecida no mundo ocidental por causa dos estudos regulares sobre a Bíblia, instituídos principalmente pelas igrejas cristãs após a Reforma, considerado, a partir de então, como uma obrigação do bom cristão. No Livro Sagrado, uma das passagens que mais se popularizaram foi a Parábola dos Talentos, narrada no Segundo Testamento, no Evangelho de Mateus (25:14–30).

Hoje, talento é um conceito dos mais populares em Gestão de Pessoas. É como nos referimos a um profissional de alta competência, capaz de performance destacada e de entregar resultados ambiciosos. Além da pessoa competente em si, frequentemente também usamos a palavra "talento" para designar seu desempenho, ou aquilo que a pessoa é capaz de fazer. Ambas os usos do termo talento são válidos.

Todo mundo concorda que o talento é o recurso mais importante de uma empresa, dizem, em seu livro *A arte de cultivar líderes* (Ed. Campus, 2011, 299 p.), Ram Charan e o coautor do livro, Bill Conaty (ex-VP de RH da General Electric Co. e o executivo que ajudou Jack Welch a concretizar sua própria sucessão no cargo de CEO, escolhendo Jeff Imelt para a posição). "O talento é a maneira mais fácil de verificar se a empresa está se encaminhando para cima ou para baixo", dizem eles.

O consultor, palestrante, escritor e professor de administração na Ross School of Business (Universidade de Michigan), David Ulrich, um especialista em questões de RH, sugere que alguém não pode verdadeiramente ser chamado de "talento" se não apresentar, pelo menos, três grandes capacidades humanas, que são:

- *Competence* (competência) – o que significa que essa pessoa apresenta as habilidades necessárias para aquela tarefa, naquele lugar, naquele momento.
- *Commitment* (comprometimento) – o que significa que essa pessoa está intensamente engajado e se sente fortemente responsável por aquilo que faz.
- *Contribution* (contribuição) – o que significa que aquilo de que essa pessoa efetivamente resulta em aumento de valor para a empresa, seus clientes, a sociedade e para si mesmo.
- Ulrich propõe ainda que:
- Para desenvolver *competência,* é preciso estabelecer padrões a serem seguidos pela pessoa, avaliar seu desempenho frente a esses padrões e oferecer constante *feedback* a ela, relativamente ao seu desempenho.
- Para desenvolver *comprometimento,* é preciso oferecer à pessoa uma proposta efetiva de valor, que ela considere importante e que lhe ofereça alguma recompensa – material ou imaterial – que ela veja como relevante.
- Para desenvolver *contribuição,* é preciso ajudar a pessoa a associar seu trabalho a resultados efetivos, mostrando a importância daquele para estes.

Ulrich também mostrou, em seminário realizado no Brasil há poucos anos, quanto dispor de reais talentos é algo importante para uma empresa, por serem os talentos capazes de apresentar desempenhos necessários ao cumprimento de cargos e atividades dos quais a empresa depende diretamente para ter sucesso no mercado. *Essas key positions*, diz Ulrich, são aquelas que:

- Geram alto valor para a empresa.Contribuem decisivamente para o aumento das receitas e/ou para a redução dos custos da organização.
- Têm impacto estratégico sobre os clientes da empresa e sobre a visão que eles têm sobre ela.
- Podem ser exercidos com uma enorme variação, em termos da qualidade do desempenho – para melhor ou para pior –, dependendo de quem sejam seus ocupantes.
- Sua elevada importância não está necessariamente associada à localização nos altos escalões hierárquicos da empresa.

Para David Ulrich, esses cargos tão especiais configuram, quase sempre, não mais de 15% dos postos de trabalho regularmente disponíveis na empresa. Esses são os cargos para os quais se torna mais crucial ter sucessores prontos, assim como são aqueles mais visados, quando se recrutam e desenvolvem talentos para a empresa.

Inteligência: faca de dois gumes

O conceito de talento está diretamente relacionado ao de inteligência. Tradicionalmente, inteligência é nome que damos ao potencial biopsicológico de um indivíduo. Todos nós temos certo nível de inteligência, que se expressa em diferentes áreas de atuação. De modo geral, a inteligência traduz-se como a capacidade do sujeito de solucionar problemas, adaptar-se a novas situações, agir na direção de um fim estabelecido, gerar ideias ou criar soluções que tenham aceitação social. A nossa inteligência é um maravilhoso dispositivo, verdadeira máquina cerebral capaz de ir em busca de dados e informações, capturá-los e processá-los.

Os estudos sobre a inteligência, entretanto, têm quase um século e meio e muito se aprendeu sobre ela, desde então. Na década de 1980, uma equipe de investigadores da Universidade de Harvard, liderada pelo psicólogo Howard Gardner, desenvolveu o conceito hoje mundialmente aceito das inteligências múltiplas. Essa nova abordagem questiona a existência de uma inteligência única e generalizada no ser humano, substituindo-a por um vasto e diversificado conjunto de inteligências:

- cinestésico-corporal;
- existencial;
- interpessoal (ou social);
- intrapessoal;
- linguística;
- musical;
- naturalista (ou ecológica, ou biológica);
- lógico-matemática;
- visual-espacial.

Por exemplo, um indivíduo com inteligência cinestésico-corporal pode ter essa inteligência distribuída, com maior ou menor grau entre várias formas de manifestação, tais como: força física, resistência física, destreza manual, flexibilização da musculatura, movimentação harmônica, percepção visual, percepção auditiva e outras mais. Por sua vez, um tradutor, um escritor, um palestrante ou um poeta irão demonstrar grande acuidade em outro tipo de inteligência, a linguística.

Os estudos sobre a inteligência não param por aí. Existe também uma já bem conhecida e popularizada Inteligência Emocional (IE), que há anos vem sendo divulgada especialmente pelo psicólogo norte-americano Daniel Goleman, principalmente a partir de seu livro de 1995, *Inteligência Emocional*. Tomada isoladamente, a IE não é uma das inteligências múltiplas propostas por Gardner; no entanto, ela não está, em absoluto, excluída deste quadro de referência.

Os traços que constituem a IE distribuem-se por várias das inteligências múltiplas propostas por Gardner. A IE pode ser definida como um conjunto de capacidades que um indivíduo mostra ter, as quais é capaz de identificar, compreender e avaliar, a qualquer momento; as emoções que estão presentes em si mesmo e nas outras pessoas.

Considero esse breve resumo sobre a inteligência um ponto importante em nossas reflexões sobre os talentos nas empresas. E não foi por acaso que escolhi o subtítulo anterior para designar este subcapítulo específico: "Inteligência: faca de dois gumes".

De fato, o que tenho observado na vida real é que muitas pessoas são contratadas como autênticos talentos porque alguma de suas inteligências múltiplas imediatamente se destaca no processo seletivo. Mas, posteriormente, no dia a dia de trabalho, no contato com seus colegas, superiores e colaboradores, caso esse profissional seja deficiente em inteligência emocional, isso inevitavelmente se revelará e porá em risco sua permanência no cargo e na própria empresa. A realidade é que, frequentemente, as pessoas são contratadas pela rica inteligência cognitiva que têm, mas são demitidas por sua pobre inteligência emocional!

O que são potenciais talentos?

Uma pessoa pode ser considerada um talento potencial quando, desde cedo, apresenta uma série de traços de conduta que, antecipadamente, sugerem grandes competências que, por certo, essa pessoa será capaz de apresentar mais tarde, quando lhe chegar a oportunidade para tal. Um talento potencial mostra, por exemplo, ser uma pessoa inquieta, que gosta de temas novos, busca soluções originais, motiva-se pelo desafio, apaixona-se por aquilo que está fazendo, entre outras.

O termo "potencial" pode ser empregado tanto como substantivo (por exemplo, "Fulano é um potencial que não podemos perder") quanto na forma de adjetivo ("Beltrano é um líder potencial"). Em ambos os casos, "potencial" sempre se refere a tudo aquilo que é possível, até provável que venha a se concretizar, mas que ainda não aconteceu na prática.

Obviamente não existe um método infalível para se identificar um talento potencial – isto é, para se prever se um indivíduo – por exemplo, um jovem profissional contratado pela empresa – virá a ser, mais tarde, um talento. No entanto, acredito muito nas ferramentas de *assessment* para essa finalidade: há uma boa quantidade de *assessments* capazes de oferecer pistas muito boas para prenunciar o futuro êxito do indivíduo avaliado, apontando seus pontos fortes e aspectos a desenvolver. Um bom plano de desenvolvimento, montado e posto em prática em seguida, pode ajudar essa pessoa a alavancar suas virtudes e preencher as lacunas que o sistema de *assessment* tiver apontado.

Essa questão é crucial não somente nos ambientes empresariais, mas em quaisquer outros ambientes nos quais a alta performance deva ser especialmente valorizada, caso dos esportes, dos estudos escolares, das ciências. Frequentemente é preciso, nesses ambientes, investir em jovens que parecem talhados para se tornar expoentes na área. E, se um *assessment* inicial tiver sido bem feito e os procedimentos seguintes de orientação, desenvolvimento e acompanhamento forem adequadamente conduzidos, é muito provável que aquele potencial se transforme em realidade, trazendo grandes alegrias e compensações para todos.

Para alguns, esse esforço em revelar e realizar talentos potenciais é visto como uma espécie de aposta, que pode dar certo ou não. Quanto a mim, não partilho dessa opinião; minha experiência em Gestão de Pessoas mostra claramente que o prognóstico sistemático de talentos potenciais nada tem de aposta, sendo, de fato, uma forma de agir imprescindível e que, se bem conduzida, irá ajudar essas pessoas com alto potencial a realizá-lo plenamente, para seu benefício e da organização em que trabalha, assim como da sociedade.

David Ulrich, que já citei mais atrás, fala frequentemente sobre as dificuldades de se identificar altos potenciais para futuros cargos em suas aulas e sessões de consultoria. Para Ulrich, um profissional jovem provavelmente revelará que tem alto potencial para se tornar um excelente técnico ou um grande executivo, se pudermos enxergar, com clareza, em sua conduta atual, estas quatro atitudes – identificadas por quatro As):

- *ambition* – forte desejo e determinação de ir em busca do que aspira conseguir;
- *agency* – disposição para agir nas situações importantes, fazendo tudo que é necessário para resolvê-las;
- *agility* – capacidade de dar respostas rápidas e imediatas em quaisquer situações; e
- *accomplishment* – necessidade pessoal de levar a cabo a tarefa começada, jamais a deixando sem conclusão.

A Lojas Renner tem um modelo ao mesmo tempo simples e bastante funcional de avaliar o potencial de um colaborador, mediante sua confrontação com quatro quesitos. Essa avaliação é conduzida anualmente pelo próprio superior imediato do colaborador, que examina criteriosamente o modo como este tem atuado no trabalho, quanto a:

- consistência de suas entregas, no trabalho que realiza;
- agilidade com que aprende novos conhecimentos e práticas úteis ao trabalho;
- sua capacidade de transferir para o trabalho, com rapidez e eficiência, aquilo que aprende; e, por fim,
- suas aspirações pessoais, avaliadas em termos de quanto se dispõe a assumir novos e maiores desafios em sua carreira dentro da empresa.

A matriz 9-box

Um instrumento consagrado para se identificar e mapear talentos na empresa é a Matriz 9-Box. Também chamada de "matriz das nove caixas", esse instrumento é usado hoje por muitas empresas para classificar seus executivos quanto à performance que apresentam e quanto ao potencial de realização futura que se imagina que poderão vir a mostrar.

Nesse modelo, o colaborador da empresa é avaliado e situado em uma das nove posições dadas na matriz abaixo.

O eixo horizontal da matriz refere-se ao potencial do profissional para o futuro, que pode ser elevado, médio ou baixo, como se vê. O eixo vertical, por sua vez, refere-se ao desempenho do profissional no trabalho atual, levando em conta suas competências e os resultados que tem apresentado. Também o desempenho comporta três níveis de classificação, neste caso: elevado, satisfatório e baixo.

A matriz mostra cinco diferentes níveis de classificação dos executivos submetidos ao *assessment*, identificados ali pelo tom com que estão coloridos – quanto mais escura a cor do espaço, maior é a probabilidade de os executivos classificados nessa posição serem vistos como efetivos talentos; inversamente, quanto mais claro tom, menor é essa probabilidade. As classificações possíveis são, portanto:

- No espaço situado no extremo superior direito da matriz (tom mais escuro), estarão situados os executivos ou profissionais que apresentam desempenho e potencial elevados. São os que mais se destacam em ambas as áreas, devendo, por isso mesmo, merecer atenção muito especial por parte da empresa.
- Nos dois espaços imediatamente adjacentes àquele primeiro (tom pouco menos escuro) estarão os executivos que mostram desempenho elevado com potencial satisfatório, ou vice-versa. Também estes merecem, portanto, atenção muito especial.
- Nos três espaços que formam a diagonal da esquerda no alto para a direita embaixo (cor intermediária), situam-se os profissionais que estão basicamente cumprindo seu papel dentro do esperado na empresa: podem apresentar elevado desempenho com potencial satisfatório ou vice-versa; ou podem estar sendo satisfatórios em ambas as áreas. Destes, espera-se que, em breve, elevem a classificação "satisfatório" para "elevado".
- Nos dois espaços adjacentes ao último, na parte de baixo e à esquerda da matriz (segundo tom mais claro), estão colaboradores que "deixam a desejar", porque seu *assessment* os mostram como apenas satisfatórios em desempenho ou potencial, sendo sua classificação mais baixa na outra área. A empresa precisa tomar uma decisão sobre como agir em relação a estes profissionais – se cabe trabalhar pelo seu crescimento.

- Finalmente, no último espaço embaixo, à esquerda (o tom mais claro de toda a matriz), encontram-se os profissionais que apresentam nível insatisfatório tanto em desempenho quanto em potencial. Sobre estes, a empresa precisa tomar uma séria decisão sobre se vale a pena mantê-los no quadro de colaboradores. Pode ser mais interessante, às vezes, para ambos os lados, que colaboradores que se encontram neste estágio de contribuição se desliguem da companhia.

A Matriz 9 Box surgiu nos EUA nos anos 1980, desenvolvida, ao que tudo indica, pela consultoria McKinsey para uso da General Electric Co., então sua cliente. A GE, dirigida na época por Jack Welch, tinha intenção de refazer seu portfólio de negócios e realinhá-lo com o que achava serem novas perspectivas estratégicas que estava cultivando.

O modelo foi aprovado e posto em prática nessa companhia e, sendo a GE, de Jack Welch, considerada uma empresa modelar e influenciadora, pelo seu pioneirismo no uso de *best practices* em gestão. Em decorrência, a matriz 9-box quase imediatamente caiu no gosto dos executivos e consultores, sendo rapidamente adotada por inúmeras empresas.

Encarada por muitos Gestores de Pessoas como um modelo de avaliação que estimula a meritocracia, a 9 box passou a ser vista como capaz de dar à companhia uma visão mais precisa e abrangente sobre o nível de inteligência instalada na empresa e como uma ferramenta perfeita para a aquisição e a retenção de talentos.

A matriz oferece bons subsídios para a tomada de decisões sobre carreiras na empresa, bem como para a concessão de bonificações, planejamento de promoções, diagnóstico de necessidades de educação executiva e até mesmo decisões sobre demissões.

A ferramenta 9 Box é regularmente utilizada na Lojas Renner, com excelente resultado. Lá, quando o RH esteve sob minha direção, usávamos o 9 Box em conjunto com um Comitê de Calibragem, como o chamávamos, para "calibrar" as avaliações feitas e não deixar que erros ou injustiças fossem cometidos. Mais adiante falarei mais do Comitê de Calibragem.

Penso que, sem se deixar de lado o velho e sempre eficiente instrumento da avaliação de desempenho, também na identificação de novos líderes e em sua formação, a ferramenta 9 Box é importante. Em muitos casos, é a partir da situação do colaborador no 9 Box que se decidem quais novos desafios irão ser solicitados a ele, para que este possa exercer plenamente seu potencial e crescer na hierarquia.

Esses novos desafios não necessariamente requerem uma mudança de cargo ou de nível hierárquico: no cargo atual mesmo, o colaborador pode receber um novo desafio, em que poderá mostrar se talento, sua liderança ou capacidade de contribuição para a organização.

Em alguns casos especiais, nos quais a trajetória futura do colaborador nos interessa especialmente, esses instrumentos que citei – avaliação de desempenho, 9 Box, projetos especiais –, além de outros mais, podem ser complementados pela aplicação de ferramentas de *assessment* (testes, entrevistas) que examinarão aspectos mais específicos do perfil profissional da pessoa.

Esses mesmos cuidados podem ser tomados quando se busca, no mercado externo, um candidato para preenchimento de um cargo- chave para o qual não se encontra, no momento, um profissional pertencente aos atuais quadros da companhia. Nesse caso, além dos instrumentos avaliativos usados no processo seletivo, verificamos se o candidato tem também um bom nível de adesão aos valores da empresa. É importante que alguém que seja recrutado para um cargo importante na hierarquia tenha o "*fit* da organização", como costumamos dizer na Lojas Renner, isto é, atenda ao perfil cultural da empresa.

Avaliação e gestão de talentos

É imprescindível que a empresa desenvolva um bom sistema de avaliação e gestão de seus talentos. Ela precisa ter um modelo apropriado de mapeamento de seu corpo de colaboradores, capaz de especificar quem são seus talentos atuais e potenciais – com ou sem o uso da Matriz 9 Box, apresentada mais atrás.

A Matriz, entretanto, é um grande instrumento e não recomendo dispensá-la. Ainda assim, sozinha, ela é insuficiente. Ela requer que se tenha, complementarmente, um plano de desenvolvimento do colaborador, devidamente acompanhado pelo seu líder, para que esse talento possa crescer na organização.

Esse mapeamento dos colaboradores com maior competência e/ou potencial precisará cobrir não apenas os executivos que ocupam cargos nos escalões superiores da organização, mas estar presente em todos os níveis hierárquicos – uma vez que talentos e altos potenciais também existem nas fases iniciais das carreiras profissionais.

De fato, quanto mais cedo na vida profissional dos seus colaboradores jovens, a empresa puder identificar aqueles com que possivelmente irá contar no futuro, tanto melhor. Essencialmente, é aos métodos e técnicas para se fazer isso que se dá o nome de Gestão de Talentos.

Portanto, a Gestão de Talentos é, no fundo, a gestão da carreira daqueles colaboradores nos quais a empresa deposita grande expectativas – de que poderão vir a resolver seus desafios e dilemas cruciais, tanto agora quanto mais tarde.

De fato, depende de sua competência em gerir talentos a capacidade da empresa de perpetuar-se no mercado, de crescer de forma sustentável, de realizar a missão que se propôs, de atingir os estágios de desenvolvimento que preconizou em sua visão de futuro, de se tornar, enfim, aquela grande organização a que aspirava ser, capaz de contribuir para a sociedade de maneira efetiva, como seus controladores a haviam idealizado.

Gestão de Talentos na Lojas Renner

A Lojas Renner desenvolveu um competente sistema de atração, seleção, gestão e desenvolvimento de talentos, incluindo ações da Universidade Renner direcionadas especialmente para as carreiras executivas e a sucessão. Já descrevi anteriormente este sistema, de modo que, neste ponto, voltarei ao tema apenas em linhas gerais, para não ser repetitiva.

Um importante instrumento usado pela empresa, que ainda não havia sido mencionado, é o Banco de Talentos. A ferramenta consiste em um *pipeline* de talentos internos e externos, acionado sempre que necessário, e tem trazido expressivas contribuições, identificando talentos internos e trazendo para a empresa também talentos externos.

Além disso, a Lojas Renner dá grande importância às suas competências gerenciais, ao desenvolver seus profissionais e seus gestores. Apresento ao leitor ou leitora essas competências, cuja descrição é tão direta e simples quanto clara: encantar a todos, entregar valor, aprender sempre, fazer junto, ser ágil e formar gente.

A empresa anualmente avalia seus líderes e, semestralmente, seus demais colaboradores nessas competências. A avaliação compreende também a autoavaliação pelo colaborador, as sessões devolutivas com os líderes e a formulação do Plano de Desenvolvimento Individual (PDI) do colaborador.

Para isso, o Comitê de Calibragem é uma ferramenta preciosa. Ele valida as avaliações feitas e garante sua legitimidade. Formado por gestores de outras áreas, é acionado após o colaborador ter sido posicionado na Matriz 9 Box e atua corrigindo eventuais distorções nas avaliações individuais. O comitê também oferece sugestões para o futuro aproveitamento do colaborador em novas posições na empresa e eventuais inclusões de itens no PDI do colaborador.

Participa do sistema também um Comitê de Sucessão, que atualiza anualmente o mapa dos potenciais sucessores para as posições de liderança nos vários níveis da empresa. Em geral, a Lojas Renner consegue indicar sucessores para cerca de 80% das posições, o que é um índice excelente.

As ações constantes do PDI envolvem, por exemplo: *job rotation*, exposição do colaborador a novos desafios, sessões de *coaching* ou *mentoring*, sua participação em eventos internos ou externos e/ou a atribuição de projetos estratégicos. Entre tais ações de desenvolvimento podem também estar incluídas ações de aceleração da prontidão do colaborador, que visem a acelerar seu ingresso no plano de sucessão.

Employer Branding: o valor da Marca Empregadora

Especialistas apontam que a falta de pessoal altamente qualificado é, atualmente, a maior preocupação isolada das grandes empresas, no que diz respeito à Gestão de Pessoas. Por causa disso, uma forte competição por talentos tende a estar presente no mercado de trabalho, com as empresas mostrando sua grande preocupação em sensibilizar profissionais altamente talentosos do mercado.

Para tanto, elas comumente ressaltam a atenção que dão à meritocracia, a um nível de remuneração compatível com a capacidade de contribuição do profissional, a autonomia no trabalho, o envolvimento dos seus colaboradores em projetos significativos e que façam a diferença e à possibilidade das pessoas de contínuo desenvolvimento.

Esses aspectos são, portanto, altamente valorizados pelas empresas em suas iniciativas de *Employer Branding*, um conceito que vem sendo cada vez mais cultivado. Em tais iniciativas, uma preocupação constante dos Gestores de Pessoas dessas empresas consiste em apresentá-la como sendo uma autêntica Marca Empregadora, capaz de responder a questionamentos tais como:

- Que competências e qualidades desejamos nos talentos que iremos contratar?
- Em quais setores ou áreas mais precisamos desses talentos e quais responsabilidades e desafios lhes daremos?
- Quais condições de trabalho, benefícios, recursos e perspectivas de carreira lhes ofereceremos?
- Nossos gestores estão preparados para seu papel de líderes desses talentos?
- Nossa Cultura Organizacional é capaz de atrair e conquistar afetivamente esses profissionais?

Para destacar-se da concorrência como Marca Empregadora, cada empresa deve ser capaz de responder positivamente a esses questionamentos. Com base nisso, ela poderá traçar um programa de marketing institucional que será levado aos candidatos em potencial.

É disso que trata o *Employer Branding*: é uma estratégia mercadológica focada em candidatos altamente promissores, que a empresa deseja atrair e reter. Para tanto, a Marca Empregadora deve ser positiva e impactante, mostrando ser a empresa um ambiente profissional onde vale a pena trabalhar.

Employer Branding tem sido bastante usado por empresas que oferecem programas de estágios para estudantes e de formação para *trainees* de gerência. Nos anos recentes, três fatores principais contribuíram para que o conceito de Marca Empregadora ganhasse destaque perante o público jovem de estudantes e ex-estudantes:

- Por um lado, os jovens das gerações Y, Millennial e Z parecem ser, hoje, especialmente seletivos na escolha de um empregador. Não desejam simplesmente um emprego, mas atuar em uma empresa em que possam realizar um trabalho relevante, que faça real diferença para os resultados – ao mesmo tempo podendo contribuir para tornar a sociedade inclusiva um melhor lugar para se viver.
- Por outro lado, as empresas cada vez mais valorizam a contratação de profissionais de alta competência ou potencial, que possam dar efetiva contribuição à realização de suas estratégias. Essas pessoas não são facilmente encontráveis no mercado de trabalho.
- Finalmente, nos anos recentes, as mídias sociais se tornaram o principal ambiente em que se encontram e dialogam entre si jovens profissionais e empresa contratantes. Nada pode ser mais esperado, portanto, do que o florescimento de iniciativas de *Employer Branding* no contexto das mídias sociais.

O termo *Employer Branding* foi primeiramente empregado em 1990 no Reino Unido, pelo consultor Simon Barrow e formalmente apresentado por ele e seu associado, o professor Tim Ambler, da London Business School, em um artigo publicado no *Journal of Brand Management* em 1996, apresentado como a primeira tentativa de aplicar a Gestão de marcas às práticas de Gestão de Pessoas.

A reputação de uma Marca Empregadora é geralmente avaliada no mercado por firmas especializadas, mediante critérios objetivos. Uma dessas firmas é a Glassdoor, site norte-americano no qual os funcionários da empresa (atuais e ex) a avaliam anonimamente. A Glassdoor está presente também no Brasil.

A Lojas Renner é um bom case de *Employer Branding*, tendo recebido boas avaliações da Glassdoor e sendo considerada uma Marca Empregadora bastante ativa nas mídias sociais, em especial nas três que são as principais para essa finalidade: LinkedIn, Facebook e Instagram.

Uma recente e importante tendência consiste em ter o próprio CEO da empresa como Embaixador da Marca Empregadora. Também nesse quesito a Lojas Renner se destaca, tendo o CEO Fábio Faccio aceitado essa incumbência. Assim, Faccio assiduamente se apresenta nesse papel, falando aos jovens, com muito boa repercussão, sobre sua empresa e sobre sua própria trajetória pessoal nela.

A busca inteligente de talentos pela empresa requer, da parte do órgão de Gestão de Pessoas, o emprego de métodos e técnicas apropriados, para localizar e reconhecer, tanto em seu próprio corpo de colaboradores quanto fora da empresa, profissionais que detenham, ou possam vir a desenvolver, os conhecimentos, competências e a maturidade necessárias para suprir as posições-chave da organização.

Hoje há novas ferramentas que, fazendo uso de algoritmos, conseguem automatizar processos para isso. A Lojas Renner certamente se enquadra nessa categoria. Em nossa empresa, costumeiramente, centenas, até mesmo milhares de novos currículos de candidatos chegam diariamente à nossa base de dados. Para conseguir dar conta dessa avalanche de pessoas desejosas de trabalhar conosco, em 2019 a Lojas Renner contratou a plataforma da *startup* Gupy, passando a usar uma nova base de recrutamento e seleção criada sob medida para ela e turbinada por inteligência artificial e aprendizagem de máquina.

Aproximação com o sistema educacional

Os mais óbvios meios para iniciar o rastreamento de futuros talentos para a companhia estão nos programas de aprendizes, estagiários e, principalmente, *trainees*. Todos esses são programas bem conhecidos das empresas, sendo os dois primeiros, aliás, apoiados em lei. Quanto aos programas de *trainees*, estes se destinam a recém-formados nas universidades e são os mais importantes. Deles, em geral, saem boas safras de profissionais talentosos, como, aliás, o histórico da Lojas Renner claramente indica.

Tanto as empresas quanto as universidades estão cientes da importância dos programas de *trainees*, e uma comprovação disso é que tais processos são sempre muito concorridos, com as empresas recebendo enormes contingentes de candidatos quando abrem vagas. Matéria a respeito, publicada no jornal gaúcho *Zero Hora*, em fevereiro de 2020, apontou que, para os programas das empresas mais conhecidas, chega a haver mais de 200 candidatos por vaga. No caso da Lojas Renner, realmente os números têm essas dimensões.

A Lojas Renner também tomado também outros tipos de iniciativa. Em 2019 a empresa lançou o Programa Circuito com o objetivo de aproximar-se mais do sistema educacional, pretendendo atrair talentos, mas também para ter a oportunidade de um maior intercâmbio de conhecimentos com o sistema educacional sobre os *skills* que serão necessários às carreiras no futuro.

Através desse programa, a Lojas Renner estabeleceu dezenas de espaços *makers* voltados para a solução de questões do interesse da empresa, impactando centenas de estudantes. Além disso, o programa desenvolveu *hackatons*, em parcerias com *hubs* de inovação e universidades, nos quais utilizou seus próprios profissionais internos como mentores dos jovens participantes.

Para quem ainda não esteja familiarizado com esse tipo de atividade, um *hackaton* é um evento contínuo, com duração de dois ou mais dias, sendo atualmente realizado *online*, que reúne jovens em grupos que deverão resolver um desafio importante, em uma situação real. O *hackaton* é um evento tipicamente programado para atrair jovens que demonstrem grande habilidade em computação e estejam familiarizados com o mundo digital.

Em um recente hackaton promovido pelo Instituto Lojas Renner, o desafio proposto relacionava-se à pandemia de Covid-19, e colocava aos grupos a seguinte questão: "como conectar os hospitais com a rede de saúde e suas cadeias de fornecedores, possibilitando uma melhor gestão de estoques e otimização do *lead time* de produtos e serviços?" O instituto municiou os grupos com ferramentas apropriadas para prototipar a solução que apresentariam para o desafio dado.

Vantagens da retenção de talentos

Não faria muito sentido aplicar-se tanto em angariar talentos, se a empresa não dedicasse também um esforço apreciável e equivalente em *reter* seus talentos. Assim, estratégias e táticas para retenção de talentos é uma questão, na Gestão Estratégica de Pessoas, à qual cada vez mais as empresas se dedicam.

Retenção de talentos é uma expressão já consagrada, usada para referir-se a um conjunto de políticas e de práticas, em uma empresa, que vise à valorização dos seus colaboradores, muito especialmente daqueles profissionais que mostram, atualmente (ou que decididamente se crê que virão a mostrar no futuro próximo – vide a Matriz 9 Box, mais acima) competência acima da média no cumprimento das atividades de sua responsabilidade na companhia.

Boas políticas e práticas de Gestão de Pessoas, conforme já dito mais acima, são fundamentais para atrair e reter talentos. As estratégias para isso tendem a ser mais visíveis e noticiadas quando se trata de empresas grandes e renomadas. No entanto, engana-se quem pensa que estas ações de Gestão de Pessoas são cabíveis apenas nas empresas de grande porte; também as pequenas e médias empresas se qualificam perfeitamente para agir nesta área.

Por sinal, em virtude de seu porte menor, com maior agilidade estratégica e do fato de estarem suas decisões e ações estratégicas concentradas nas mãos de poucos gestores, as pequenas e médias empresas são capazes de adotar procedimentos de retenção de talentos que responderão, talvez, até mais eficazmente aos desejos desses talentos.

Investir em retenção de talentos proporciona à empresa diversos benefícios, como convém ressaltar aqui:

- *Maior engajamento dos colaboradores* – Portanto, maior dedicação ao trabalho por parte de todos, maior harmonia no relacionamento intra – e entre equipes de trabalho, na busca dos objetivos propostos, e menor dispêndio de energia em dirimir ou solucionar conflitos interpessoais.
- *Melhores práticas de recrutamento e seleção de talentos* – Quanto maiores forem as chances de observar colaboradores talentosos em plena atividade, maior será o conhecimento tácito que irá se desenvolvendo na empresa acerca do que é um verdadeiro talento, de como se comporta e de como se apresenta à empresa em que deseja trabalhar. Assim, a própria empresa acaba desenvolvendo um precioso *know-how*, até mesmo intuitivo (um "sexto sentido"), que lhe permite reconhecer

potenciais talentos, quando aparecem – seja em seus quadros internos de colaboradores, seja nas salas e sites de recrutamento nos quais os candidatos vindos do mercado se apresentam.

- *Maior autoridade de Marca Empregadora* – Uma boa reputação como empregador de valor é uma imagem preciosa, que toda empresa que gere estrategicamente seus recursos humanos precisa adquirir e, uma vez adquirida, manter. A capacidade de reter seus talentos contribui sobremaneira para essa reputação, ainda mais nos tempos atuais, em que a permanência duradoura, por anos a fio, dos empregados em uma mesma empresa deixou de ser a regra para tornar-se a exceção. Em tais circunstâncias, ter colaboradores de alta competência em seus quadros por muitos anos deixou de ser uma obrigação, para tornar-se um privilégio que toda empresa aspira a ter e manter.

O que talentos pensam

Tenha sempre em mente que talentos são indivíduos especiais, que não se contentam com pouco e que, embora nem sempre o revelem, geralmente têm pouca tolerância a sistemas falhos e erros constantes. Talentos não aceitarão por muito tempo falhas repetidas e problemas que não se resolvem, especialmente quando sabem que podem contribuir para sanar esses problemas e aperfeiçoar o sistema.

Traços característicos de potenciais e efetivos talentos em uma organização são, principalmente: uma clara consciência de seu grande valor profissional; uma constante insatisfação com o baixo desempenho; uma permanente atitude de alerta para o que está acontecendo à sua volta; e desapego a atividades que sejam meramente rotineiras ou à exagerada formalidade.

Por essas e outras formas de conduta, vemos que talentos são indivíduos de personalidade complexa, nada fáceis de conduzir e supervisionar. Eu diria, em termos resumidos, que somente talentos são capazes de liderar, eficazmente, outros talentos!

O senso comum já conseguiu desenvolver uma lista de "principais objetos de desejo" dos profissionais altamente talentosos. Quantos mais itens constantes de uma tal lista a empresa for capaz de atender – quanto mais eficientemente ela puder proporcioná-los ao seu corpo de colaboradores –, mais admirada a empresa será, aos olhos de seus profissionais talentosos.

Se pudéssemos dar uma voz a esses talentos, lhes permitindo revelar tudo que estão pensando e reivindicar com todas as letras seus desejos, ouviríamos deles frases como estas:

- *Quero autonomia!* – Desejo ter liberdade para decidir o que acho mais importante e mais contributivo para a empresa – e liberdade também para cumprir essas atividades ao meu modo, usando métodos e técnicas que eu mesmo escolha.
- *Quero atenção e respeito!* – Quero que minhas ideias e meus valores sejam ouvidos e levados em conta. Quero que meus superiores, colegas e a empresa, como um todo, entendam plenamente o que estou afirmando, recebam essas afirmações como sendo importantes e deem a elas a credibilidade que merecem.
- *Quero reais desafios!* – Desejo que me sejam delegadas verdadeiras, importantes e complexas responsabilidades, que tenham real valor para a companhia e façam jus à imagem de profissional altamente capacitado que tenho de mim mesmo. Procuro trabalho em que possa crescer e me desenvolver, pessoal e profissionalmente.
- *Quero uma liderança inspiradora!* – Quero um chefe que esteja à minha altura – que se dedique como eu me dedico, que ame o trabalho como eu amo, que tenha valores nobres em prol da empresa e que, finalmente, não seja meramente "compreensivo" com baixo desempenhos, mas que queira de seus colaboradores o melhor que eles possam oferecer.
- *Quero um empregador ético!* – Desejo trabalhar para uma empresa da qual eu me orgulhe, por ser uma verdadeira cidadã corporativa, que cumpre suas obrigações e vai além delas, estando sempre de olho no

que é melhor para seus *stakeholders*, para a comunidade, a sociedade em que estamos e o próprio planeta em que vivemos.

- *Quero um ecossistema dotado de efetiva governança!* – Tenho a aspiração de que o ambiente em que trabalho seja regido por regras claras de conduta, que se apliquem a todos sem distinção.

A propósito, em artigo recente, divulgado em conhecida publicação nacional, Erica Castelo, *headhunter* internacional e CEO da empresa The Soul Factor, lembrou seus quinze anos de experiência em lidar com executivos altamente talentosos, tempo em que aprendeu a entendê-los em suas demandas e necessidades. Erica apresenta também uma oportuna lista das razões que esses profissionais geralmente alegam, quando decidem trocar uma empresa por outra. Frases significativas que constam dessa lista incluem as seguintes:

- "Aqui não passo de mera peça em uma engrenagem..."
- "Quero sair porque este ambiente é muito tóxico!"
- "Não estão reconhecendo o meu valor."
- "Estacionei! Parei totalmente de aprender!"
- "Não estão cumprindo aquilo que me prometeram."
- "O que se faz aqui não se alinha ao meu propósito pessoal."

Empresas com uma área estratégica de Gestão de Pessoas estão permanentemente atentas ao perigo que frases como essas veiculam, e que sinalizam a provável perda de talentos dentro de pouco tempo.

Desenvolvendo talentos

As empresas verdadeiramente atentas costumam realizar programas regulares de Educação Corporativa para seus quadros – os *trainees* incluídos –, estejam estes em posições de liderança ou não, sejam talentos ou não, tenham ou não alto potencial. É por meio desses programas que uma empresa trata de formar os profissionais de que precisará no presente e no futuro próximo, ou que irá desenvolver quadros de colaboradores mais qualificados e formar equipes de alta performance.

Geralmente por meio de cursos, *workshops* e seminários, ela irá disseminar, em suas áreas internas, conhecimentos, teorias, modelos, abordagens, práticas, técnicas e métodos avançados de trabalho, que garantirão a alta qualidade de seu capital humano, assim como um sortimento apreciável de talentos necessários e de desempenhos acima da média.

É da vocação de um Gestor Estratégico de Pessoas proporcionar treinamentos ricos de conteúdo e pedagogicamente eficazes aos seus quadros. Em um capítulo mais adiante, quando tratarmos da importância da Gestão da Performance como uma das funções de maior relevância de um órgão de Gestão de Pessoas em nível estratégico, abordaremos este assunto com maior profundidade.

Também com este aspecto, na missão de adquirir e reter talentos, preocupa-se David Ulrich. Em um seminário especial sobre "Liderança Sustentável: Gestão Estratégica de Talentos", realizado em São Paulo em 2014, sob os auspícios da HSM, Ulrich defendeu, a propósito dos altos desempenhos e altos potenciais de uma empresa, que a empresa precisa ser capaz de "investir em competência". Para tanto, além de programas bem elaborados e eficazes de aquisição e retenção de talentos, ela precisa:

- *Formar indivíduos cada vez mais competentes* – isto é, a empresa precisa ser capaz de desenvolver seus talentos internos, através de programas regulares de educação, fazendo uso tanto de eventos internos quanto externos, além de promover treinamento regular no próprio cargo, bem como atribuição de projetos especiais, *action learning* e outros.
- *Mobilizar as competências ao longo da estrutura organizacional* – isto é, mover constantemente os profissionais da empresa para cargos superiores aos atuais, ou mesmo lateralmente, em programas de *job rotation* e substituições temporárias – de modo a aproveitar integralmente o talento disponível, ao mesmo tempo dando chance, aos mais talentosos, de adquirir novos aprendizados.

- *Tomar competências por empréstimo* – isto é, Ulrich propõe que a empresa estabeleça parcerias com consultorias, fornecedores, empresas clientes, franqueados, licenciados, distribuidores, órgãos governamentais, universidades e outros parceiros externos, fazendo com estes uma salutar troca de experiências, em que, periodicamente, talentos vão e talentos vêm, dessa forma aperfeiçoando, em tais transições, a competência instalada na empresa.

Capítulo 5

Gestão de Pessoas e Sustentabilidade

Sustentabilidade – breve histórico

Sustentabilidade é uma propriedade reconhecidamente presente nas ações humanas, quando estas cumprem o propósito para o qual foram adotadas, mas sem criar problemas futuros para as gerações que virão.

Esta definição acompanha aquela que foi proposta em 1983, praticamente quatro décadas atrás, na Conferência de Estocolmo sobre o Clima, para a expressão "desenvolvimento sustentável". Sustentabilidade e desenvolvimento sustentável, portanto, são sinônimos.

O movimento pela sustentabilidade começou quase imperceptivelmente em 1968, quando o empresário italiano Aurelio Peccei e o químico britânico Alexander King fundaram o Clube de Roma, uma associação de pessoas ilustres que se propunha debater um amplo conjunto de temas relacionados à política e à economia mundial.

O Clube de Roma se voltava especialmente para as questões da preservação ambiental e do desenvolvimento sustentável, que na época começavam a preocupar cientistas, acadêmicos, intelectuais e já alguns políticos e empresários.

Fazendo uso do sistema computacional mais avançado que então existia, os cientistas do Clube de Roma simularam as consequências futuras da interação da população humana com o planeta. O modelo criado levava em conta:

- o crescimento da população mundial nos anos vindouros;
- o ritmo previsto para a industrialização;

- o aumento esperado da poluição;
- os níveis esperados de produção de alimentos; e
- as perspectivas de esgotamento de recursos naturais do planeta.

Processando esses dados, os cientistas concluíram que o crescimento econômico tinha limites que não poderiam ser ultrapassados, sob pena de se esgotarem, o planeta, recursos naturais não renováveis. Se isso acontecesse, as consequências poderiam ser drásticas, até mesmo funestas, pondo em risco a própria sobrevivência da humanidade.

Em 1972 o Clube de Roma publicou, na forma de um livro, seu relatório a respeito, dando-lhe o nome de "Os limites do crescimento". O livro, assinado pelos cientistas Donella H. Meadows, Dennis L. Meadows, Jørgen Randers e William W. Behrens III, foi traduzido e publicado em português no mesmo ano, pela Editora Perspectiva.

A partir desse brado de alerta que começou a ganhar corpo a ideia de que a sociedade humana e o próprio planeta, sendo este, afinal, o lugar que habitamos e o único de que dispomos para viver, são importantes demais para serem negligenciados pelo mundo dos negócios.

O movimento pela sustentabilidade ganhou substância com a adoção da ideia pela ONU. Em 1983, na Conferência de Estocolmo, promovida pela Comissão Mundial sobre Meio Ambiente e Desenvolvimento, o tema do desenvolvimento sustentável voltou às manchetes dos jornais.

E, em 1992, menos de uma década depois, na conferência mundial ECO-92, no Rio de Janeiro, a proposta foi mais uma vez referendada e apoiada por 178 países, que assinaram a chamada Agenda 21, um plano de ação para viabilizar o desenvolvimento sustentável no planeta.

Os ODS

O movimento mundial pela preservação da ecologia foi cada vez mais ganhando adeptos no mundo dos negócios. Em Joanesburgo, África do Sul, em 2002, esse compromisso foi mais uma vez reforçado; e, em 2012 novamente, no Rio de Janeiro, na conferência Rio+20.

Neste encontro do Rio, um novo documento técnico foi criado, com o título *The Future We Want*, estabelecendo as bases para que fossem redigidos – o que aconteceu em setembro de 2015 – os 17 Objetivos de Desenvolvimento Sustentável (ODSs), que o conjunto das nações se comprometeu a atingir até 2030.

Os ODS são um apelo universal da ONU pela proteção do planeta e para assegurar a paz e a prosperidade no mundo. Suas prioridades estão expressas no enunciado dos próprios ODSs, que são:

1. Erradicação da pobreza.
2. Fome zero e agricultura sustentável.
3. Saúde e bem-estar.
4. Educação de qualidade.
5. Igualdade de gênero.
6. Água potável e saneamento.
7. Energia acessível e limpa.
8. Trabalho decente e crescimento econômico.
9. Indústria, inovação e infraestrutura.
10. Redução das desigualdades.
11. Cidades e comunidades sustentáveis.
12. Consumo e produção responsáveis.
13. Ação contra a mudança global do clima.
14. Vida na água.
15. Vida terrestre.
16. Paz, justiça e instituições eficazes.
17. Parcerias e meios de implementação.

Todavia, em 2021, seis anos depois de terem assumido aquele compromisso, as nações do mundo, em seu conjunto, ainda não lograram encaminhar concretamente a realização daqueles objetivos dentro do prazo previsto (2030). Aliás, com base em argumentos sólidos, muitos especialistas estão afirmando que, certamente, esse prazo de atingimento terá de ser dilatado, talvez por vinte anos adicionais, para 2050.

Isso constitui um grande problema para o planeta! Ações concretas pela sustentabilidade são cada vez mais urgentes; e qualquer novo atraso na busca da preservação do clima na Terra irá aumentar geometricamente os custos de não se alcançarem as metas. Poderá haver até mesmo o risco de uma reversão no progresso relativamente modesto que foi obtido até o presente – e, em algum momento, chegarmos a um ponto de inflexão que poderá tornar impossível alcançar aquelas metas.

Entre as ações para a realização dos ODS, o relatório de 2015 da ONU havia aconselhado que os países adotassem várias medidas específicas. No entanto, estas ainda hoje parecem excessivamente distantes da consciência da maioria das pessoas. As medidas que haviam sido sugeridas eram, entre outras:

- redução no desperdício de alimentos;
- aprimoramento da governança das grandes aglomerações urbanas;
- melhor planejamento para utilização da terra e da infraestrutura verde do planeta;
- contenção do enorme fluxo de poluição plástica nos oceanos;
- melhor administração da produção e do uso de insumos vitais, como a água, a energia e os combustíveis;
- redução das emissões de carbono;
- interrupção do desmatamento.

Não é pouco!

ESG

A sigla ESG, formada pelas iniciais dos termos *Environmental, Social* e *Governance*, sintetiza os três pilares da sustentabilidade ou desenvolvimento sustentável. A sigla foi usada pela primeira vez em 2005, em um relatório intitulado *Who Cares Wins* ("Ganha quem se importa", em tradução livre), que também foi produzido por iniciativa da ONU.

A sigla aponta para o que é essencial à construção de uma sociedade – possa se dizer verdadeiramente, sustentável. Para tanto, é necessário que ela preencha estes requisitos:

- Tenha *sustentabilidade ambiental e ecológica*, relacionada aos cuidados com o meio ambiente, tais como: o uso racional da água, a redução de queimadas e desmatamentos, a redução da poluição do ar e das águas, o descarte correto do lixo.

- Tenha *sustentabilidade social,* relativa ao bem-estar da sociedade, requerendo iniciativas que estimulem: inclusão social, acesso a saneamento básico, educação para pessoas de baixa renda, qualificação profissional, acesso da população à cultura, acesso a sistemas de saúde, vida em segurança.
- Tenha *sustentabilidade relativa à governança corporativa,* que se aplica às ações de gestão, a fim de que garantam o crescimento das empresas com ética e atendendo à qualidade de vida das pessoas.

Trocando em miúdos, a sigla ESG funciona como um guia estratégico para a empresa se dedicar a tudo que é relevante para que continue sua trajetória de sucesso em seus mercados e seus ecossistemas: suas ações em prol do planeta, da sociedade e de seus negócios. ESG é o que se está escrevendo, quando se planeja um mundo mais habitável, uma sociedade mais justa e responsável e uma administração ambiciosamente bem conduzida em todos os níveis na organização.

Cada uma das três letras de ESG tem seu importante significado e sua tradução clara em ações práticas:

- "E" refere-se à conservação do ambiente, por meio, entre outras, de práticas relativas a: emissão de carbono, poluição do ar e da água, biodiversidade, desmatamento, eficiência energética, gestão de resíduos, economia hídrica.
- "S" refere-se à relação da empresa com seus públicos, por meio de atitudes que promovam: a satisfação dos clientes, a proteção de dados pessoais e da privacidade; a diversidade nas equipes de trabalho, o envolvimento dos colaboradores, o relacionamento com a comunidade, o respeito da empresa aos direitos humanos.
- "G" refere-se à gestão estratégica da organização, levando em conta: a composição de seu Conselho de Administração, seus órgãos fiscalizadores, sua auditoria, sua conduta corporativa no mercado e na sociedade, suas relações com acionistas, suas formas de agir em parceria com governos e instituições públicas, a remuneração de seus executivos e colaboradores, a composição de seus quadros diretivos e instâncias

decisórias, a transparência e os métodos de *compliance*, bem como a disponibilidade de canais diretos de comunicação de todos os *stakeholders* com a administração superior.

No entanto, a sigla ESG também está presente no cotidiano de cada um de nós, cidadãos comuns. Temos de nos conscientizar de que, por meio de algumas ações simples no dia a dia, podemos, sem dificuldade alguma – e temos obrigação de – ajudar na sustentabilidade do planeta. Entre essas ações estão, por exemplo, as seguintes:

- reciclar sempre papel, plástico, vidro, metal;
- reutilizar a água, sempre que possível;
- descartas corretamente pilhas e baterias;
- separar lixo reciclável de lixo orgânico comum e destinar cada qual adequadamente;
- comprar e cozinhar os mantimentos com inteligência e reaproveitar os alimentos não consumidos;
- poupar energia elétrica;
- etc.

Como se vê, são procedimentos simples, fáceis de cumprir e de grande importância. Todos somos capazes de adotá-los e de os ensinar aos nossos filhos.

E é algo animador saber que, conforme uma pesquisa divulgada em 2020 pela consultoria McKinsey, durante a pandemia de Covid-19 nada menos que 57% das pessoas entrevistadas efetuaram mudanças significativas em seu estilo de vida na direção da sustentabilidade. Ou seja, parece que, cada vez mais, as pessoas finalmente começam a se conscientizar da importância de ter ações concretas em defesa do meio ambiente.

Causa e impacto social

Se circunscrevermos a questão especificamente no âmbito das empresas, as expressões "causa" e "impacto social" virão de imediato à nossa mente. Pelas razões que já expus anteriormente, muitos empresários e dirigentes já se sentem fortemente inclinados a ir em busca de algum sentido para suas ações em prol da sociedade e do planeta, empreendendo ações que ultrapassem seus tradicionais objetivos apenas econômicos.

Tenhamos claro que esses objetivos econômicos, em si mesmos, não são fáceis de atingir. Não preciso lembrar o leitor ou leitora de que gerir uma empresa de modo competente, do ponto de vista estritamente econômico, não é algo trivial (muito ao contrário!). Isso requer, sem dúvida, grande talento e experiência.

É basicamente a isso que se referia Milton Friedman, o economista mais destacado da economia neoliberal, quando afirmava que "the business of business is business". Friedman queria dizer que os dirigentes das empresas já enfrentavam suficientes desafios em suas atividades, para que também tivessem de se preocupar com causas sociais – as quais deveriam permanecer restritas ao âmbito de atuação dos governos, eleitos exatamente para isso. Para a iniciativa privada, tudo isso seria apenas "externalidades", não competindo à ética empresarial envolver-se com causas de ordem pública.

Para muitos, essa visão está hoje totalmente ultrapassada, mas alguns ainda a seguem. Felizmente, para os dirigentes com maior sensibilidade e capazes de enxergar mais longe, hoje as empresas não têm como ficar presas exclusivamente aos seus objetivos econômicos. Se elas não abraçarem causas sociais e projetos capazes de impactar positivamente as pessoas vulneráveis, as comunidades que enfrentam dificuldades, os grandes problemas das sociedades e do próprio planeta, sem dúvida elas ficarão sumariamente para trás na própria competição econômica.

Enfim, ao salientar que toda empresa deve assumir uma causa ou propósito, o que se quer dizer é que ela precisa encarar algum setor carente da sociedade, possivelmente associado, de alguma forma, ao seu *core business*, ao qual possa oferecer uma efetiva contribuição, fazendo alguma diferença nesse setor.

A adoção de uma causa pela empresa, entretanto, não pode ser algo meramente "postiço" ou *fake*. Mesmo assim, ainda se encontram alguns empresários que pensam assim: adotam ações de benemerência ou filantropia com intuito puramente mercadológico, divorciadas do negócio em si. Aqui e ali, entretanto, ainda se observa essa atitude de tentar aparecer para a sociedade com um "campeão da benemerência" somente com a intenção de granjear uma boa reputação. Esse tipo de autoengano, felizmente, está cada vez mais se tornando exceção, ao invés de regra.

Um estudo realizado pela Pipe Social (plataforma que faz conexões entre negócios com sinergia entre si) mostra isso: a Pipe Social anotou a existência, em 2018, de pelo menos mil empresas genuinamente preocupadas com o impacto social de seus próprios *core businesses*, em áreas tais como: educação, saúde, serviços financeiros, cidadania, cidades mais limpas e tecnologias verdes. Das mil empresas identificadas, 42% estavam investindo capital próprio nessas atividades de impacto social, enquanto 24% captavam recursos de terceiros e outras 34% atuavam em ambas as frentes.

Ações de impacto social da Lojas Renner

Para robustecer suas ações de impacto social, em 2008 a Lojas Renner criou o Instituto Lojas Renner, visando a atender a uma causa das mais cruciais hoje em dia, que é o empoderamento da mulher na cadeia têxtil: todas as ações do instituto são voltadas nessa direção. O Instituto Lojas Renner desenvolve e apoia, entre vários outros tipos de ação, aquelas que visam a garantir a empregabilidade e a geração de renda para mulheres em condição de vulnerabilidade, em projetos ligados às áreas de matérias primas, produção, varejo e pós-consumo da indústria têxtil.

No momento em que faço este relato, em 2021, o o instituto já havia apoiado, desde sua criação, nada menos que 875 projetos espalhados pelo país, beneficiando diretamente mais de 200 mil pessoas. O aporte de recursos, pelo instituto, nesses projetos, já havia então ultrapassado a casa dos R$ 66 milhões, somando-se as verbas repassadas diretamente pela Renner àquelas angariadas para os projetos a partir do acesso a leis de incentivo fiscal. Aos projetos desenvolvidos em 2019 foram alocados R$ 9, 9 milhões, beneficiando 11.200 pessoas.

O Instituto Lojas Renner mantém uma parceria com a ONU, prevista para durar até 2030 e girando em torno dos 17 ODSs. O carro-chefe dessa parceria é o projeto "ONU Mulheres", sob cuja égide foram geradas ações de alcance social relevante, denominadas: "Empreendedoras da Moda" e "Empoderando Refugiadas".

O projeto "Empreendedoras da Moda" começou em 2018. Ele visa à formação técnica de mulheres em alguns elos da cadeia de valor da moda, sempre estimulando sua capacitação em gestão empreendedora. Em dezembro de 2020, o programa estava implementado em seis cidades de quatro estados brasileiros: Porto Alegre (RS), Florianópolis e Pomerode (SC), Nova Friburgo e Petrópolis (RJ) e Jacareí (SP), tendo beneficiado, até então, 650 mulheres.

Além da criação de negócios próprios, da ampliação e da profissionalização de negócios para essas mulheres, a iniciativa também oferece habilitação técnica em costura, de acordo com a vocação e o perfil dessas empreendedoras.

Um dos desdobramentos desse projeto foi a chamada "Agência Compromisso", estímulo a negócios sociais implantado localmente, nas proximidades da sede de Lojas Renner, no bairro de Bom Jesus, em Porto Alegre. Seu objetivo foi descrito, na ocasião, como sendo este:

> *Empoderar a comunidade do bairro*
> *por meio da inclusão no mercado de trabalho*
> *da indústria da moda.*

Para tanto, a Agência Compromisso montou um banco de dados com os dados das moradoras do entorno que se interessassem em atuar como modelos fotográficos e de prova. Ao todo, mais de 250 perfis de empreendedoras locais foram criados, graças a esta articulação de recursos e parcerias.

O projeto "Empoderando Refugiadas" foi criado em 2016, sendo seu propósito oferecer formação profissional a mulheres exiladas no Brasil. Até 2020 já haviam sido atendidas mulheres provenientes de vários países: Angola, Congo, Nigéria, Haiti e Venezuela, em operações realizadas em diversas capitais: São Paulo, Rio de Janeiro, Belo Horizonte, Porto Alegre, Salvador e Boa Vista.

Essa iniciativa foi idealizada para viabilizar o ingresso dessas mulheres no mercado de trabalho, mediante conclusão de cursos em duas áreas: atendimento e vendas no varejo e modelagem e costura. A formação delas contempla o desenvolvimento de habilidades técnicas e comportamentais, incluindo-se temas tais como: autoconfiança, trabalho em equipe, saúde e segurança no trabalho, além de outros relacionados à cultura brasileira.

O projeto também envolve visitas das participantes às lojas da Renner, para que conheçam a rotina do varejo nacional. Mais de 300 mulheres já foram capacitadas, tendo 75 delas sido contratadas pelas empresas do grupo Renner.

Lembro-me, em especial, de uma entrevista que dei, em dezembro de 2020, ao *Jornal Valor*, na qual ressaltei a importância desses centros de formação para as mulheres atendidas pelo programa. Usei, então, estas palavras:

> *A iniciativa representou uma importante oportunidade na vida das participantes, que quase invariavelmente chegam ao Brasil pressionadas por condições desfavoráveis, políticas ou econômicas, que enfrentavam em seus países de origem.*
> *Em 2019, a Lojas Renner realizou mais uma turma dessas, em Boa Vista (RR), a capital mais próxima da fronteira com a Venezuela. Na ocasião, capacitamos 20 refugiadas e, ao fim do curso, as contratamos em 13 localidades no país.*

A Lojas Renner também é um exemplo de empresa cujos dirigentes têm essa preocupação. A Renner foi a primeira empresa brasileira de varejo a se preocupar com a economia circular. Explico: na confecção de uma calça jeans pelo fornecedor, sempre há sobra de tecido, que acaba não aproveitado. A Renner observou que essa sobra, que era entre 15% e 23% do tecido que ingressava nas fábricas para a produção de jeans, acabava sendo descartado, sendo jogado em aterros sanitários.

Inconformada com o desperdício, a Renner desenvolveu uma tecnologia capaz de fazer o desfibramento dessa sobra de tecido, de modo que pudesse ser reprocessado e integralmente reutilizado em nova fase de produção e, portanto, não mais descartado na natureza.

Uma iniciativa complementar, recentemente adotada pela Renner, foi a compra, anunciada em meados de julho de 2021, da Repassa, *startup* de venda *online* de roupas, calçados e acessórios usados. Maior brechó *online* do Brasil, a Repassa também recolhe roupas doadas, que são avaliadas e separadas conforme suas condições de uso: aquelas que estão adequadas são comercializadas em brechó, como unidades seminovas; outras tantas são destinadas a doação e outras mais se transformam em matéria-prima para novas confecções.

Em 2020, a Renner já havia iniciado uma parceria com a Repassa, quando algumas de suas lojas passaram a oferecer as chamadas "sacolas do bem" aos seus consumidores, para que as usassem enviando ao Repassa as peças usadas que desejassem vender. Com essa iniciativa, a Lojas Renner passou a atuar, portanto, também como plataforma de *marketplace* para seus próprios clientes.

Alguns outros casos emblemáticos

Exemplos de empresas preocupadas com causas sociais existem muitos, e gostaria de relatar alguns:

Segundo a *HSM Magazine*, edição de dezembro de 2020, desde 2018 a Microsoft mantém um executivo no Brasil voltado especialmente às questões ambientais, respondendo diretamente ao presidente da empresa e braço direito do CEO mundial, Satya Nadella.

Como parte de suas ações para a sustentabilidade no Brasil, a Microsoft lançou um programa que virou modelo para as atuais estratégias da empresa, chamado "AI for Good", voltado aos desafios ambientais, com orçamento de US$ 165 milhões em cinco anos.

Uma das parcerias-chave da Microsoft em ESG no País foi feita com a Fundação SOS Mata Atlântica, em um projeto chamado "Observando os rios". O projeto mobiliza comunidades em torno da qualidade da água que consomem. Os dados colhidos são armazenados na nuvem, sendo analisados com o auxílio de IA e produzindo novos e efetivos *insights* para a ONG.

Outro bom exemplo é o da Omega Energia, fundada em 2008 como primeira comercializadora de energia sustentável (limpa, barata e simples) no país. A Omega opera atualmente em sete estados brasileiros e já tem 1.869 MW de capacidade contratada. Em 2020, ela lançou a primeira plataforma digital de compra e gestão de energia sustentável brasileira.

A política de sustentabilidade da Omega tem metas comprometidas com todos os 17 ODSs da ONU. Seu plano de ação, previsto para cumprimento até 2023, apoia-se em cinco pilares:

- governança corporativa e comportamento empresarial;
- comunidade e direitos humanos;
- meio ambiente;
- recursos humanos; e
- práticas transversais.

A diretora financeira e de relações com investidores da Omega, Andrea Sztajn, comenta que a empresa quer ser vista no país como um dos principais combatentes do aquecimento global. E a Omega parece estar mesmo conseguindo mostrar essa vocação: do início de 2017 até meados de 2020, a empresa já evitou a emissão de 674, 3 mil toneladas de CO2 na atmosfera, "o equivalente ao que 240 mil carros emitem no trânsito das cidades no período de um ano"!

A Natura, uma das mais conhecidas empresas nacionais de grande porte, criou, em 2011, o "Programa Amazônia" para aglutinar diversas ações em rede, empreendidas pela empresa naquela região. A partir desse programa, a Natura passou a focar seus investimentos em áreas geográficas prioritárias da Amazônia, respeitando vocações, recursos e potencialidades locais.

O "Programa Amazônia" começa pelo pilar chamado Lab Amazônia de Desenvolvimento Local, que define os territórios sustentáveis prioritários. Nesses, a Natura trata de criar um modelo de atuação socioeconômica, a partir do qual a região amazônica deixa de ser apenas fornecedora de matérias-primas como *commodities*, passando a aproveitar oportunidades tecnológicas e culturais que tragam benefícios relevantes à sociedade local.

No Médio Juruá (Amazonas) e na região do Baixo Tocantins (Pará), por exemplo, a Natura colaborou na formação de redes envolvendo as populações locais, organizações governamentais e não-governamentais, institutos de pesquisa e de formação profissional, entidades regionais e outras empresas, visando a identificar desafios e prioridades. Em Benevides, no Pará, ela formou o Ecoparque, com área verde preservada ou em recuperação, no qual anualmente são avaliadas as condições de conservação de áreas verdes e seus impactos em espécies vegetais e animais.

Outros temas importantes, além do meio ambiente, tomam conta da agenda positiva de muitas empresas focadas em ESG. O debate sobre preconceito racial, especialmente contra negros, por exemplo, tem ganhado novos olhares e, em decorrência, as empresas vêm mudando sua forma de agir, adotando políticas de diversificação de cor e raça. Crianças também são personagens importantes quando se fala em discriminação. Nos anos mais recentes, o mercado de bonecas de brinquedo, dominado por bonecas brancas, começou a ser duramente questionado, passando as fábricas do ramo a também produzir comercializar bonecas negras.

O empoderamento feminino é outro tema que vem se destacando na agenda ESG. Mudanças claras podem ser percebidas, tendo crescido a presença, a visibilidade e a importância da mulher em diferentes áreas de atuação, tais como cinema, moda, jornalismo e ambientes corporativos. Cada vez mais as marcas tradicionais mostram às consumidoras a importância de a mulher gostar de si mesma e superar seus limites.

O veganismo também se transformou em um forte movimento, que atualmente vai além de cuidados na ingestão de alimentos saudáveis. Dada a maior conscientização sobre o tema, surgiram marcas de cosméticos veganos – uma fatia do mercado que vem avançando rapidamente, sendo muito presente em movimentos ativistas que têm, entre suas bandeiras, o fim dos testes em animais (tendência conhecida como *cruelty free*).

Mas, estas são apenas algumas das principais ideias ativistas que têm surgido e representam pontos importantes de apoio a uma atuação mais consciente das empresas na agenda ESG.

ESG balançando os mercados financeiros

ESG é, portanto, uma filosofia que insere critérios ambientais, sociais e de governança corporativa na avaliação das empresas e nas decisões sobre negócios. Como afirma um dossiê publicado a respeito pela *HSM Magazine*, em dezembro de 2020 ("ESG: Não dá mais para fingir que não é com você", edição 143 da revista), o tema envolve o próprio destino da humanidade e um gigantesco volume de dinheiro.

Muitos fundos mútuos, corretoras e outras empresas financeiras estão oferecendo aos investidores produtos que se baseiam em critérios ESG. Segundo dados da MorningStar, no segundo trimestre de 2020, o valor patrimonial de fundos com viés ESG no mundo chegou à cifra impressionante de US$ 1 trilhão. Ainda mais impressionante é a constatação de que o valor dos ativos mundiais direta ou indiretamente relacionados com alguma estratégia sustentável, de acordo com cálculos da XP Investimentos, era, na mesma ocasião, de US$ 4, 3 trilhões.

No Brasil, ainda estamos no início dessas tendências. No entanto, entre nós, cerca de vinte fundos de investimentos importantes já se mostram sensíveis à questão, e estes têm valor patrimonial somado de cerca de R$ 1 bilhão, montante atingido em fins de 2020, representando o dobro daquilo que era apenas um ano e meio antes.

Recentemente, as redes sociais divulgaram uma carta que o fundador, *chairman* e CEO da BlackRock, Inc., Larry Fink, anualmente envia aos investidores que confiam seus recursos à sua gestora de ativos. A BlackRock, para quem ainda não sabe, é a maior empresa desse ramo no mundo, administrando um patrimônio total que atinge, atualmente, cerca de US$ 7, 4 trilhões.

Em sua carta de janeiro de 2018, Fink referiu-se às manchetes dos principais jornais de economia, finanças e negócios do mundo, deixando clara sua posição:

"Para prosperar, não bastará a uma empresa apenas entregar performance financeira. Ela também terá de mostrar que dá uma contribuição positiva à sociedade".

Em janeiro de 2020, sua nova carta aos CEOs das empresas que participam de seus fundos retomava o tema, desta vez elevando a sustentabilidade à posição de mais importante diretriz para as ações de sua corporação:

> *Como os mercados de capitais projetam riscos futuros, o futuro próximo trará, bem mais cedo do que muitos preveem, uma significativa realocação do capital, para quotas de participação em empresas que minimizem os riscos climáticos. (...) A base mais sólida sobre a qual daremos apoio aos portfólios de nossos clientes no futuro será o investimento sustentável.*

E, em carta mais recente, em 2021, Fink voltou ao tema com ainda maior ênfase:

> *A empresa já não consegue alcançar lucros no longo prazo, caso não tenha como um de seus objetivos atender às necessidades de uma ampla gama de stakeholders. Como temos visto repetidas vezes, ações de empresa que, ao contrário, prejudicam a sociedade acabarão por prejudicar a própria empresa, destruindo seu valor para os acionistas. Em contraste, um forte senso de propósito e um compromisso da empresa com todas as partes interessadas a ajudarão a conectar-se muito mais profundamente com seus clientes. Em última análise, ter um propósito social passou a ser o verdadeiro motor da rentabilidade a longo prazo.*

A grande transformação, portanto, que se deu na área dos valores empresariais, já desde os albores do novo século 21, à parte a aceleração das grandes transformações tecnológicas, ocorreu na obrigatoriedade de as organizações irem muito além do lucro ao acionista enquanto critério de sucesso. Ter sucesso, atualmente, significa manter elevado senso de sustentabilidade.

Várias iniciativas de líderes empresariais têm surgido no mundo buscando mostrar uma face mais humana do capitalismo. Alguns desses movimentos têm tido excelente acolhida por parte de empresários e dirigentes de empresas. Um deles é o Sistema B. Criado em 2006 pelos empresários norte-americanos Jay Coen Gilbert, Bart Houlahan e Andrew Kassoy, visa a estimular um maior compromisso dos negócios com o desenvolvimento social e ambiental.

Outro movimento importante desse tipo é o Capitalismo Consciente, fundado pelo professor indiano Raj Sisodia e o empresário norte-americano John Mackey. O movimento do Capitalismo Consciente tem o propósito de difundir uma nova forma de fazer negócios baseada na integração dos interesses de todos os *stakeholders*. O movimento se apoia em quatro pilares, que são:

- propósito maior orientando a empresa;
- geração de valor para todos os *stakeholders*;

- cultura de valores e princípios privilegiando o social; e
- liderança consciente protegendo esse propósito e essa cultura.

Também se divulga outro movimento "B Team", criado pelos empresários Sir Richard Branson (britânico, fundador do Virgin Group) e Jochen Zeitz (alemão, fundador da Zeitz Foundation), reunindo líderes de grandes empresas em debates acerca de práticas saudáveis de gestão. O movimento dos "Game Changers 500", por sua vez, foi criado pelo empresário norte-americano Andrew Hewitt, como uma alternativa ao famoso *ranking* "Fortune 500" (ranking das 500 maiores empresas norte-americanas). Como já se esperava, o movimento sugere critérios totalmente diferentes daqueles propostos pela *Fortune* para analisar as práticas de gestão da empresa e seu impacto no mundo dos negócios.

Onde se encontra o mundo, hoje, em desenvolvimento sustentável?

Sendo realistas, temos de constatar que é claramente insuficiente o que tem sido feito até o presente em prol da sustentabilidade no mundo. Recente avaliação pela ONU Meio Ambiente mostrou que, ao final do último quinquênio (2016-2020), os danos a que o planeta havia sido submetido tinham sido impressionantes. O documento alertava, inclusive, para o fato de que a saúde e a segurança das pessoas em geral estariam seriamente ameaçadas dentro de poucos anos, caso não fossem empreendidas ações preventivas e corretivas urgentes.

Esse relatório da ONU Meio Ambiente foi produzido por um grande grupo de 250 cientistas de mais de 70 países; e afirma, categoricamente, que, se até a metade do século 21 não ampliarmos drasticamente a proteção ambiental, cidades e regiões inteiras, na Ásia, no Oriente Médio e na África, poderão testemunhar milhões de mortes prematuras. O relatório adverte ainda que os poluentes presentes no ar e em nossos sistemas de água potável poderão levar à proliferação de micróbios tão resistentes que podem vir a se tornar a maior causa de mortes até 2050.

Os especialistas em sanitarismo e saúde pública apontam também que esses efeitos da ação de micro-organismos super-

-resistentes sobre a saúde das pessoas tenderão a se agravar ainda mais, pela sua associação com comorbidades. Estas advirão de problemas de saúde fortemente ligados a fatores emocionais e psicológicos, tais como: depressão, obesidade, ansiedade e insônia.

Esses problemas emocionais, por sua vez, podem ser gerados por pelo menos cinco fatores-chave associados à vida social das pessoas: o sedentarismo, pelo uso de tecnologia avançada; rotinas estressantes de vida e trabalho; alimentação irregular; exposição pessoal a um excesso de informações e excesso de expectativas e preocupações das pessoas com o futuro.

Portanto, conclui o relatório da ONU Meio Ambiente, projeções futuras que possam apontar para um planeta mais acolhedor, habitado por pessoas mais saudáveis, só poderão ser feitas com base em um novo modo de pensar sobre o planeta – modo esse que seja radicalmente distinto daquele que tem regido a economia e a política até o presente.

(O modo como agimos atualmente é descrito, por alguns, como seguindo um modelo profundamente egoísta, do tipo "cresça agora e deixe para limpar a bagunça depois!").

Contrariamente a esse modo infeliz de encarar o desenvolvimento, é preciso que adotemos um novo enfoque econômico mais altruísta, voltado para o objetivo conhecido por "Carbono Zero". E teremos de fazer isso até 2050! Somente assim produziremos um impacto suficientemente positivo sobre o clima, gerando, como consequências, entre outras coisas, menos escassez de água e menor destruição dos biomas da Terra.

Desenvolvimento sustentável no Brasil

Em nosso país, as iniciativas pelo desenvolvimento sustentável caminham ainda muito lentamente devido a vários fatores: a extensão territorial, a grande população e diversas variáveis econômicas, políticas e sociais dificultam a feitura de avaliações objetivas dos níveis de sustentabilidade que atingimos ou deixamos de atingir. A notória falta de políticas públicas eficazes, que persistentemente vem atravessando diversos governos, também contribui para esse quadro de indefinições.

Empresas têm se sensibilizado com problemas nacionais mais evidentes, associados ao desenvolvimento sustentável. São muitos esses problemas que, frequentemente, a imprensa relata terem sido objeto de atenção por parte de alguma ONG ou empresa desejosa de associar seu nome a um propósito nobre.

Podemos citar, nesse sentido, temas tais como: pobreza, fome, violência doméstica, abuso sexual, gravidez precoce, desemprego, falta de qualificação profissional, alfabetização das crianças, evasão escolar, falta de moradia, adultos em situação de rua, idosos que vivem sós, vício de droga, acolhimento social de ex-presidiários, não discriminação de pessoas com diferente orientação sexual, convivência com culturas indígenas, acesso das classes menos favorecidas à cultura, *apartheid* digital, acolhimento a imigrantes e refugiados, entre outros. Outras questões mais também têm sido abraçadas, aqui e ali, por empresários, desejosos de ajudar.

No entanto, por mais nobres que possam ser, essas iniciativas quase sempre são apenas pontuais, isoladas e dispersas, não se inserindo em programas governamentais mais amplos e consistentes, que possam as reunir em quadros estruturais maiores e sistêmicos, capazes de dar maior eficácia a tais medidas. A inserção de ações de impacto social como essas em algum programa maior de âmbito nacional, com apoio federal, por certo lhes daria um sentido mais profundo.

No entanto, independentemente de ideologias, o desenvolvimento sustentável requer uma união entre poder público e iniciativa privada, provavelmente com a iniciativa sendo alavancada pelo primeiro. Se Estado e mercado trabalharem juntos, mobilizando-se articuladamente, as políticas e programas que podem promover o desenvolvimento sustentável irão ocorrer.

Em alguns momentos da história republicana brasileira, isso aconteceu. Em 1976, por exemplo, na presidência do general Ernesto Geisel, foi promulgada a lei de incentivo à alimentação e à formação profissional do trabalhador, custeada por fundos obtidos por renúncia fiscal (o governo renunciou a uma parcela do IR, que seriam investidos pelas empresas nas áreas citadas).

Sobreveio uma nítida melhora na alimentação dos trabalhadores, com forte crescimento da oferta de restaurantes industriais e disseminação do hábito das pessoas, nas grandes cidades, de comer fora de casa. Por outro lado, houve também um expressivo crescimento na oferta de serviços de consultoria, educação corporativa e treinamento de pessoal.

Outro bom exemplo foi a criação, pelo governo federal, no início dos anos 1990, da Fundação Nacional da Qualidade (FNQ), tendo se instituído o Prêmio Nacional da Qualidade. A época era propícia, já que a Gestão da Qualidade havia alcançado grande popularidade no mundo, alavancada pelo êxito do toyotismo e do TQC/TQM, vindo das empresas japonesas. Aquela iniciativa governamental acabou fomentando uma elevação expressiva na qualidade de produtos e processos industriais brasileiros.

Poderíamos citar outras iniciativas programáticas do governo federal que, neste ou naquele momento da vida nacional, visaram à melhoria de alguns aspectos da vida econômica, política, social ou cultural da nação: a criação do Banco Nacional da Habitação (1964); o Programa Nacional de Alfabetização (também em 1964); a Lei Rouanet de incentivo à cultura (1991); a Lei Maria da Penha, de proteção da mulher contra a violência de gênero (2006). Em todos esses casos, o governo de plantão adotou medidas importantes para o desenvolvimento sustentável, que também mobilizaram a iniciativa privada.

A Constituição Federal do Brasil decididamente favorece iniciativas programáticas de impacto na vida social; por exemplo, há na Constituição um capítulo inteiro dedicado ao meio ambiente, relacionando os princípios que devem vigorar para o Desenvolvimento Sustentável, a qualidade de vida dos cidadãos e a preservação dos recursos naturais.

Ações estratégicas de Gestão de Pessoas pela sustentabilidade

Como um corolário de todas as reflexões anteriores, podemos concluir que as empresas estão se tornando verdadeiras cidadãs corporativas. Faz todo sentido, atualmente, usar esta expressão, da qual não se falava algumas décadas atrás, nos anos 1970 e 80.

Penso ser importante ressaltar que esta questão está no bojo da Gestão de Pessoas em nível estratégico. O gestor dessa área pode e deve se afastar de qualquer posicionamento político partidário, é claro; mas, obrigatoriamente, terá de estar afinado com causas sociais e ambientais, que, são também, em última análise, políticas.

Isso quer dizer que ética, transparência e honestidade de propósitos são muito importantes, cada vez mais valorizados pelos colaboradores, consumidores e outros *stakeholders* da empresa. Uma empresa precisa estar totalmente aberta às manifestações desses *stakeholders*, o que quer que desejem dizer a ela ou sobre ela – até mesmo porque essas pessoas o dirão de qualquer modo, pelas redes sociais, a empresa goste disso ou não.

As empresas conscientes disso abrem a essas manifestações vias de comunicação fáceis de acessar, como são os canais de denúncia, os programas do tipo "Fale com o Presidente", os números 0800, os planos de sugestões, a figura do *ombudsman*, as pesquisas de clima organizacional, a participação da empresa em campanhas de "Melhores Empresas para Trabalhar". O chamado Gestor de RH da empresa é o agente que deve promover essa abertura, sem dúvida alguma.

No entanto, a introdução do conceito de sustentabilidade, na organização, não é apenas um programa a mais, a ser tocado pelo órgão de Gestão de Pessoas. Muito mais que isso, ele significa uma ampla e até radical mudança de cultura na empresa, ou a adoção de um novo *mindset* – é como o Gestor de Pessoas que atua em nível estratégico deve encarar a situação.

Dada essa profundidade envolvida na questão da sustentabilidade, desde os primeiros movimentos pela sustentabilidade na organização, seu órgão de Gestão de Pessoas deve promover intensos debates e análises críticas entre os dirigentes e envolvendo também o corpo de colaboradores, sobre as questões mais prementes relativas à sustentabilidade – com um movimento de todos em uníssono, para desvendar o que pensam sobre o tema as várias camadas de públicos internos.

A Lojas Renner, posso dizer com satisfação, agiu exatamente desse modo quando eu dirigia sua Diretoria de RH: por nossa iniciativa, a empresa promoveu reuniões e realizou palestras internas com consultores e gestores de outras empresas, por exemplo, apontados pelo mercado como excelentes conhecedores de temas que mereciam ser focalizados nesse âmbito.

A empresa pode e precisa fazer seu autodiagnóstico quanto ao entendimento e ao atendimento dos ODSs da ONU, detectando seus pontos de vulnerabilidade; ou organizar grupos de trabalho e forças-tarefa dentro da organização, envolvendo diferentes níveis hierárquicos para discutir as conclusões. Ela pode também participar de pesquisas promovidas por institutos, universidades ou *think tanks*, para entender como está desempenhando em relação a critérios ou métricas relevantes usadas por essas instituições. Diante do amplo quadro de referência que tracei, o que deve fazer o órgão de Gestão de Pessoas da empresa? Como deve agir seu gestor principal?

Planejamento Estratégico da Sustentabilidade, a Matriz de Materialidade e os padrões GRI

O planejamento e a implementação das ações da empresa em prol da sustentabilidade podem ser substancialmente facilitados, caso tenha ela elaborado e aprovado uma Matriz de Materialidade. A matriz é uma representação gráfica dos temas vistos como mais importantes no âmbito da sustentabilidade – razão por que, obviamente, foram selecionados como prioritários.

Materialidade é, neste caso, como se chama o conjunto dos temas mais significativos para aquela organização; ou seja, aquilo que é real para ela em termos de sustentabilidade. As empresas que levam a sério suas políticas de sustentabilidade costumam ter uma Matriz de Materialidade para orientá-las.

A empresa geralmente revê a cada ano essa matriz, produzindo um relatório descrevendo sua atuação. Esse relatório é enviado aos seus stakeholders, para os manter informados de como a empresa vem pondo em prática suas políticas nessa área.

Com base na Matriz facilita-se a adoção de um vasto elenco de providências, que podem ser tomadas pela área de Gestão de Pessoas como forma de conduzir a empresa em uma efetiva jornada pela sustentabilidade. Penso que, minimamente, estas ações estão entre as mais importantes:

- Caracterizar bem quem são as várias categorias de *stakeholders* da empresa, identificando e caracterizando bem cada uma dessas categorias. Os gestores devem participar desse esforço. Todos devem ter clara consciência da importância fundamental que os vários *stakeholders* têm para a empresa, conhecê-los profundamente e respeitá-los em todos os seus aspectos.

- Liderar a formulação de políticas internas relativas à sustentabilidade para atender às relações da empresa com cada uma das categorias de *stakeholders*. Essas políticas não só precisam aprovadas pelas instâncias superiores da empresa; mais que isso, o CEO, a Diretoria Executiva e o Conselho de Administração da empresa devem participar ativamente de sua formulação e sua implementação. As políticas de sustentabilidade devem estar integradas na estratégia competitiva da organização.
- Essas políticas devem ser traduzidas em programas de trabalho realistas e efetivos, que façam a diferença e sejam representativas da cultura e dos valores da empresa. Novamente a Gestão de Pessoas deve liderar esse processo, que precisa ter a contribuição direta de todos os órgãos da governança corporativa.
- Por fim, projetos específicos devem ser postos em prática dentro desses programas de trabalho, promovendo avanços concretos no atendimento às necessidades concretas dos *stakeholders*.
- A área de Gestão de Pessoas deve ter, além disso, uma participação ativa no apoio a outras ações para a sustentabilidade envolvendo a empresa, mesmo indiretamente. Por exemplo, sempre que a empresa as considere legítimas e contributivas, ações de iniciativa dos colaboradores da empresa poderão ser apoiadas, em áreas tais como: filantropia, trabalho voluntário, doações, patrocínios de marca e marketing de causa.

Os relatórios anuais de sustentabilidade geralmente enfocam o modo como a empresa, seguindo os ditames da Matriz de Materialidade, vem atendendo a estes pontos:

- demonstrar o compromisso da empresa com seus impactos ambientais e sociais;
- mostrar que ela atua com real transparência em suas relações;
- apresentar a real capacidade da empresa de concorrer em mercados competitivos;
- ajudá-la a planejar suas atividades e a posicionar-se de modo a mostrar-se cada vez mais sustentável;
- atender à legislação pertinente.

A elaboração de uma primeira Matriz de Materialidade geralmente é trabalhosa – porque é preciso fazer um estudo realmente criterioso dos tópicos que constarão dela. Não se pode pretender fazer uma matriz apreciável apenas em uma reunião interna de duas horas entre os diretores e gerentes, como muitas vezes se vê acontecer.

Ao contrário, o mapeamento da Materialidade pede que, minimamente que seja, as várias categorias de *stakeholders* da empresa sejam atentamente ouvidas. Dessa forma, a matriz irá apontar os reais indicadores que ajudarão a gerir a sustentabilidade na empresa.

No entanto, observa-se que algumas empresas chegam a terceirizar a criação da sua Matriz de Materialidade, entregando a tarefa a pessoas não comprometidas com a empresa. Por vezes, ao fazer isso, a empresa sequer incumbe um especialista interno de acompanhar a elaboração da matriz.

A consequência quase inevitável, em tais circunstâncias, é que estas acabam levando à produção de uma matriz totalmente artificial, que nada tem a ver com a realidade da empresa e na qual os indicadores apontados não medem o que é relevante.

Diferentemente disso, quando bem feita, a matriz irá aglutinar, de forma inteligente, valiosas informações que depois servirão para analisar futuros cenários para a empresa, seus pontos fortes e fragilidades, riscos que corre e oportunidades que se apresentam a ela.

Uma vez pronta, a Matriz de Materialidade permitirá que os temas referentes à sustentabilidade sejam incorporados ao plano estratégico da empresa. Perguntas que ela, então, ajudará a responder são, por exemplo: como posso verificar e medir a sustentabilidade gerada pelas ações de minha empresa? Em quê, especificamente, devo investir? Quais principais indicadores de resultados me ajudam a medir a sustentabilidade?

A Global Reporting Initiative (GRI) é uma organização internacional que ajuda empresas, governos e outras instituições em assuntos de sustentabilidade. A GRI tem enorme prestígio entre as empresas. Ela estuda os impactos sobre os negócios que decorrem de grandes questões mundiais, tais como: a mudança climática, o atendimento aos direitos humanos e os problemas endêmicos de corrupção no mundo.

Até recentemente, a GRI vinha disponibilizando diretrizes – chamadas de G4 – que ajudavam a identificar os impactos das operações da organização sobre o meio ambiente, a economia e a sociedade civil, dessa forma facilitando o cumprimento das metas da empresa e a elaboração dos relatórios anuais. Essas diretrizes serviam a empresas de todos os portes, categorias e setores de mercado.

Em meados de 2018, a organização criou os chamados "Padrões GRI" para facilitar ainda mais as medidas das empresas na área da sustentabilidade. Separados em módulos inter-relacionados, os padrões são indicadores que ajudam a medir o emprego das melhores práticas da empresa, de impacto econômico, ambiental e social.

Os Padrões GRI são, portanto, caro leitor ou leitora, uma ferramenta preciosa para a Gestão de Pessoas em nível estratégico na empresa, e você não deve perder a chance de contar com esse recurso.

Capítulo 6

Gestão de Pessoas e Diversidade Social: A Questão Feminina na Empresa

Este capítulo e o próximo, caro leitor ou leitora, irão formar um único bloco. Tomei a iniciativa de separá-los em dois capítulos por razões práticas: levei em conta que as questões de gênero – e o papel especial da mulher no ambiente de trabalho – tornaram-se um tema de enorme significado na vida das empresas ao ponto de merecer um tratamento à parte. Mas, comecemos pelo começo, definindo "diversidade".

Por que o termo "diversidade"?

A biologia é uma grande fonte supridora de analogias e metáforas para os conceitos e processos da administração, do empreendedorismo, do marketing. Frequentemente, quando queremos explicar alguma coisa nessas áreas, recorremos a conceitos que já existem na biologia e ciências correlatas. Dizemos, por exemplo, que um produto tem um "ciclo de vida"; que um aspecto da cultura faz parte do "DNA" da empresa; que um produto "canibaliza" outro; e assim por diante.

Outro conceito incorporado da biologia mais ou menos recentemente foi "diversidade": tradicionalmente usamos esse termo para referir-nos à variedade da fauna e da flora nos ecossistemas naturais terrestres, marinhos e aéreos em geral. De alguns anos para cá, passamos a também chamar de diversidade à variedade de categorias sociais, políticas e econômicas que se formam em uma sociedade a partir de alguns traços classificatórios mais relevantes.

Mesmo o termo "ecossistema", que acabei de usar, é outro desses empréstimos tomados à biologia. Um ecossistema é, originalmente, um ambiente natural, no qual organismos variados interagem e interferem reciprocamente uns na vida dos outros, produzindo-se dessa forma processos biológicos internos riquíssimos de informação.

O biólogo Fernando Reinach, cientista que escreve excelentes artigos dissecando a ciência e divulgando-a para leigos em linguagem inteligível, define o ecossistema como sendo um ambiente habitado por seres vivos, que pode ser mais facilmente identificado pela presença de uma cadeia alimentar. Assim, em um ecossistema existem os organismos que são produtores primários e sintetizam matéria orgânica utilizando a luz solar, sais minerais e água, produzindo a maior parte do alimento. No mar, por exemplo, algas e outros organismos fotossintéticos são os produtores primários; na terra, principalmente as plantas.

Além desses, encontramos em um ecossistema os consumidores secundários, que são seres vivos que se alimentam daqueles produtores primários: nos ambientes terrestres, são geralmente os animais herbívoros, como zebras e gazelas nas savanas africanas; no mar, por exemplo, as sardinhas que habitam a costa da Namíbia, na África.

Finalmente, há os carnívoros, animais que se alimentam de herbívoros, como o leão e o tigre, predadores de zebras e gazelas. Esses são os chamados consumidores terciários, pois comem os seres vivos que se alimentam dos produtores primários.

Atualmente, a palavra "ecossistema" já está sendo normalmente usada de vários modos, como metáfora, no campo da gestão, substituindo outros termos mais tradicionais, como "setor econômico", "mercado", "ramo de negócios", "*cluster*", "ambiente para negócios" e outros mais.

Quando nos referimos, por exemplo, a um ecossistema de negócios, como o varejo de moda, no qual a Lojas Renner está profundamente inserida, fica difícil reproduzir exatamente os elementos análogos àqueles da estrutura que o biólogo Reinach descreveu, ou seja, a figura dos produtores primários, da cadeia alimentar e dos consumidores secundários e terciários.

No entanto, se formos criativos, poderemos ver, sim, um ecossistema de negócios com sendo um análogo dos ecossistemas naturais. No ecossistema de que participa a Lojas Renner estão presentes: as indústrias da moda e têxtil, com suas peculiaridades e complexidades; os *designers*, participantes da indústria criativa que criam moda; a mídia em geral (jornais, revistas, TV, mídias sociais), que divulgam essa moda; a indústria da celebridades, do cinema, da TV, entre outros, que usam essa moda e influenciam os consumidores; as agências de publicidade, que fazem a propaganda da moda; os *influencers*, nas redes sociais, que atuam como propagadores de produtos, modelos e marcas; as universidades, que formam gestores e profissionais da área; as empresas que participam e concorrem entre si no mercado, as *startups* que prestam serviços para as empresas já estabelecidas... À sua maneira, um "ecossistema" como esse, voltado para os negócios, é tão complexo quanto um ecossistema natural, no qual os *players* são plantas e animais.

Por que a diversidade de um ecossistema de negócios passou, então, a ser uma preocupação das empresas? Isso se deveu ao fato de a diversidade ter se tornado uma real preocupação para a sociedade como um todo; e, por princípio, tudo que afeta a sociedade em que uma empresa opera por certo afeta também, diretamente, as instituições dessa sociedade, inclusive seus negócios e os agentes destes, isto é, as empresas.

Assim, se determinada parcela da população, em uma sociedade, vem a ser especialmente privilegiada ou especialmente discriminada, isso se reflete também na vida das empresas. Caso, na sociedade mais ampla, passe a vigorar algum processo que venha a facilitar ou dificultar a vida de uma dada classe ou grupo social, certamente os respingos disso na vida das empresas serão inevitáveis. Por isso as empresas têm, obrigatoriamente, de se preocupar com o que se passa na sociedade inclusiva.

Os estragos que o descaso com a diversidade pode produzir

Toda essa complexidade desemboca na questão da Diversidade Social Interna (DSI), que precisa ser devidamente administrada pela empresa. No fundo, a DSI é também uma questão parelha com outra, a do exercício da Cidadania Corporativa, conceito que já abordei no capítulo anterior.

De fato, essas duas propostas estratégicas estão intimamente ligadas entre si: não se pode imaginar que uma empresa possa dar um bom tratamento estratégico à questão de sua cidadania, enquanto ao mesmo tempo se descuida da questão da diversidade de seus públicos-alvo internos – ou que faça o inverso disso. Claramente, esses dois conceitos alimentam-se mutuamente, cada qual automaticamente contribuindo para que, também com relação ao outro, uma organização empresarial cresça e amadureça.

Além de tudo, está sendo posto em ação, na empresa, outro objetivo educativo extremamente sério, quando a organização decide fazer algo positivo em relação à sua DSI: é missão precípua do órgão de Gestão de Pessoas da empresa olhar para os seres humanos e ajudá-los, de alguma forma, a desenvolver suas competências cognitivas, afetivas e até mesmo espirituais (não no sentido religioso do termo), contribuindo para que as pessoas sejam, enfim, mais felizes – os âmbitos do trabalho e do emprego são decisivos para promover esse crescimento integrado, holístico das pessoas. E esses são propósitos que se alcançam pela educação das pessoas para que exerçam atitudes não discriminatórias nos ambientes de trabalho.

Voltando às questões mais práticas, consumidores, colaboradores e outros *stakeholders* estão, hoje, fazendo às empresas reinvindicações cada vez mais enfáticas, delas exigindo que ajam com justiça, isenção, imparcialidade, ética, para com todos indistintamente. É fácil perceber que uma empresa estará mesmo em maus lençóis caso não preste atenção à sua diversidade interna e, levando-a em conta, passe a tratar a todos de forma equânime.

Essa é uma das duas razões fundamentais pelas quais se deve dar grande atenção à diversidade interna: fazê-lo evita que a empresa se meta em problemas – que serão quase inevitáveis, caso ela seja desatenta para com essa questão.

Sim, porque incontáveis problemas poderão mesmo aparecer para as empresas desatentas. Alguns deles? É fácil citá-los – e aqui estão alguns exemplos hipotéticos, mas realísticos. Sem que ninguém espere, problemas como estes relacionados abaixo poderão literalmente "cair no colo" do Gestor Estratégico de Pessoas de qualquer empresa, a qualquer tempo:

- uma jovem funcionária acusa seu gerente de assédio sexual;
- um jovem negro diz que foi menosprezado pela cor da pele;

- uma candidata afirma que não obteve o emprego por estar grávida;
- outro candidato acha que foi preterido por causa da tatuagem que tem no braço;
- um colaborador alega não ter sido ouvido em suas sugestões por ter aparência de ser jovem demais;
- outro funcionário acredita ter sido preterido na promoção por causa de sua orientação sexual;
- uma brilhante executiva pede demissão porque a diretoria de sua área foi oferecida a outro colega – um homem – quando era ela quem estava mais qualificada;
- um ótimo funcionário alega que suas sugestões não foram ouvidas por seu chefe imediato porque este é muito mais jovem;
- entre outras.

Esses são apenas alguns exemplos dos muitos problemas que podem aparecer na empresa por conta de uma má gestão da diversidade social interna. Muitos outros poderiam ser acrescentados à lista.

Todavia, existe ainda uma segunda razão, igualmente importante, para prestarmos atenção à DSI – e essa razão vai na direção oposta à da primeira. Quando cuidamos da DSI, move-nos não somente a necessidade de evitar conflitos e incompreensões entre diferentes públicos internos. É preciso fazê-lo também porque dar atenção à diversidade social ajuda a promover a criatividade e a inovação, gerando novas ideias e permitindo que a empresa chegue a soluções originais para seus problemas, soluções que virão justamente do encontro entre pontos de vista que podem ser totalmente distintos entre si.

Atitudes possíveis na empresa frente à DSI –

Assim, trocada em miúdos, a DSI refere-se justamente à variedade de categorias de indivíduos que compõem a força de trabalho da empresa. As empresas têm sido fortemente incentivadas, especialmente nas duas primeiras décadas do século 21, a não apenas aceitar, mas incentivar esse recenseamento da diversidade das pessoas que nelas trabalham. Esse incentivo tem sido necessário, para que as pessoas aceitem, e mesmo desejem, conviver, no ambiente de trabalho, com outras pessoas que não compartilham da mesma categoria social – econômica, política ou outra.

Resumindo, os dois grandes objetivos que são buscados pela Gestão de Pessoas, quando traça políticas e implanta programas voltados para a harmonização e a integração de seus diferentes públicos internos, são estes:

- Dirimir ou neutralizar os desgastes vindos de conflitos entre visões de mundo, pontos de vista e sentimentos distintos, que podem estar sendo gerados nos encontros entre colaboradores e demais *stakeholders* com valores, crenças e sentimentos distintos.
- Administrar devidamente esses encontros entre diferentes, propositalmente pondo em contato entre si tais visões, pontos de vista e sentimentos, com a finalidade de promover entre eles alguma forma de evolução dialética, que possa gerar novas e originais ideias de interesse da empresa, até então não pensadas.

Felizmente muitas empresas estão atentas a essas questões. Um estudo de 2020, denominado "Época Negócios 360", conduzido pela revista *Época Negócios* em parceria com a Fundação Dom Cabral, elencou 334 empresas brasileiras que, após avaliação em seis dimensões-chave, foram consideradas as melhores empresas do país. O relatório aponta as seguintes principais iniciativas dessas empresas, no que concerne à diversidade interna do corpo de empregados:

- 97% delas têm iniciativas e políticas para promover a igualdade de oportunidades e o tratamento justo a todos os empregados;
- 93% oferecem canais seguros para que os empregados façam reclamações ou denúncias;
- 73% oferecem treinamentos, inclusive para líderes do sexo masculino, sobre a importância da inclusão das mulheres;
- 70% oferecem programas que visam à redução da discriminação racial, de gênero ou de orientação sexual;
- 63% adaptam as políticas de saúde e segurança às necessidades dos diversos perfis de empregados;
- 37% têm metas para alcançar a equidade de gênero no ambiente de trabalho.

Categorias prioritárias em DSI –

Você deve ter percebido, caro leitor ou leitora, que tenho evitado falar em "minorias", preferindo usar termos como categorias sociais ou públicos-internos, para falar desses grupos internos que compõem a DSI na empresa. Isso se deve ao fato de o termo "minoria" não parecer adequado neste contexto. "Minoria" é um conceito vindo da antropologia, usado para referir-se a um grupo social, dentro da sociedade, que difere da maioria especificamente por ter características étnicas, religiosas ou ideológicas distintas do grosso da população.

Assim, os curdos, que habitam a fronteira entre Síria, Iraque e Irã, podem ser chamados de minoria, como os catalães ou os bascos, na Espanha, os uigures na China ou os povos ainu (no Japão), maori (na Nova Zelândia) ou ianomami (na fronteira Brasil-Venezuela). Podem ser chamadas de minorias também as colônias de imigrantes ou refugiados que se encontram em outros países, como os turcos que vivem na Alemanha, os bolivianos e paraguaios de São Paulo, os venezuelanos que escaparam recentemente para a Colômbia ou os hispânicos que vivem nos EUA – por exemplo, os mexicanos na Califórnia e os cubanos na Flórida.

Podem ser chamados de minorias até mesmo grupos religiosos, como os judeus na Europa Central ou na União Soviética antes da Segunda Guerra Mundial; ou as colônias formadas por migrantes internos, como, no Brasil, os nordestinos que foram para a Amazônia no início do século 20 ou aqueles que, nas décadas seguintes, migraram para o sul do país, fugindo da seca.

Fora de contextos como esses, entretanto, é pouco apropriado dizer que, em uma empresa, ou mesmo em uma ampla sociedade urbana, as mulheres, ou os negros, ou o público LGBT+ seriam "minorias" – até porque mulheres e negros são, de fato, "maiorias".

Como iremos, então, chamar esses múltiplos recortes sociais dentro das empresas, que perfazem sua DSI? Seguindo uma sugestão do antropólogo Marco A. Oliveira, passo a designá-los pela sigla CSD, que quer dizer: Categorias Sujeitas à Discriminação. Essa me parece uma boa caracterização para esses públicos internos, porque eles são exatamente isso que a sigla descreve: categorias sociais sujeitas a sofrer discriminação vinda de outras categorias sociais.

Aspectos mais óbvios geradores desses atos de discriminação podem ser o gênero, a cor da pele, a aparência, uma deficiência física ou a orientação sexual dos membros desses grupos. Esses são, provavelmente, alguns dos fatores mais óbvios que podem conduzir a processos de discriminação; mas, certamente, não são os únicos. De fato, para cada CSD, a discriminação ou rejeição à qual o grupo em questão é submetido pode se dar por razões outras razões mais, que precisariam ser explicadas e discutidas especificamente, em cada caso.

Por exemplo, as discriminações que podem sofrer os indivíduos obesos, ou os cadeirantes, ou os descendente de indígenas, ou as pessoas tatuadas, ou aquelas que são portadoras de alguma doença de pele, ou os moradores de rua, entre outros, podem ter origem em percepções e sentimentos relativamente semelhantes por parte de quem os discrimina; porém, em cada caso, estão presentes, também, componentes muito específicos, de natureza psicológica e sociológica, que fazem com que tais situações difiram daquelas que levam a reações semelhantes contra outras categorias.

Priorização das questões de gênero e cor? –

É comum que os gestores em geral – e os Gestores de Pessoas, em particular – se limitem a valorizar o tratamento de algumas dessas CSDs, ignorando outras, em certos casos não lhes dando importância, até mesmo como se não houvesse outras categorias internas à empresa também sendo discriminadas.

De fato, observa-se que cerca de 90% daqueles que abordam a questão da diversidade social e se empenham em levar as empresas a adotar políticas que preservem públicos internos desfavorecidos de ser discriminados se concentram em duas CSDs apenas, e bem específicas: as mulheres e os negros – não raro as mulheres negras.

Em seu livro *Workforce America – Managing Employee Diversity as a Vital Resource* (McGraw-Hill Education, 1a. ed., 1990, 260 p.), as consultoras norte-americanas Marilyn Loden e Judy Rosener salientam justamente isso: quando falamos em diversidade, geralmente nos atemos apenas ao que elas chamam de "dimensões primárias" da diversidade, aquelas que são mais evidentes e que consistem nas categorias gênero e raça, sem levar em conta que existem outras categorias mais, além dessas, também muito relevantes.

Em recente entrevista ao jornal *O Estado de São Paulo* (edição de 11/07/21, p. H5), o presidente do Grupo Gerdau, Gustavo Werneck, revela a seriedade com que sua empresa encara o problema da diversidade social interna, discutindo várias questões cruciais com as quais a companhia está lidando. Entretanto, sintomaticamente, ele revela uma concentração de suas preocupações especificamente com esses dois públicos internos. "A diversidade é um fenômeno observável", ele comenta. "Se vou a um shopping, haverá negros, mulheres..." Na Gerdau, ele completa, "temos a meta de ter 20% de mulheres em cargos de liderança até 2025.

Tudo bem. No entanto, é preciso deixar claro que a questão da diversidade social na empresa não irá se resolver apenas adotando-se regras internas de conduta que favoreçam a contratação e a ascensão na hierarquia somente desses dois grupos: profissionais do sexo feminino e de pele escura. Apenas isso é muito pouco!

Também é verdadeiro que ambos esses problemas têm em comum o fato de serem igualmente amplos e estruturais, permeando toda a sociedade. Assim, a empresa somente irá contribuir para a solução deles em nível estritamente local, lidando com a sua própria realidade.

Na questão de gênero, o problema não se resume à educação feminina para a não sujeição ao preconceito e a autonomia em relação aos homens, envolvendo também, diretamente, a educação masculina, dado que o comportamento sexista e preconceituoso dos homens contra as mulheres, real e complementar, é amplamente disseminado e profundamente arraigado.

"Está mais do que na hora de pararmos de pensar que a desconstrução do sexismo é coisa de garotas", comenta, a propósito, a escritora espanhola Rosa Montero, autora de *Nós, mulheres* (Ed. Todavia, 288 p.). "A mudança no papel da mulher pressupõe uma mudança equivalente ao papel do homem, de modo que estamos falando de um novo tipo de sociedade, de uma nova forma de viver, que nos afeta e deveria interessar tanto a uma quanto a outro".

No caso do preconceito de cor, algo semelhante acontece: é preciso educar a população não negra para que encare a negritude de forma mais esclarecida e construtiva, o que ainda está longe de ser conseguido na sociedade brasileira.

Allison Johnson, presidente do Lee Johnson Group, empresa de treinamento para a diversidade sediada em Alexandria (Estado da Virginia, EUA), também acredita que o conceito de diversidade deve ser expandido para além dos grupos que compõem essa "dimensão primária" (mulheres e negros) – que, bem ou mal, já se encontram sob proteção legal. "Temos de prestar atenção também às 'dimensões secundárias' da diversidade", ela insiste, "examinando aspectos tais como: estilos de trabalhar, experiência profissional e outros", pois "as diferenças nesses quesitos tornam especialmente importantes as dinâmicas interpessoais e sociais que, em razão dessas outras dimensões, se dão nos ambientes de trabalho".

Essa "lente bifocal", portanto, precisa ser ampliada, uma vez que as duas categorias já gozam, talvez, de suficiente visibilidade nas empresas, enquanto outras CSDs ainda são literalmente invisíveis. Em outras palavras, as questões da mulher e do negro estão longe de resumir tudo que importa em termos de DSI dentro das empresas.

Na mesma edição do *Estadão* citada mais acima, mas agora na página B6, o diretor de Pessoas, Finanças e Estratégia da Ambev Tech, Guilherme Pereira Pinto, comenta a dificuldade que sua empresa enfrenta em localizar profissionais habilitados em tecnologia – uma enorme carência no mercado brasileiro –, argumentando que a solução consiste em treinar mais e mais pessoas para atuarem nessa área: "A gente tinha essa vontade de levar a agenda D&I (Diversidade & Inclusão) ainda mais do que estamos fazendo, *para mulheres e pessoas negras*, para quem a tecnologia é mais hostil", diz ele (o destaque em itálico é meu).

Certamente há empresas que vão além dessa "dimensão primaria" (o duo G&C [gênero & cor]), pretendendo formular políticas de inclusão também para outras CSDs. Porém, eu diria, intuitivamente, que elas são muito poucas – talvez não passem de 10% das empresas que já se interessam pelo tema da DSI. Nesse caso, essas empresas estarão, quase certamente, também querendo tratar dos problemas de discriminação envolvendo o público LGBT ou o encontro de gerações de colaboradores (geração X, Y, Millennials).

Ou seja, é provável que 99% das empresas que querem atuar sobre a diversidade social interna limitam sua discussão do tema a quatro – todos sérios e importantes, sem dúvida – públicos-alvo internos ou CSDs (Categorias Sujeitas a Discriminação), que podem ser identificados pela sigla GCGS (Gênero, Cor, Geração e Sexualidade).

Esses quatro grupos compõem, de fato, as CSDs mais óbvias, mas o quadro é um pouco mais amplo, incluindo algumas categorias mais que mereceriam atenção. Abaixo relaciono o que penso serem os sete CSDs que merecem atenção, na maioria das empresas. Estas devem considerar esta lista, descartar aquelas CSDs que não se apliquem e ampliar a listagem, incluindo outros casos que sejam relevantes localmente:

1. gênero (homem/mulher)
2. raça ou etnia (cor da pele)
3. deficiência física (deficientes motores, visuais, auditivos....)
4. gerações (Baby Boomers, Gerações X, Y, Millennials, Z)
5. orientação sexual (público LGBT+)
6. aparência e estilo de vestir
7. neurodiversidade (autismo, Tourette, Asperger etc.)

A Lojas Renner está entre as empresas que efetivamente têm tais preocupações. Em 2019, ela realizou um censo especial, buscando entender a pluralidade de formas de pensar e agir em seu corpo de colaboradores, visando a conhecê-lo melhor, e decidiu, a partir de então manter um Comitê de Diversidade, para cuidar devidamente dessa questão.

Esse comitê já identificou várias frentes de trabalho que está atacando, visando sobretudo a valorizar a diversidade cognitiva na empresa, o que significa incluir pessoas com diferentes maneiras de pensar e de solucionar problemas.

A Lojas Renner também estabeleceu políticas internas importantes relativas à diversificação, buscando qualificar adequadamente a representatividade de pessoas enquadradas em diferentes categorias de público interno – pessoas portadoras de deficiência, afrodescendentes, LGBTQIA+ etca.

Aliás, a Lojas Renner é uma empresa que mantém a atenção permanentemente voltada para os Direitos Humanos, cuidando que suas políticas de Gestão de Pessoas efetivamente atendam a tudo que seja importante nessa área. Para tanto, suas políticas constantemente são debatidas tanto no âmbito do Comitê de Sustentabilidade, quanto da Diretoria Executiva e do Conselho de Administração da companhia.

A questão da igualdade de gênero na empresa -

Passo agora a tratar especificamente de uma CSD prioritária em todas as empresas, que é a questão do gênero, ou se se preferir, o problema da discriminação da mulher.

Gênero é a categoria social que diferencia homens e mulheres, ou seja, estabelece a dualidade masculino-feminino. Em um mundo ideal, a definição de "gênero" coincidiria com a de "sexo", que se refere à conformação genética que distingue entre machos e fêmeas tanto nos animais quanto nos vegetais, conferindo a cada qual características próprias. No entanto, geneticamente falando, há casos em que não se pode afirmar categoricamente a masculinidade ou a feminilidade de um ser, dadas suas especiais características híbridas.

Nas ciências humanas e sociais, o gênero deve ser entendido como uma forma de diferenciar socialmente as pessoas, levando em consideração os padrões histórico-culturais que são atribuídos a homens e a mulheres e à maneira como um dado indivíduo, em particular, se identifica em relação a esses padrões. Por se tratar de um atributo social, o gênero pode, em tese, ser construído e desconstruído, devendo ser entendido como algo mutável e não rígida e permanentemente delimitado, como definem as ciências biológicas.

Estudos mostram que existem importantes diferenças comportamentais entre os gêneros, que vão impactar o exercício da liderança por homens e por mulheres por interferirem na forma de cognição exercida por uns e outros no mundo real. Tem se verificado que, em média, as mulheres tendem a apresentar um estilo de liderança voltado para o relacionamento interpessoal e a mostrar-se mais comunais, intuitivas, sensíveis e empáticas nas situações de liderança, enquanto os homens apresentam, também em média, um estilo mais voltado para o cumprimento das tarefas, com maior constância e menor flexibilidade.

Essa mesma tese esposa a ideia de que, enquanto as mulheres geralmente gostam de *status* e de ser amadas, os homens preferem o poder e o temor dos outros. Um estudo sobre psicologia evolucionista, recentemente conduzido por pesquisadores da Universidade de Auckland, na Nova Zelândia, publicado na revista *Frontiers of Psychology* com o título "Pandemic Leadership: Sex Differences and Their Evolutionary-Development Origins", mostrou que, em geral, os homens: se arriscam muito mais; são mais competitivos; protegem-se menos ao enfrentar situações perigosas; tomam menos cuidado com a própria saúde; são mais focados em objetos do que em pessoas; em geral têm inteligência emocional mais baixa; tendem a ser mais narcisistas; são mais maquiavélicos e tendem a mostrar alguma forma de psicopatia – mesmo em nível subclínico – do que as mulheres.

Segundo o mesmo estudo, elas, por sua vez: tendem a ser mais empáticas; são mais focadas em pessoas; mostram-se mais vigilantes nas situações arriscadas; são mais ansiosas frente ao perigo; têm aversão bem maior ao risco; distanciam-se ou evitam mais quaisquer objetos que pareçam desagradáveis aos sentidos (desagradáveis de tocar, ver, sentir o cheiro ou o gosto, por exemplo); mostram mais medo de se contaminar; dão maior atenção à saúde (própria e alheia); mostram-se mais propensas a cuidar dos outros; são mais sensíveis ao sofrimento das outras pessoas e se sentem mais felizes quando alguém mostra bem-estar financeiro.

Os especialistas que desposam essa tese apontam dois níveis para explicar as origens dessas diferenças sexuais na psicologia humana: o primeiro diz respeito ao desenvolvimento do indivíduo ao longo de sua vida, que vai desde a concepção, passando pelo período embrionário, infância, adolescência, puberdade e vida adulta, até chegar ao envelhecimento. Um dos fatores mais determinantes neste primeiro nível é a ação da testosterona, hormônio que, ao longo dessas fases, vai deixando a mente animal (incluindo a humana) mais masculinizada. As fêmeas em geral têm testosterona em quantidade menor.

O segundo nível é o evolutivo: durante a evolução das espécies, no passado ancestral, a seleção sexual era o processo em que os indivíduos competiam para atrair, defender e manter os parceiros reprodutivos. Nesta fase, um dos fatores determinantes na diferença sexual era o nível de investimentos parentais de cada sexo, ou seja: por ter mais a perder, quem investia mais tempo e energia no cuidado da prole (gestação, amamentação e criação) era também mais criterioso na escolha do parceiro, mais cuidadoso, empático e se arriscava menos, enquanto o sexo que investia menos na prole era mais competitivo, arriscava-se mais, era mais violento, promíscuo e cuidava menos de si e dos outros. Na vida real há muitas evidências que dão sentido a essa tese de que as diferenças entre homens e mulheres enveredam por esse caminho.

Assim, acredita-se que as mulheres tendem a liderar melhor em situações de crise. Trabalho revisional de artigos publicados em periódicos científicos internacionais, realizado em 2021, buscou compreender por que países liderados por mulheres tiveram respostas mais eficazes no combate à pandemia de Covid-19 do que os países governados por homens. Há evidências de que empatia, aversão ao risco e preocupação com a saúde são algumas das diferenças sexuais em características psicológicas identificadas nas gestoras, o que possivelmente as levaram a ter mais sucesso.

Na iminência de surtos da doença, gestoras de países como Alemanha, Nova Zelândia, Taiwan e Noruega reagiram rapidamente, implementando medidas restritivas, campanhas de orientação à população e foram mais empáticas em seus pronunciamentos, resultando em menores taxas de casos e mortes por Covid-19.

Essa associação entre o sexo dos líderes políticos e a variação nas respostas no enfrentamento da pandemia foi avaliada em 194 países, sendo 19 com mulheres no comando. Nesse período, Bangladesh, Barbados, Bélgica, Bolívia, Dinamarca, Eslováquia, Estônia, Etiópia, Finlândia, Gabão, Alemanha, Grécia, Islândia, Myanmar, Namíbia, Nepal, Nova Zelândia, Noruega, Sérvia, Singapura, San Marin, Suíça, Taiwan e Togo estavam sendo governados por mulheres.

Liderança Shakti –

Os professores e consultores indianos Raj Sisodia e Nilima Bhat são responsáveis por desenvolver o conceito de Liderança Shakti, que descrevem em seu livro *Liderança Shakti: O equilíbrio do poder feminino e masculino nos negócios* (São Paulo, HSM, 2017).

(Shakti é o nome de uma divindade hindu, um termo hindu representado, ao mesmo tempo, como homem e como mulher.

Esse conceito sugere a necessidade de uma nova liderança nas organizações, em que as qualidades tradicionalmente atribuídas a homens e a mulheres sejam utilizadas em conjunto e em harmonia. Liderança Shakti é, por conseguinte, aquela que faz uso das melhores qualidades, hoje vistas como masculinas ou femininas, sem distinção.

Sisodia e Bhat argumentam que a forma viciadamente "masculina" pela qual a liderança vem sendo praticada nas organizações é, ao mesmo tempo, uma causa e um sintoma de males que afetam também outras instâncias da sociedade, gerando baixo engajamento dos colaboradores, estresse no ambiente de trabalho, síndrome de *burnout* e corrupção sistêmica nos âmbitos público e privado.

Jill Adler, *global chairwoman* da consultoria Egon Zehnder, também defende que o CEO precisa ser menos focado na hierarquia e mais inclusivo: "ele precisa desenvolver as chamadas 'características femininas'", diz Adler: "Se você olhar para alguns dos presidentes mais poderosos hoje", ela reflete, "verá que temos recompensado líderes com características mais 'masculinas' (ser analítico, linear, determinado, competitivo) do que 'femininas', que raramente são valorizadas (empatia, intuição, criatividade, flexibilidade, compaixão)."

Esse panorama está mudando, é verdade. Contudo, ainda vivemos em uma sociedade predominantemente patriarcal, que se reflete na forma como somos educados. Em muitos lugares, a sensibilidade, o carinho, a conexão com a natureza e a própria capacidade criativa ainda são vistos no homem como motivos de chacota e *bullying*: meninos são ensinados a não chorar, a não revelar seus sentimentos, a não se deixar guiar pelas emoções e a impor sua vontade onde quer que estejam. O resultado desse processo (des)educativo só poderia ser um desequilíbrio enraizado, que privilegia disciplina, foco e resiliência, mas também agressividade, dominação e predisposição ao totalitarismo.

Usa-se com frequência a expressão "teto de vidro" (em inglês: *glass ceiling*) para referir-se, metaforicamente, a um conjunto de fatores sociais, políticos, econômicos e psicológicos que dificultam a ascensão das mulheres a postos diretivos nas grandes organizações empresariais.

A imagem do "teto de vidro" sugere que a mulher pode enxergar a posição mais alta que se encontra acima daquela que ela ocupa; mas, ao tentar subir, ela bate nesse teto – não consegue ultrapassar tal barreira. No Brasil, o ambiente das grandes empresas ainda é um reduto tipicamente masculino, sendo homens 77% dos executivos de nível estratégico e apenas 23%, mulheres.

A proporção de mulheres é tanto menor quanto mais alto for o cargo. Jill Adler, que já citei mais acima, aponta números globais: só 6% dos CEOs são do sexo feminino, o que não faz sentido, se levarmos em conta que são aquelas qualidades ditas "femininas" as mais fundamentais. "Precisamos abrir espaços e encorajar as mulheres a subir", diz ela. "Mas as organizações que temos hoje são 'masculinas', comandadas por conselhos masculinos e isso não ajuda. Entretanto, é preciso, também, que as mulheres tomem a iniciativa".

Duas vertentes buscam explicar a existência desse fenômeno nas organizações. Uma delas enfatiza a discriminação; a outra, a diferença de comportamento entre homens e mulheres. A primeira aparece em dois modelos: um deles sugere que a discriminação se dá por preferência, isto é, por fatores culturais ou psicológicos, os empregadores preferem contratar homens a mulheres, mesmo não se verificando variações de produtividade entre ambos; e o outro modelo de discriminação é estatístico: pressupõe que um estigma social marca as mulheres, sugerindo (falsamente) que sua produtividade seria menor que a dos homens.

A vertente que enfatiza a existência do "teto de vidro" em razão da diferença de comportamentos entre homens e mulheres também comporta dois modelos. Um desses modelos alega que as mulheres teriam outras obrigações extra empresa, que são maiores para elas do que para os homens (por exemplo, cuidar de filhos pequenos ou as tarefas da casa) – portanto, seus vínculos com a organização acabariam sendo mais instáveis.

A outra hipótese diz que o "teto de vidro" existe para as mulheres somente até determinado nível de ascensão na carreira executiva: as mulheres menos qualificadas ou menos focadas em subir na carreira o enfrentariam; mas, aquelas que realmente têm altas qualificações e se mostram firmemente determinadas em ascender, após terem ultrapassado um dado limiar na hierarquia, são tratadas igualitariamente em relação aos homens, não mais sendo atingidas por essa barreira.

Conscientes do problema, alguns países têm tomado medidas drásticas para que mais mulheres possam ocupar cargos na direção das empresas e na vida política, sendo a principal delas o estabelecimento de cota mínimas de participação. Legislação impondo essa providência estavam já presentes, em 2020, em nada menos que 22 países, entre os quais: França, Índia, Malásia e Paquistão. Na França, por exemplo, a lei determina que todas as empresas precisam ter um mínimo de 40% de mulheres no Conselho de Administração. Na Tailândia – país em que, por sinal, de modo geral, a cultura tende a impor à mulher uma posição subserviente – ppp, 40% dos CEOs são mulheres. E, no Congresso norte-americano, 20% das cadeiras são hoje ocupadas por mulheres, um recorde histórico para o país, ainda que a média global esteja entre 22% e 25% de mulheres nos parlamentos. Curiosamente, por razões históricas, Ruanda, na África, é o único país do planeta com um Congresso de maioria feminina. No Brasil, a recente tentativa de impor aos partidos uma quantidade mínima de candidatas a cargos eletivos nos pleitos eleitorais, por várias razões, fracassou.

"Women on Board" é uma expressão inglesa que, propositadamente, tem um sentido ambíguo: tanto pode significar "mulheres a bordo", quanto "mulheres nos conselhos de administração". A expressão é o nome dado a um selo de qualidade, que é apoiado diretamente pela ONU e concedido a empresas que tenham pelo menos duas mulheres atuantes em seus conselhos, trate-se do Conselho de Administração ou do Conselho Consultivo.

Entre empresas brasileiras, esse selo foi concedido em 2019 à Natura, empresa que já tinha, nesse ano, três mulheres entre os dez membros de seu Conselho de Administração, todas elas atuando como conselheiras independentes.

Mulheres na direção –

Tem se verificado no Brasil e no mundo uma verdadeira febre acerca da participação das mulheres nos quadros de diretores das empresas e em seus Conselhos de Administração. Esse assunto tem sido tão frequentemente vinculado, as mulheres que ascendem a tais postos têm sido a tal ponto incensadas pela imprensa e pela mídia social, que se tem a impressão de que a questão do gênero na empresa estará resolvida no dia em que o número de mulheres discutindo os temas estratégicos da empresa, na sala de reuniões da diretoria, for equivalente ao dos homens.

No Brasil, em 2020, as mulheres ocupavam um terço dos cargos de liderança sênior (cargos no C-Level) das empresas, conforme recente pesquisa da consultoria Grant Thornton, realizada regularmente há mais de 15 anos. Dos 32 países em que a pesquisa é feita, o Brasil é o oitavo. colocado no *ranking*, liderado por Filipinas, com 43% de mulheres na Direção).

Conforme outra pesquisa, da Spencer Stuart, 57% dos Conselhos de Administração, no Brasil, têm pelo menos uma mulher fazendo parte. Isso representa 11, 5% de mulheres nos Conselhos de Administração de empresas brasileiras. Mas somente 11 dessas mulheres são a presidente ou vice-presidente do Conselho.

Essa temática da participação da mulher na direção das empresas, a meu ver, refere-se a um aspecto que é, sem dúvida, muito representativo das questões de gênero, mas de fato não vai ao ponto que é realmente fundamental. Creio que essa ênfase na mulher executiva é exagerada e oculta uma problemática muito mais tocante, grave e disseminada no Brasil:

A verdadeira discriminação da mulher ocorre na parte de baixo da pirâmide, entre a população pouco escolarizada, de baixa renda. Ali as mulheres são tratadas de forma totalmente injusta, tendo de assumir responsabilidades que vão muito além daquelas que poderiam estar compartilhando com os homens. Nessa ampla faixa da sociedade ocorrem, amiúde, o assédio sexual indiscriminado, a coisificação da mulher, o sexismo grotesco, a agressão da mulher pelo homem, o feminicídio.

São as mulheres dessa faixa que comparecem (muito menos do que deveriam) à Delegacia da Mulher para denunciar os maus tratos recebidos de seus companheiros. É a essas mulheres que a Lei Maria da Penha se dirige. São elas que são presas em lugar de seus companheiros, sendo obrigadas por estes a confessar que são traficantes de drogas, para que eles fiquem em liberdade.

As empresas podem fazer muito nessa área também, e provavelmente serão muito mais úteis à sociedade se o fizerem, do que apenas abrindo vagas no Conselho de Administração para brilhantes executivas do sexo feminino. Mas esta questão não cabe exatamente neste capítulo de meu livro, e sim no capítulo anterior, quando falo da Cidadania Corporativa.

Como a questão feminina é encarada pela Renner (e por mim) –

Na experiencia do dia a dia na Lojas Renner, não há como dissociar o feminino do próprio negócio, uma vez que as mulheres representam 80% do público consumidor atendido pela empresa. Desde que comecei a trabalhar ali, há quase três décadas, nosso imaginário acerca do mundo da moda passou a girar intensamente em torno da mulher – nosso grande propósito sempre foi, daí por diante, servi-la e encantá-la.

Não é por acaso, por conseguinte, que, em verificações feitas em dezembro de 2020, ficou constatado que 65% dos 24 mil colaboradores da Lojas Renner eram mulheres. Em um levantamento anterior, em 2016, essa quantidade era de 59%. E não é só isso: seis em cada dez cargos de liderança estão sendo ocupados por mulheres!

Por sua vez, nas posições operacionais, a quantidade de mulheres suplanta a de homens em cerca de 40%! E são muitas mulheres bem jovens, predominando a faixa dos 21 aos 30 anos de idade. Considero tudo isso um feito maravilhoso – ainda mais por poder dizer que, na Lojas Renner, todas nós, mulheres, temos sido muito respeitadas e valorizadas.

Em 2018 a Lojas Renner fez uma parceria com a ONU Mulheres, aliança que deu excelentes frutos, gerando dois projetos de relevante alcance social, chamados: "Empreendedoras da Moda" e "Empoderando Refugiadas".

Algumas das frentes desenvolvidas dentro desses projetos têm chamado fortemente a atenção. Em uma delas, a Renner procura fazer parcerias com empresas que contratam mão de obra feminina em espaços prisionais. O objetivo, neste caso, é promover ações que levam à recuperação da autoconfiança e possibilitem efetivas mudanças na vida das mulheres envolvidas.

Outra ação, chamada "Tecendo Autonomia", foi criada em parceria com a Associação das Mulheres Quilombolas da Comunidade de Malhada Grande, em Minas Gerais, que promove a qualificação profissional de quilombolas que são produtoras rurais, visando a aperfeiçoar o cultivo de algodão agroecológico.

Muito necessários, esses projetos respondem a inquietações importantes e legítimas da ONU Mulheres, que vem fazendo um excelente trabalho no Brasil. Atualmente, participam de suas ações nada menos que 457 empresas, entre as quais a Renner. Esse número representa um aumento fantástico, de 167%, havido entre 2018 e 2020.

Anastasia Divinskaya, a representante da ONU Mulheres no Brasil, aponta com satisfação que nosso país vem evoluindo em vários indicadores relacionados à equidade de gênero, embora ainda ocupe apenas a 92ª posição, entre 153 países, no *ranking* sobre desigualdade de gênero do Fórum Econômico Mundial.

O que Divinskaya ressalta mais, no entanto, é que vem crescendo rapidamente o apoio que chega das empresas privadas para mudar esse cenário, inclusive de empresas lideradas praticamente apenas por homens. "O Brasil é líder no número de empresas signatárias dos WEPs [os princípios de empoderamento das mulheres]", diz ela.

Como mulher que sou, e tendo chegado à Diretoria da Lojas Renner, em uma carreira sem dúvida exitosa, penso que a colaboração da família é fundamental para que a mulher profissional se realize plenamente. Em meu caso, posso afirmar que fui muito feliz nessa trajetória, entre outros aspectos, porque tenho um marido que sempre contribuiu de modo muito efetivo para minha carreira executiva.

Não é nada fácil, para uma mulher, conciliar a vida familiar com a vida do trabalho, principalmente quando ela ocupa uma posição executiva, de alta responsabilidade, o que, em meu caso, vem de muito tempo atrás, quando pela primeira vez ocupei uma posição profissional especializada, como psicóloga. Para a mulher casada e com filhos, ter um companheiro capaz de apoiar e contribuir é algo de valor incalculável.

Em outras circunstâncias, principalmente no caso de profissionais ou executivas mais jovens, com ou sem filhos, a presença dos pais pode ser vital para uma carreira exitosa. Porém, no caso da mulher profissional casada, ter formado um casal em que ambos se apoiam mutuamente é uma prioridade absoluta. Os jovens que se preparam para o casamento, de ambos os sexos, deveriam ter isso em alta conta.

Não penso que seja meu papel, neste livro, usar a educação profissional que tive, como psicóloga, para dar orientações aos profissionais mais jovens – mas, neste ponto, gostaria de abrir uma exceção: o que eu recomendaria às mulheres mais jovens, que estão ingressando no mundo profissional?

Eu diria que seu relacionamento afetivo mais sério, que já se tornou um casamento ou está se encaminhando para sê-lo, precisa se beneficiar de uma parceria autêntica, um regime de complementariedade, em que ambos se apoiem mutuamente, intelectual, afetiva e espiritualmente. Acredito muito nessa complementaridade e penso que, quanto mais completa ela seja, maiores são as chances de que leve à felicidade: Você, cara leitora, nunca será completamente feliz apenas com sua realização no trabalho – você será feliz com o conjunto daquilo que construir de bom em várias dimensões de sua vida.

E os relacionamentos baseados em amor – ao parceiro, à família, são vitais. Tenho um enorme sentimento de amor por minha família – sempre tive. Meus pais já são falecidos, mas tenho a família que construí, com os filhos, netos, o marido e seus parentes, que se tornaram meus. E, naturalmente, também estão aí meus irmãos. Todos nos amamos muito, e isso nos enriquece de modo precioso. Foi difícil aceitarmos que, pela primeira vez, não poderíamos nos reunir todos, no Natal de 2020, por conta da pandemia de Covid-19.

O que eu recomendaria aos jovens é, portanto, que deem o maior valor possível à sua família – não a sacrifiquem em nome de seu êxito no trabalho, porque isso não apenas será desnecessário, mas será, sobretudo, contraproducente. A família é preciosa para seu êxito profissional. E não se trata da quantidade de tempo que você dedica a ela, mas da qualidade desse tempo.

A propósito, eu, particularmente, sempre trabalhei muito. E sempre busquei isso e gostei de fazê-lo. O varejo, em particular, é um ramo de negócio extremamente exigente, em que se trabalha intensamente, requer uma forte aplicação e eu sempre cumpri essa regra e gostava dela.

Todavia, quando, à noite, regressava à minha casa, dedicava-me inteiramente à minha família, assim como nos fins de semana. Então, é uma questão de equilíbrio, que atualmente tem sofrido uma forte ameaça vinda da tecnologia. Tenho visto tanta gente que está fisicamente junta, mas não espiritualmente ou afetivamente, porque cada qual está focado apenas em seu aparelho celular. Não sou, é lógico, contra o emprego da tecnologia pelas pessoas, tão incrível que ela é; mas nada irá substituir o contato, o estar autenticamente com a outra pessoa, a conversa franca, o divertir-se junto.

No próximo capítulo abordarei a questão da diversidade social interna envolvendo as seis outras categorias que relacionei anteriormente.

Capítulo 7

Gestão de Pessoas e Diversidade Social: Outros Públicos Relevantes

Há três ou quatro décadas a diversidade social não era considerado, no Brasil, um tema tão relevante quanto era, por exemplo, nos EUA, onde o problema da discriminação do cidadão afro-americano era tão posto a nu. Foi nesse país, aliás, que surgiu a ideia de tratar a diversidade dentro das empresas como um tema típico de Gestão de Pessoas. De poucos anos para cá, também as empresas no Brasil incorporaram essa temática.

Mas, era fundamental que acontecesse isso. Vivemos, no mundo atual, sociedades multifacetadas e complexas. Com a maior aproximação entre os povos – pelas viagens, a imigração, a adoção do inglês como língua franca, as operações internacionais das empresas, a globalização financeira, comercial e informacional, o desenvolvimento das telecomunicações, a popularização da internet e das mídias sociais –, concretizou-se aquela velha noção de um mundo plano e menor, que o visionário Marshall McLuhan certa vez apresentou, quando cunhou a expressão "aldeia global".

Com as reivindicações que vêm sendo feitas às empresas pelos consumidores, para que não ignorem – mas, ao contrário, abracem – a inclusão social como tema relevante, cada vez mais a diversidade interna se torna um assunto prioritário nas práticas de gestão.

Com tudo isso que vem ocorrendo, de modo algum o quadro dos colaboradores de qualquer empresa mostrará alguma homogeneidade. Não pode sê-lo, simplesmente por ser a empresa um microcosmo que reproduz as próprias diferenças presentes na sociedade maior. Assim, a diversidade interna é inevitável; e, sendo-o, revelará embates e incompreensões entre as pessoas que trabalham ali, porque indivíduos diferentes têm diferentes crenças, desejos, interesses, atitudes e comportamentos, que escapam a qualquer padrão uniforme que se queira estabelecer. Em busca de maior produtividade e do melhor resultado possível, a empresa precisa aceitar e administrar essas diferenças, nunca as ignorar.

No capítulo anterior já abordei essa questão da DSI (a diversidade social interna) na empresa, mas concentrando-me na questão da igualdade de gênero. Todavia, como já disse ali, igualdade de gênero é tão-somente uma das várias questões envolvendo discriminações, conflitos, incompreensões entre pessoas, que precisam ser abordadas na empresa. Outras tantas CSDs (categorias sujeitas a discriminação), além dessa, precisam ser levados em conta – e é o que faremos neste capítulo.

O problema da discriminação das pessoas pela cor –

O historiador e escritor Laurentino Gomes, autor de *Escravidão* - vol. I" (São Paulo, Globo Livros, 2019, 504 p.) diz que a ideologia racista tem um fundo bíblico: no "Gênesis", diz ele, quando Cam, filho de Noé, foi amaldiçoado porque riu ao ver o pai dormindo nu, seus descendentes foram condenados a viver como escravos de seus irmãos. Segundo o mito bíblico, os camitas (filhos de Cam) foram, então, situados no Continente Africano, onde sua pele enegreceu e eles assumiram a condição "natural" de escravos.

A condição de escravo não é "natural", assim como a cor da pele, qualquer que seja, nada diz de importante sobre a pessoa. Ficamos sabendo disso há umas poucas décadas, quando os progressos feitos em biologia e genética tornaram o racismo simplesmente indefensável, mostrando que não existem "raças" superiores nem inferiores. O que se descobriu, de fato, foi a total ausência de sentido do conceito de raça, quanto mais da ideia de que algumas raças seriam superiores a outras.

Os estudos mais recentes estudos identificaram que somos todos parentes genéticos uns dos outros, ainda que possamos ser fisicamente distintos. Portanto, o que anteriormente se entendia por "preconceito ou discriminação de raça" deve ser hoje, mais apropriadamente, substituído por "preconceito ou discriminação de cor" – uma atitude igualmente incorreta.

Discriminação de cor é um sentimento de rejeição que alguém pode ter em relação a outras pessoas, que tenham outra cor da pele, mas que se estende para além desse traço físico, abrangendo outros aspectos do corpo, tais como o tipo de cabelo ou o formato dos olhos, a língua diferente que essas pessoas falam ou os comportamentos culturalmente orientados, que são distintos e por vezes estranhos.

Racismo é um termo que continua sendo usado, mas já não quer dizer a mesma coisa que algumas décadas atrás. Racismo, hoje, é discriminação étnica, religiosa, de nacionalidade ou idioma. É um sentimento de rejeição do outro que denota ter o indivíduo preconceituoso uma arraigada – e, de fato, completamente infundada – crença na superioridade de sua própria "raça" sobre a da outra pessoa.

Hoje se fala, frequentemente, também em "racismo estrutural" – expressão usada para designar, dentro de uma sociedade, a recorrência já habitual e naturalizada de práticas discriminatórias que privilegiam cidadãos pertencentes a certas etnias, em detrimento de outras. A expressão "racismo estrutural" mostra que a discriminação já se disseminou na sociedade, invadindo as instituições, as leis, os costumes.

É a esse aspecto que o adjetivo "estrutural", usado nessa expressão, se refere. São práticas discriminatórias recorrentes, que parecem legítimas porque são habitualmente praticadas, ao ponto de as pessoas já nem mesmo perceberem que se trata de uma distorção. No caso brasileiro, o racismo estrutural se dá, de modo muito claro, principalmente contra populações negras e indígenas, justamente identificadas visualmente pela cor da pele e traços fisionômicos.

No entanto, no Brasil, a Constituição Federal de 1988 garante os direitos civis de todo cidadão brasileiro, ditando que: "Todos são iguais perante a lei, sem distinção de qualquer natureza, garantindo-se aos brasileiros e aos estrangeiros residentes no País a inviolabilidade do direito à vida, à liberdade, à igualdade, à segurança e à propriedade". Na prática, entretanto...

Por causa do racismo estrutural acontecem, amiúde, atos explícitos e violentos contra negros e pardos, como as recorrentes ações por parte de policiais ou agentes de segurança particulares brancos nas grandes cidades. O caso do assassinato de um homem negro por seguranças do Carrefour em Porto Alegre - RS, em novembro de 2020 foi emblemático nesse sentido.

Existem, entretanto, outras pistas bem mais sutis da existência de racismo estrutural no país. Uma delas é o fato de existir uma incidência muito maior de cidadãos negros ou pardos do que brancos nas prisões brasileiras. Outra é a evasão escolar, muito maior entre estudantes negros do que brancos. Outra mais é o fato de haver flagrantes diferenças salariais entre trabalhadores brancos e negros nos empregos em geral, mesmo quando ambos fazem trabalhos equivalentes – e assim por diante.

Entretanto, o que mais acontece diariamente, em decorrência do racismo estrutural, são as chamadas micro agressões – formas sutis, mas muito comuns, de insulto verbal, não verbal e visual – que são direcionadas a indivíduos com base em sua cor de pele, gênero, etnia, classe social, dialeto ou religião.

Na maioria das vezes, essas microagressões acontecem como manifestações automáticas ou inconscientes dos agressores, que nem notam quanto agridem e ferem. E, paradoxalmente, elas muitas vezes são recebidas como "normais" pelos agredidos também, de tão acostumados que estão de ser tratados assim. Por exemplo, é muitíssimo mais comum que um jovem negro seja parado na rua por um policial, que lhe pede para mostrar seus documentos, quando isso raramente acontece com um jovem branco.

Tanto o policial quanto o jovem negro, nesses casos, tendem a encarar a situação como "normal", de tão corriqueira que é. Tais situações, entretanto, são capazes de causar um sensível impacto na vida dos indivíduos que são submetidos a esses assédios, forma arraigada de racismo sistêmico.

Para as vítimas dessa forma de racismo disseminado na sociedade, assim como para as mulheres vítimas de sexismo estrutural, também igualmente arraigado, é difícil defender-se das micro agressões, porque a própria pessoa não sabe o que pode fazer para isso ou quando a situação acontecerá – pode ser a qualquer momento e em qualquer lugar: na rua, no shopping center, na loja, no hotel, no cinema, no elevador do prédio, na portaria do condomínio... Mesmo que a pessoa já possa ter tido de lidar com milhares de microagressões semelhantes ao longo da vida, ela nem sempre se sentirá hábil para identificar a situações e reagir adequadamente a ela, quando acontece.

Seja como for, há, todavia, algo de bom surgindo no horizonte: as pessoas em geral estão ficando mais sensíveis ao problema da discriminação estrutural e cada vez mais parecem querer acabar com ela. Estudo recente realizado pela Officina Sophia, envolvendo quase dois mil consumidores brasileiros, mostrou que, entre as causas sociais que essas pessoas mais desejam ver as marcas em geral apoiando, a mais mencionada foi justamente a questão igualdade racial: 83% dos respondentes a apontaram como prioritária.

Esse tipo de iniciativa – a expectativa de "equidade racial no ambiente de trabalho", como querem alguns – demanda que o tratamento igualitário de pessoas de quaisquer etnias, origens ou cor de pele se aplique não só aos contatos interpessoais no dia a dia, mas estendam-se também às oportunidades de trabalho, à remuneração e às chances de ascensão profissional nas empresas.

Aliás, no Brasil, em particular, a questão da equidade racial chega a ser especialmente relevante, por uma razão muito clara: é especialmente elevada, entre nós, a presença de cidadãos negros e pardos na população. Para se ter uma ideia, Salvador, capital da Bahia, é simplesmente a cidade mais negra do mundo fora do Continente Africano, com nada menos que 54% de habitantes negros. E mais: outro ponto fundamental é que, surpreendentemente, o poder de consumo dos negros brasileiros, no conjunto, é muito alto: nossa população negra movimenta nada menos que R$ 1, 6 trilhão por ano, o que faz do Brasil o 17o. mercado de consumidores negros no mundo!

Mesmo assim, nas empresas, as oportunidades de trabalho para negros são bem mais escassas do que aquelas oferecidas aos profissionais brancos. A discrepância entre a presença de negros e de não negros em postos de médio e alto escalão, por exemplo, é abissal: nas grandes companhias brasileiras, os negros ocupam somente 6, 3% dos cargos executivos e, entre os gerentes de nível mais alto, não passam de 4, 7%.

No caso das mulheres negras profissionais, a situação é ainda pior: executivas e gerentes ocupam, respectivamente, apenas 0, 4% e 1, 6% dos postos de trabalho existentes. E, paradoxalmente, oito em cada dez estudantes negros inquiridos a respeito acharam importante, ao longo da carreira profissional, ser, em algum momento pelo menos, liderados por alguém de sua própria cor.

Por tudo isso, a formulação, pelas empresas, de políticas de inclusão étnica ou racial e seu engajamento firme em projetos dessa ordem é algo fundamental, para atender às exigências da própria sociedade, sem se mencionar que isso pode ser uma ajuda preciosa para também atrair talentos, promover o engajamento e a lealdade, inibir o turnover e, finalmente, facilitar a criatividade, incentivar a inovação e aumentar a produtividade e a lucratividade.

A empresa respondendo aos portadores de deficiência –

Deficiência é qualquer tipo de limitação apresentada por uma pessoa, que é, por essa razão, enquadrada na categoria dos chamados PCDs (pessoas com deficiência). Geralmente estamos falando de deficientes físicos, neste caso: cadeirantes, pessoas amputadas, com dificuldade motora, debilidade visual ou auditiva.

Incluem-se aí, também, as pessoas que têm alguma dificuldade mental, como os portadores de Síndrome de Down. Auspiciosamente, o mundo do trabalho e das empresas vêm gradativamente assimilando mais estas pessoas, que, como cada vez mais se descobre, não são totalmente dependentes como até pouco tempo atrás se pensava, mas podem, quando devidamente orientados, exercer sua autonomia em um grau excelente, havendo funções e tarefas, nas organizações que cumprem com grande eficiência. Ainda há um longo caminho a percorrer, entretanto e esses indivíduos ainda enfrentam, frequentemente, barreiras culturais sérias para uma convivência normal com os demais.

A categoria das "pessoas com dificuldades motoras" inclui uma ampla gama, envolvendo todos aqueles cuja capacidade de movimentar-se é reduzida, inclusive temporariamente. Envolve também, além dos usuários de cadeiras-de-rodas, os usuários de bengalas, andadores ou muletas, além de cidadãos com idade avançada e usuários de gesso. Dados do último censo do IBGE, em 2010, mostram que o número de pessoas deficientes na população brasileira da época era de 12, 8 milhões de indivíduos, ou 6, 7% da população.

No Brasil, alguns diplomas legais são marcos referenciais jurídicos úteis para entendermos a amplitude do problema da deficiência física:

- Em 1993 foi publicada a Lei Orgânica da Assistência Social, com a criação do Benefício de Prestação Continuada para deficientes.
- Em 2000 publicou-se a lei 10.098, que dispõe sobre a promoção da acessibilidade a PCDs em ambientes sociais públicos.
- Em 2002 a nova portaria 1.060 instituiu a Política Nacional de Saúde da Pessoa com Deficiência.
- Também em 2002 foi publicada a lei 10.436, que trata do reconhecimento, no território brasileiro, da Libras (lLngua Brasileira de Sinais).
- Em 2008 o país adotou a educação inclusiva.
- Em 2012 foi criada no SUS a Rede de Cuidados às Pessoas com Deficiência.
- Em 2014 foi criada a Política Nacional de Atenção Integral às Pessoas com Doenças Raras.
- Em 2015 promulgou-se a Lei Brasileira de Inclusão da Pessoa com Deficiência, que defende a remoção de barreiras ao acesso à educação, o aprimoramento dos sistemas educacionais e a plena inclusão de PCDs.

Ainda assim, as ações protetivas aos PCDs ainda são tímidas. Uma das questões mais cruciais nesse sentido é o acesso de deficientes à digitalização. Um recente levantamento do Movimento Web para Todos e da BigDataCorp indicou que apenas 0, 74%, entre 14, 6 milhões de sites ativos no Brasil, obtiveram aprovação em todos os quesitos apontados como indicativos de efetiva acessibilidade para pessoas com algum tipo de deficiência (visual, auditiva ou motora). O Movimento Web para Todos salientou, na ocasião, a importância dessa constatação, dado que o Brasil tinha, então, mais de 45 milhões de pessoas precisando de alguma adaptação nos sites para poderem consumir conteúdos na internet.

A propósito desta questão, dois conceitos paralelos são os de "*ableism*" e "*disableism*" – termos que já são usados há algumas décadas, na língua inglesa. Ambos esses termos derivam do adjetivo em inglês "*able*", que significa "capaz de (ou habilitado para) realizar alguma coisa".

"*Ableism*" é o nome dado à capacidade das pessoas fisicamente íntegras, que são capazes de exercer plenamente quaisquer atos humanos considerados "normais"; o "*disableism*", inversamente, é como se designa qualquer tipo de incapacidade das pessoas, dada sua deficiência física, de fazê-lo.

Os especialistas criticam esses termos, no entanto, por serem intrinsecamente discriminatórios, uma vez que dão as presumíveis capacidades apresentadas pelas pessoas sem deficiência como sendo o nível mínimo adequado de desempenho esperado, portanto sugerindo que as pessoas fisicamente deficientes, dadas suas limitações, apresentam desempenho esperadamente inferior.

Na verdade, a maneira de ver a questão deve ser outra, não discriminatória. Existem funções, nas empresas e fora delas, que podem ser cumpridas igualmente por não deficientes e por deficientes, assim como existem funções que deficientes não conseguem realizar, ou não conseguem realizar tão bem, quanto os não deficientes.

Da mesma forma, existem funções que os portadores de algumas deficiências são capazes de realizar melhor do que os não deficientes, por exemplo, por requererem concentração mental (que deficientes visuais costumam ter em alto grau), imobilidade física por longos períodos junto a uma mesa ou bancada (que cadeirantes conseguem apresentar notavelmente) ou atenção visual sem distrações (no que deficientes auditivos não têm dificuldade alguma em se aplicar).

Por essas razões, a antropóloga Anahi Guedes de Mello sugere que os dois termos, *ableism* e *disableism*, sejam, então, traduzidos por outros melhores. Ela sugere que esses novos termos, em português, sejam respectivamente: capacitismo e deficientismo, que são neutros em relação ao problema explicado mais acima. O termo "capacitismo", aliás, já é empregado em Portugal.

Como atestam os documentos legais citados mais acima, as empresas têm obrigação não apenas de contratar empregados que sejam deficientes físicos, como também de ampará-los em todos os aspectos, com recursos facilitadores de sua estada e locomoção no ambiente físico de trabalho, bem como com informação e treinamento apropriados.

O problema do encontro de gerações –

Referimo-nos, aqui, às conexões intergeracionais, dentro e fora das empresas; isto é, às dificuldades para o diálogo entre diferentes gerações ou faixas etárias. O problema existe nas organizações, é sério e tem sido frequentemente mencionado e discutido.

Encontros e confrontos de diferentes gerações sempre existiram e os problemas comuns entre pais e filhos são um exemplo disso. Em inúmeras outras situações, na sociedade, o problema tem se verificado: pessoas de diferentes idades frequentemente se veem convivendo entre si em situações de trabalho nas quais não se sentem inteiramente à vontade, por terem de tratar, conversar e entender-se com outras de faixas etárias diferentes da sua, mais velhas ou mais jovens.

Esse problema acentuou-se muito mais com o advento da era digital, que acelerou a constante substituição de tecnologias, abrindo brechas mais e mais acentuadas entre pessoas que foram crescendo aplicando tecnologias radicalmente diferentes daquelas usadas pelas gerações anteriores.

Vale a pena relacionar abaixo e descrever, mesmo que brevemente, as várias gerações de que estamos falando:

> *Geração Baby Boomer* – É a geração dos nascidos quando houve a chamada "explosão de nascimentos de bebês". A expressão faz referência, de início, aos norte-americanos nascidos nos anos imediatamente posteriores à Segunda Guerra Mundial, quando se verificou naquele país uma anormal quantidade de nascimentos, em comparação com épocas anteriores.
>
> Essa geração, que inclui estimativamente 78 milhões de pessoas, é em média mais escolarizada e tem melhores condições de saúde, além de maior longevidade que as gerações precedentes. Ela chegou ao final do segundo milênio na faixa etária dos 50 aos 60 anos, portanto gerando uma expectativa de que haveria, entre os anos 2005 e 2020 uma anormal quantidade de aposentados. E foi mesmo o que se deu, com preocupantes reflexos na composição da população economicamente ativa e fraturas evidentes nos sistemas previdenciário e de saúde.
>
> Trata-se de uma geração que nasceu no mundo analógico e viu surgir e evoluir a era digital quan-

do já em idade adulta. Muitos *dos Baby Boomers* acreditam, ainda hoje, que os mais jovens são indivíduos infantilizados e mimados.

E isso se deve, principalmente, ao fato de terem os membros dessa geração mais velha atravessado uma grande quantidade de movimentos sociais, políticos e culturais "disruptivos" e importantes, tais como: os movimentos beat, hippie [o famoso festival de Woodstock!], disco, punk, pós-punk, yuppie e grunge... a bossa nova, o tropicalismo... ditaduras, tempos de altíssima inflação, segregação racial declarada, início do movimento feminista, repressão aberta ao universo gay, luta por direitos civis do negros...

Com tantas imagens tão grandes e importantes na memória, os Baby Boomers frequentemente sentem que são muito mais experientes do que seus colegas mais jovens, que não teriam tido a chance de viver tantas transições.

Segundo outra leitura, entretanto, os Baby Boomers são uma geração que se acostumou com empregos fixos e estáveis por longos anos, acalentando a ideia de, quando possível, passar toda a vida profissional trabalhando em um só lugar. Seus valores incluiriam, portanto, um forte apego a um círculo profissional e pessoal formado em torno de si, no seio do qual desejam ser reconhecidos por sua longa experiência e fidelidade ao sistema.

Geração X – É a geração das pessoas que nasceram entre meados da década de 1960 e fim dos anos 1970. Um divisor de águas para as pessoas desta geração é o fato de terem ingressado no mercado de trabalho mais ou menos concomitantemente com a chegada ao mercado do computador pessoal e do processamento distribuído de dados, substituindo o processamento centralizado que vigorava anteriormente, realizado nos grandes mainframes instalados em birôs de processamento de dados.

No Brasil – e na América Latina, de modo geral –, esta geração, embora fosse ainda bastante jovem na época, teve de enfrentar crises econômicas de grandes proporções, ditaduras militares e, após o movimento de maio de 1968, um drástico rompimento com os padrões rígidos de comando e liderança, com os quais a geração Baby Boomer conviveu plenamente.

A expressão "Geração X" foi cunhada pelo escritor, artista e *designer* canadense Douglas Coupland, ele próprio nascido em 1961 e, portanto, pertencente a essa geração. Coupland a apresentou pela primeira vez em 1991, em seu livro *Generation X: Tales for an Accelerated Culture* (New York, St. Martin's Press), uma espécie de reportagem ficcionalizada, na qual descreveu os membros da Geração X como pessoas que, sobretudo, iriam viver um número bem maior de anos do que pensavam que viveriam quando ainda eram crianças.

De fato, os membros da Geração X (e, consequentemente, todas as gerações mais novas que a dos Baby Boomers) literalmente ganharam um "bônus etário" de cerca de 20 a 25 anos de vida adicional: tinham, ao nascer, uma dada expectativa de vida, mas puderam (ou podem) viver, em média, duas a duas e meia décadas mais do que o previsto anteriormente.

Geração Y – Esta é a geração dos indivíduos nascidos no período que inclui a década de 1980 e vai até meados da década seguinte. A denominação "Geração Y" (e da "Geração Z") deve-se à continuidade do tipo de denominação pela qual se optou ao se escolher a letra X para a geração anterior.

Com o advento da internet, em poucos anos de vida, ainda crianças, os membros da geração Y já haviam presenciado importantes avanços tecnológicos e quebras de paradigma no mercado de trabalho. Essas pessoas destacaram-se em relação à geração anterior em diversos aspectos: primeiramente, por serem marcados pela circunstância de terem de perseguir seus objetivos pessoais sem ajuda dos mais velhos, buscando desenvolver, por si mesmos, sua empregabilidade, sem o apoio das empresas – como tiveram as gerações anteriores –, uma vez que estas se encontravam literalmente sacudidas pelos sucessivos momentos de *downsizing* e terceirizações.

Por conseguinte, a Geração Y é a das pessoas que preferem confiar mais em si mesmas e trabalhar sozinhas, além de serem aquelas que primeiro começaram a dedicar-se a várias atividades ao mesmo tempo (*multitasking*). A Geração Y é também aquela que mostra constante interesse por novas experiências e um forte desejo de rápida ascensão profissional.

> *Geração Millennial* – A geração que se seguiu é aquela típica da virada do milênio, daí ter recebido esse nome. Alguns autores a identificam com a própria geração Z, entretanto, enquanto outros a usam para estabelecer uma separação entre esta geração e a seguinte, "espremendo" a Geração Millennials entre a Y e a Z, como se fosse o miolo de um sanduíche. Esta visão dos Millennials me parece mais apropriada.

Nesse sentido, os Millennials são um estreito grupo etário para o qual o grande ponto de inflexão parece ter sido o surgimento dos smartphones e da internet móvel, com suas incríveis funcionalidades. Algumas características dos Millennials parecem ser as seguintes:

- Eles são multitarefas, comumente fazendo várias coisas ao mesmo tempo e tendo a impressão de que são enormemente produtivos por causa disso.
- Eles são a primeira geração viciada em telas de vários tamanhos – telas de TV, de computador, de celular, acostumando-se a se relacionar virtualmente com o mundo ao redor.
- Eles têm baixa atenção concentrada, logo se dispersando. Muitos dizem que Millennials não conseguem permanecer mais de oito segundos concentrados em alguma coisa, razão por que as transições de tela, nos computadores ou celulares, precisam ser rápidas, caso contrário os Millennials as abandonam e passam para outra coisa. Dizem que é por causa deles que os comerciais de TV e os vídeos publicitários na internet foram sendo drasticamente reduzidos de tamanho, hoje não durando mais que alguns segundos.

- Os Millennials, segundo consta, também leem muitas coisas, o tempo todo – mas o fazem sempre rápida e superficialmente, na forma de *skimming*, não suportando textos de mais de algumas linhas, que já consideram longos. Sintomaticamente, uma rede social que aparece com os Millennials é o Twitter, que começou com mensagens de não mais que 140 caracteres.
- De qualquer forma, os Millennials claramente preferem as imagens aos textos, tendo começado com eles o reinado dos vídeos curtos nas redes sociais e os emoticons, emojis, GIFs e abreviações de frases em duas ou três letras, nas mensagens de texto. Sua linguagem escrita, por conseguinte, é altamente inventiva, sinótica e taquigráfica, por vezes ininteligível para os mais velhos.
- Eles também mostram uma excepcional habilidade no manejo do celular, que exploram para tudo e a qualquer lugar e hora – muitos são, aliás, literalmente viciados no uso do aparelho, sem o qual se sentem perdidos. Alguns brincam dizendo que os Millennials são a primeira geração que aprendeu a ser rapidíssimo e incansável na digitação contínua nos minúsculos teclados dos celulares – e que, com o tempo, seus polegares vão engrossando, enquanto sua coluna vertebral vai fazendo uma curva na região cervical, de tanto que olham para baixo, na telinha do aparelho!
- Os Millennials vão à internet para praticamente tudo, em especial para pesquisar antes de adquirir produtos e serviços – o que também fazem pela internet (hoje pela internet móvel, via celular). São craques, também, em *games*, tendo sido a primeira geração a embarcar na "gamificação" de praticamente tudo.
- Eles também participam ativamente da economia do compartilhamento, usando Uber e *delivery* de comida com assiduidade.
- Finalmente, os Millennials têm grande dificuldade para se colocar em situações que sejam tipicamente *offline*.

Todas essas características que marcam os Millennials são extremamente importantes porque ressaltam a geração de transição definitiva para o mundo digital que eles constituíram. A partir dos Millennials, o mundo das gerações seguintes já se apresentou profundamente modificado em relação ao que vinha antes, na época das Gerações X e Baby Boomer.

Geração Z – É aquela dos nascidos a partir de fins dos anos 1990 e que ingressam no mercado de trabalho no final da primeira, ou já na segunda década do século 21. Esta geração compreende indivíduos que nasceram e cresceram já totalmente conectados à internet e teclando em aparelho celular, o que faz uma grande diferença no modo como se comportam no dia a dia.

Os membros da Geração Z são, assim, a primeira geração dos ditos "nativos digitais". São jovens que cresceram conhecendo muito bem e usando direto o smartphone e as redes sociais como se fossem extensões de seus próprios corpos. Ultra conectados, são muito mais exigentes e impacientes que as gerações que os antecederam, em termos de tecnologia digital.

Os jovens desta geração tendem a ser também pessoas imediatistas, acostumadas à gratificação imediata de seus desejos e necessidades, além de fortemente embarcadas em uma sociabilidade virtual, predominantemente, fortemente estimulada, como disse anteriormente, pelas mídias sociais.

Na vida em geral, eles não se comportam simplesmente como consumidores de produtos ou serviços, mas mostram-se adeptos de causas e propósitos sociais, exigindo que também o sejam as empresas das quais pretendem comprar.

No Brasil, a Geração Z soma cerca de 51 milhões de pessoas – o equivalente a 24% da população. Essa geração tem grande poder e as empresas sabem bem disso, procurando cativá-las como seja possível. Os membros da Geração Z influenciam cerca de 93% das compras da família a que pertencem, relacionadas aos mais variados produtos e serviços, de viagens a alimentos, de produtos eletrônicos e eletrodomésticos a serviços de transporte.

Em breve, os membros dessa geração ultrapassarão os Millennials e os membros da Geração Y em quantidade de pessoas, prevendo-se que venham a ser, em poucos anos, cerca de um terço da população mundial.

Um estudo realizado em 2019, em parceria entre várias grandes organizações (SAP, Mind Share Partners, Blue Cross, Blue Shield Health Index, OMS) e publicado pela revista britânica *The Economist*, revelou dados impressionantes e preocupantes sobre a Geração Z. Segundo esse relatório:

- 70% dos indivíduos dessa geração convivem com ansiedade ou depressão;
- 55% convivem com *bullying* virtual;
- 50%, com vício de drogas;
- 45%, com alcoolismo,
- 30%, com gravidez na adolescência.

Além disso, os membros da Geração Z são pessoas que se casam mais tarde; são menos ligadas às comunidades religiosas; ficam tempo demais nas redes sociais... e a metade delas já largou o emprego acometida, em algum momento, por uma síndrome de burnout!

Cada geração dessas tem características particulares, sendo diferentes umas das outras em suas percepções em relação à vida profissional, à empresa, ao trabalho, à liderança, à qualidade de vida e à tecnologia. Saber utilizar o potencial de cada uma, promovendo um bom e favorável contato entre elas, facilitando o diálogo e o relacionamento e gerando cooperação, é difícil, mas essencial nas empresas.

Tirar proveito do encontro de gerações é também algo da máxima relevância para a empresa. Atualmente, essa necessidade tem se tornado mais evidente, dada a elevação da expectativa de vida das pessoas. Então, comumente, o que se vê nas organizações é a necessidade de convivência profissional entre várias gerações em um mesmo ambiente de trabalho, o que acaba gerando inevitáveis incompreensões e dificuldades de comunicação que precisam ser suplantadas.

Mais claramente, é muito comum que pelo menos três gerações estejam presentes em um mesmo ambiente de trabalho: os Baby Boomers (nascidos entre 1940 e 1960), a Geração X (entre 1961 e 1980) e a Geração Y (entre 1981 e 2000). Com base nisso, Fernando Mantovani, diretor geral para o Brasil da

Robert Hall, empresa especializada em recrutamento e seleção, acredita que as organizações estão, de fato, prestes a viver um autêntico choque de gerações; e que, para enfrentá-lo adequadamente, é imperioso que elas preparem seus colaboradores a sério para o diálogo.

Cabe aos gestores das várias áreas envolvidas, assim como ao Gestor de Pessoas administrar as diferenças percebida entre essas gerações. Isso pode ser conseguido, principalmente, por meio de:

- treinamentos comportamentais;
- estímulo ao aprendizado mútuo;
- promoção do trabalho em equipe;
- facilitação da comunicação entre as pessoas.

O público LGBTQIA+

A discriminação, até mesmo aberta e violenta, contra pessoas com orientação sexual diversa não é nada recente, remontando suas origens a um passado já remoto da história brasileira e mundial. A homofobia e a transfobia sempre estiveram presentes nas mais diversas esferas da vida social: em discursos médico-legais que consideravam a homossexualidade uma doença; em ambientes religiosos que condenavam seus atos como pecaminosos; em visões do direito criminal, que chegaram a tratar pessoas LGBT como um perigo social; em políticas públicas, que não reconheciam a cidadania desses segmentos considerados "desviantes".

Hoje, essas formas estruturais de discriminação ainda existem em muitos lugares, não estão, de modo algum, vencidas. No entanto, já amainaram em outros. As pessoas que são vítimas dessas agressões ainda têm de lutar bravamente pelo reconhecimento de seu direito à orientação sexual que lhes compete, sobre a qual ninguém deve ter o direito de protestar ou criticar. Seu movimento é uma causa de caráter civil e social, estando essas pessoas a lutar legitimamente por reconhecimento e representatividade.

Embora não exista no Brasil ou no mundo uma organização LGBT centralizada e orientadora do movimento, são muitas as organizações e os representantes que, espalhados pelo mundo, estão voltados para essa causa. O principal valor que defendem é a o direito das pessoas a serem sexualmente diferentes do padrão tradicional historicamente estabelecidos, como sendo a sua forma de ser e de amar.

A sigla LGBT, significando Lésbicas, Gays, Bissexuais e Travestis ou Transexuais começou a ser empregada nos anos 1990, para designar esse movimento. Antes disso, ao longo da década anterior, qualquer pessoa que tivesse comportamento desviante da heterossexualidade tradicional era referida genericamente como sendo "gay" (ou termos equivalentes, alguns desairosos e chulos).

Na sigla LGBT, a letra T, além de Travestis ou Transexuais, passou a significar também Transgênero. Trata-se da denominação dada à pessoa cuja identidade de gênero difere do sexo que a ela é atribuído no nascimento. Pode se tratar, portanto, de um homem trans ou de uma mulher trans.

Esse termo é também usado, por vezes, para referir-se a pessoas que se classificam como sendo de um hipotético "terceiro gênero", ou que praticam aquilo que se chama *cross-dressing*: pessoas que se vestem com roupas, objetos ou adereços identificadores do sexo oposto.

O uso do termo Transgênero, na verdade, independemente da orientação sexual do indivíduo: uma pessoa transgênero pode se identificar como heterossexual, homossexual, bissexual ou assexual, entre outros rótulos usados para categorizar a orientação sexual das pessoas; assim como pode considerar tais rótulos inadequados ou inaplicáveis ao seu caso. O termo transgênero também pretende distinguir-se daquilo que se denomina Intersexo, que descreve pessoas nascidas com características sexuais físicas que não se encaixam exatamente nas noções binárias típicas de corpos masculinos ou femininos.

Como esse complexo movimento tem buscado dar maior visibilidades às sutilezas de diferentes identidades de gênero e orientações sexuais, acabou se criando a sigla LGBT, à qual, com o tempo, algumas novas letras foram sendo acrescidas, sendo as mais recentes: QIA+.

A letra Q identifica a expressão, em inglês, *Queer* – que designa quaisquer pessoas que não se identificam com o modelo de heterossexualidade representado pelo binarismo de gênero (feminino x masculino).

Em meados dos anos 1980, os estudos da filósofa norte-americana Judith Butler deram origem à chamada "Teoria Queer", que entende o conceito de gênero como sendo sobretudo fluído ou líquido, ou apenas uma construção social que é sustentada por crenças meramente arbitrárias. Para Butler, ser homem ou ser mulher é uma questão de escolha pessoal. Homem ou mulher, para ela, são padrões de comportamentos que apenas seguem o senso comum, inevitavelmente levando a um desconforto coletivo quando surge alguém que se situa fora desses padrões esperados.

A letra I, na sigla LGBTQIA+, significa "Intersexuais" e designa pessoas que nascem com uma estrutura biológica que apresenta tanto características sexuais femininas quanto masculinas. Em casos como esses, a tendência é que, mais cedo ou mais tarde, a pessoa decida submeter-se a algum tipo de adaptação corporal, no sentido de ajustar-se ao gênero que está mais desenvolvido em seu corpo. Existe uma forte discussão a respeito, todavia, envolvendo questões médicas bem específicas, tais como intervenção cirúrgica e acompanhamento hormonal ao longo dos anos.

A letra seguinte na sigla – A –, refere-se aos indivíduos ditos "Assexuais", condição da pessoa que não tem qualquer interesse ou apetite sexual, podendo, entretanto, esse tipo de assexualidade manifestar-se em diversos níveis; por exemplo há pessoas assexuais que procuram ter alguma relação romântica com outrem, sem, todavia, que exista atração física. Algumas pessoas assexuais chegam, inclusive, a estabelecer relacionamentos que ultrapassam a barreira da amizade, mas sem envolver sexo, em uma forma de amor em que o principal ingrediente consiste em as pessoas permanecerem juntas.

Por fim, o sinal + nessa sigla serve para abranger todas as demais pessoas, que eventualmente se sintam incluídas ou representadas pelo movimento, mesmo que, a seu critério, sua identidade sexual específica não esteja sendo expressa pelas demais letras.

É com essa complexidade que o Gestor de Pessoas deve lidar, na empresa, quando toca um projeto de não discriminação e inclusão de pessoas que recaiam nessa CSD. Trata-se, sem dúvida, de um enorme desafio para todos nós entender como poderemos, em termos práticos, lidar essas diferenças todas de identidade sexual nos ambientes profissionais.

No Brasil, recentemente, o STF determinou que a conduta de discriminação de pessoas, quando motivada pela orientação sexual e/ou pela identidade de gênero destas, deve ser considerada crime. Entretanto, tem havido uma grande demora nas tramitações desse tema no Congresso Nacional, razão por que a Lei de Racismo de 1989 passou a ser usada para punir essas práticas de discriminação, até que uma norma específica venha a ser definida.

Essa iniciativa foi vista como uma vitória pelo movimento LGBTQIA+, embora haja um claro consenso de que muitas mudanças ainda precisam ser feitas.

A presença, na força de trabalho, do indivíduo que é pura e simplesmente gay (homem ou mulher) é o aspecto mais visível desse complexo universo. Segundo matéria publicada na revista *Exame* em 2015, estima-se que, no Brasil, cerca de um terço dos gays são assumidos, com os dois terços restantes adotando uma atitude de cautela e mantendo sigilo acerca de sua orientação sexual. Essa percentagem é menor que aquela que se observa no Reino Unido, Estados Unidos e França, mas é maior do que a que se verifica na Itália e na Alemanha, por exemplo.

A principal razão para o sigilo dessas pessoas é o medo de rejeição, havendo também, para muitos, o receio de que "sair do armário", como se diz, interfira de modo negativo em sua carreira profissional. Dos países mencionados acima, aliás, o Brasil é justamente aquele em que os gays, homens e mulheres, acham que mais sofrem com piadas e brincadeiras preconceituosas no trabalho.

Alguns indivíduos gays têm tido atitudes corajosas, revelando sua orientação sexual em público, frequentemente com reações mais positivas do que negativas das pessoas circundantes. Neste mesmo mês de julho de 2021, em que escrevo estas linhas, foi possível assistir à declaração dessa sua orientação sexual por parte, por exemplo, do ator e cantor Tiago Abravanel, no programa dominical "Dança dos Famosos" da Rede Globo de TV e do governador do Rio Grande do Sul, Eduardo Leite, em declaração à imprensa. Foram revelações extremamente corajosas, sem dúvida.

A questão da discriminação pela aparência –

Neste caso, a categoria de público interno que está sendo considerada inclui uma ampla gama de possibilidades. Por um lado, há aquelas pessoas que são discriminadas pela aparência física. Alguma delas podem ter um defeito físico de nascença; outras podem ter tido algum dano em sua aparência física, decorrente de um acidente, uma doença ou outro tipo de causa.

As pessoas morbidamente obesas frequentemente enfrentam grandes dificuldades com exclusões, discriminações, atitudes veladas ou explícitas de rejeição e *bullying* nos ambientes de trabalho. Frequentemente constatamos constrangidos, na imprensa, pungentes relatos de pessoas obesas sobre os tipos de assédio que sofrem nas empresas por causa dessa sua condição física.

Em geral, as deformações que afetem o rosto da pessoa – por exemplo, defeitos da face, como lábio leporino – tendem a ser também as mais imediatamente notadas e a provocar reações de aversão mais evidentes, em comparação com deformações de outras partes menos expostas do corpo – as quais, entretanto, não estão isentas de reações de rejeição.

Há também os casos em que intervenções voluntárias do sujeito, em seu próprio corpo, não são bem recebidas pelas pessoas que com ela interagem. Os casos mais evidentes desta natureza são o uso de *piercings*, tatuagens e escarificações.

Em outros casos, pode haver discriminação pela forma bizarra, extravagante ou inusitada como a pessoa se exibe socialmente, por exemplo, usando penteados, unhas, maquilagem ou roupas exóticas, pouco comuns ou consideradas impróprias ou chocantes para o ambiente em que estão se apresentando.

Essas possibilidades vêm sendo amainadas com o passar do tempo e a maior liberalidade nos costumes. Hoje, já se aceita com certa fleugma uma pessoa no trabalho mostrando alguma tatuagem nos braços, embora uma tatuagem no rosto ainda choque bastante – enquanto um *piercing*, dependendo do formato e tamanho, nem tanto.

No passado, essas questões já foram bem mais rígidas, especialmente em certos ambientes. Não muitos anos atrás, uma mulher não poderia entrar no recinto do Congresso Nacional usando bermudas; e um estudante de Direito da USP tinha de comparecer às aulas na Faculdade de Direito do Largo de São Francisco usando terno e gravata! Mas, os tempos mudam...

A neurodiversidade

O termo neurodiversidade passou a ser usado, de alguns anos para cá, para expressar todo um conjunto de diferentes configurações neurológicas que podem caracterizar as pessoas em geral. Incluem-se nesse quadro relativamente amplo, entre outras, síndromes tais como:

- *Dislexia* – condição em que a pessoa tem dificuldade de leitura ou de compreensão do que lê, por vezes trocando letras de lugar ou experimentando fadiga e sensações desagradáveis ao ler.
- *Discalculia* – transtorno e aprendizagem que geralmente se manifesta em crianças, uma vez que se encontram ainda em idade escolar; e que se caracteriza por dificuldade para raciocinar, refletir, avaliar ou tomar decisões, quase sempre relacionada ao uso da matemática.
- *Autismo* – ou síndrome do espectro autista, um fenômeno complexo, com múltiplas variações, caracterizado pelo desligamento da pessoa em relação à realidade externa e pela criação de um mundo interior próprio e autônomo.
- *TDAH* – sigla para Transtorno de Déficit de Atenção com Hiperatividade, estado crônico que inclui dificuldade de atenção, hiperatividade e impulsividade, tendo início em geral na infância e podendo persistir na vida adulta – e contribuindo para uma baixa autoestima, dificuldades de relacionamentos e de cumprimento de tarefas escolares ou no trabalho.
- *Desordem bipolar* – transtorno caracterizado por crises repetidas de acentuada variação de humor.
- *Síndrome de Tourette* – transtorno que se manifesta por tiques motores ou vocais, que a pessoa tem dificuldade em controlar e não expressar.
- *Síndrome de Asperger* – transtorno que afeta a capacidade da pessoa de se socializar e comunicar com eficiência, na qual ela se mostra desajeitada nas interações sociais, enquanto mostra interesse em saber tudo sobre

algum tópico específico (a síndrome já foi considerada uma forma de autismo).

- *Síndrome de Down* – quadro neurológico gerado pela presença de uma cópia extra do cromossomo 21 no genoma da pessoa, ocasionando retardo do desenvolvimento físico e mental.

O neurocientista norte-americano Gordon Sherman, falecido em 1987, foi um estudioso desses vários quadros de traços comportamentais com componentes neurológicos específicos, que sempre foram vistos e tratados como anomalias, deficiências, transtornos ou doenças, geralmente de fundo neurológico.

Para Sherman, todavia, eles não são nada disso, mas apenas diferenças individuais na conformação da neurofisiologia e da neurofuncionalidade da pessoa. Os portadores dessas síndromes não teriam propriamente dificuldades para pensar, sentir ou se comportar; elas seriam pessoas que simplesmente pensam, sentem e se comportam de formas distintas do padrão usual.

Em outras palavras, essas pessoas deveriam ser vistas como sendo dotadas de certas qualidades que lhes permitiriam fazer as coisas de modo diferente daquele como agem as pessoas comuns. Sherman propôs, então, uma inversão do sinal negativo para positivo, na descrição de tais quadros neurológicos: eles precisariam ser vistos não como limitações, mas como oportunidades!

Em seus trabalhos, Sherman preocupou-se em descrever como, ao longo da evolução do *Homo sapiens*, a espécie foi tendo de desenvolver diferentes formas de organização cerebral, a fim de poder sobreviver em distintos ambientes.

Por exemplo, nos estudos que fez sobre a dislexia, ele notou que este quadro se deve a uma forma especial de organização cerebral, que precedeu a invenção da leitura e que, mesmo após a invenção desta, manteve-se geneticamente, justamente por causa de peculiares habilidades que o cérebro disléxico favorece.

Segundo o Chartered Institute of Personnel and Development (CIPD), centro de pesquisas sediado no Reino Unido e especializado na análise das características da força de trabalho em diferentes ambientes profissionais, cerca de 10% da população mundial apresenta traços desses tipos, que indiscutivelmente colocam essas pessoas em alguma daquelas categorias mencionadas acima.

O estudo do CIPD sugere que as empresas precisam começar a desenvolver novas políticas e práticas apropriadas que permitam a absorção desses vários tipos de neurodiversidade, de tal modo que se possa acolher e atender convenientemente a pessoas neurologicamente especiais.

Até poucos anos atrás, essas condições neurológicas eram vistas como incapacitantes, não restando às pessoas portadoras, se não se conformarem com sua infelicidade, recolhendo-se à condição de dependentes de suas famílias e cuidadores, inaptas que seriam para o trabalho e a vida produtiva.

O desenvolvimento da neurociência vem mostrando que não é assim, mas que essa visão estreita de tais quadros neurológicos não passa de mito. Na grande maioria dos casos, essas pessoas são perfeitamente capazes de aprender e de realizar trabalhos importantes e desejam muito fazê-lo, não sendo justo nem produtivo marginalizá-las.

São pessoas simplesmente "diferentes". Se, por um lado, elas podem apresentar limitações para o exercício de determinados trabalhos, podem, por outro lado, apresentar vantagens únicas para o exercício de outros tantos. Além de tudo, os desdobramentos de várias tecnologias estão apontando para incrementos notáveis na capacidade de viver e trabalhar dessas pessoas.

Quais comportamentos são discriminatórios? –

A rejeição ou discriminação a que são submetidas as pessoas pertencentes a uma ou mais dessas Categorias Sujeitas a Discriminação (CSDs) e a outras CSDs mais, que possam estar presentes no dia a dia de uma empresa, pode se manifestar de inúmeras formas, mais corriqueiras ou mais graves.

Vale a pena apresentar uma lista dessas condutas discriminatórias ou de rejeição ou assédio. É o que faço abaixo, caro leitor ou leitora. Alguns desses comportamentos parecem inocentes e inofensivos; mas, não se iluda: eles todos são sérios e ferem fundamente suas vítimas!

Formas comuns de rejeição da outra pessoa:

- assédio sexual;
- assédio moral;
- manifesta preferência à contratação de uma outra pessoa;
- preterição da pessoa nas promoções, premiações, bonificações;
- uso de piadas desairosas ou desqualificadoras para a outra pessoa;
- descrédito explícito ou velado no tratamento da pessoa;
- retardamento na evolução da pessoa na carreira;
- oferta à pessoa de remuneração abaixo do padrão;
- cobrança de maior competência profissional da pessoa;
- bloqueio do acesso da pessoa a cargo mais alto;
- oferta de ambiente de trabalho não adaptado às necessidades da pessoa;
- negação de informação adequada à pessoa, para seu trabalho;
- preterição da pessoa para projetos ou trabalhos em equipe;
- atitude de menosprezo flagrante ou velada nas interações com a pessoa;
- tratamento desrespeitoso da pessoa em público ou privado;
- exclusão ou impedimento da pessoa de participação em reuniões e eventos;
- crítica aberta ou velada a comportamentos da pessoa;
- atribuição proposital à pessoa dos piores trabalhos;
- dúvida persistente da capacidade profissional da pessoa.

Políticas de inclusão: estágios sinalizadores da incorporação à Cultura Organizacional –

A fim de coibir as práticas discriminatórias no ambiente de trabalho – eliminando ou pelo menos reduzindo drasticamente a incidência desses comportamentos –, o Gestor de Pessoas precisa criar uma política de inclusão que focalize cada CSD que irá atacar e desenvolver um modo prático e específico de integrá-la na Cultura Organizacional.

Uma política de inclusão é uma diretriz que irá passar a valer para toda a empresa, requerendo o embarque incondicional de todo o quadro de colaboradores, que passarão a adotar comportamentos inclusivos, em substituição a essas formas de conduta excludentes que foram relacionados acima.

Adotar uma política de inclusão pressupõe que se desenvolva também um projeto para isso, eficazmente posto em prática.

requer que se ponha em prática um projeto específico de mudança organizacional. Por essa via, busca-se que a empresa promova o enriquecimento de sua Cultura Organizacional, incorporando a ela essas práticas não discriminatórias.

Qualquer que seja a CSD focalizada, consideram-se quatro estágios no processo de inclusão da política na Cultura Organizacional. Esses estágios são apresentados abaixo:

- *Estágio 1 – Inclusão incipiente/Política ignorada.* Neste estágio, os colaboradores da empresa ainda não mostram interesse algum na política inclusiva, sentindo-se à vontade para seguir praticando normalmente atos discriminatórias – o que não é visto como problema.
- *Estágio 2 – Inclusão em marcha/Política tolerada.* Neste estágio, a empresa já se preocupa, mas não muito, com os casos de discriminação havidos. Ela pode, entretanto, assumir uma posição a respeito de uma situação específica ocorrida, caso esta tome proporções mais severas ou venha a produzir um problema capaz de expor a imagem ou a reputação da empresa.
- *Estágio 3 – Inclusão em progresso avançado/Política coibida.* Neste estágio, a respectiva política já está devidamente implantada na empresa, bem como divulgada entre seus colaboradores. Seu uso, todavia, ainda não se encontra plenamente disseminado. A empresa poderá ignorar casos de discriminação que não sejam explicitamente denunciados; todavia, a tendência é que ela dê uma resposta efetiva aos casos que chegarem à direção ou ao Gestor de Pessoas, com as implicações decorrentes.

- *Estágio 4 – Inclusão completada/Política plenamente cumprida.* Neste nível, por fim, a empresa já terá conseguido implantar plenamente a política de inclusão e trata de todos os casos de discriminação cobertos por ela. E esses quadros aparecem e são denunciados porque seus colaboradores estão plenamente cientes da política e da importância de segui-la. Ademais, sabe-se que, em caso de descumprimento da política por parte de um ou mais colaboradores, estes certamente sofrerão sanções compatíveis com o ato praticado.

Quando a empresa chega ao ponto de atuar como descrito no estágio quatro, acima, é sinal de que houve a incorporação daquela política de inclusão à Cultura Organizacional. A descrição do estágio um mostra que essa implantação ainda está distante. Os estágios intermediários dois e três são exatamente isso: intermediários, indicando um gradativo avanço na incorporação da política de inclusão à Cultura Organizacional, a ser continuada até atingir o estágio quatro.

Implantação de política de inclusão: exemplos práticos –

A título de ilustração, consideremos dois casos concretos (mas fictícios), mostrando como a empresa é capaz de agir em cada estágio descrito acima.

Caso 1 –

Um gerente admite uma jovem como sua nova secretária. Duas semanas depois de seu ingresso na empresa, o gerente a assedia sexualmente, fazendo-lhe um convite explícito para sair com ele. A secretária, que tem um namorado e sabe que o gerente é um homem casado, não se interessa afetivamente por ele, cuja atitude o surpreende e constrange. Ela fica calada e deixa a sala sem responder ao convite, dirigindo-se para sua mesa de trabalho sem saber como agir.

Desdobramentos possíveis para o caso:

Nível 1 – Nada acontece. A secretária simplesmente espera que o gerente tenha entendido que ela nada quer com ele. Mas, nos dias seguintes, em seu íntimo, ela se sente temerosa de que o fato se repita e ela acabe tendo de tomar uma decisão – que poderia ser a de se ver obrigada a aceitar o assédio, para não perder o emprego.

Nível 2 – Nada acontece, a menos que a secretária leve o problema a alguém que ela julgue ser a pessoa mais acertada para lidar com o assunto – talvez o gerente de RH da companhia. Se ela o fizer, o assunto será tratado por este gerente em caráter confidencial, talvez abrindo a questão ao diretor a quem responde o gerente assediador. É provável que o gerente de RH e o diretor chame o infrator para uma conversa e lhe digam que deve parar com aquele comportamento.

Nível 3 – A secretária facilmente fica sabendo – por exemplo, por informações dadas na sessão de orientação para novos empregados, por uma diretriz que está disponível no site da empresa ou mesmo em uma conversa com uma colega com mais tempo de casa – que a empresa tem uma norma que proíbe esse tipo de conduta do gerente.

Com base nisso, ela revela o fato ao gerente de RH da empresa. Este, por sua vez, tem uma conversa confidencial com o gerente assediador e o diretor a quem esse gerente reporta. O infrator é, no mínimo, advertido formalmente pela companhia por sua atitude em relação à secretária, podendo até ser demitido. À secretária é oferecido um pedido formal de desculpas da empresa e a opção de ser transferida de imediato para outra área, se o desejar.

Nível 4 – Tudo ocorre basicamente conforme narrado na versão três, exceto pelo fato de que o gerente infrator é demitido por justa causa pela empresa, conforme reza a política de inclusão. (Mas, de fato, o mais provável seria o evento de assédio nem vir a ocorrer, porque o próprio gerente, mesmo que se sentisse fisicamente atraído por sua jovem secretária, sabedor das consequências de um tal ato, provavelmente não teria se atrevido a assediá-la.)

Caso 2 –

Trabalhando em um banco, uma analista financeira se afasta do trabalho, gozando da licença maternidade a que tem direito, após ter tido seu primeiro filho. Ao retornar ao departamento, constata que sua mesa de trabalho está ocupada por outro funcionário, um homem que ela não conhece. O gerente lhe explica que teve de substitui-la para que o serviço não ficasse parado, e que ela deve se dirigir ao departamento de RH, que a designará para algum outro cargo na empresa.

Desdobramentos possíveis para o caso:

Atitude 1 – Já informado do caso, o RH a manda para casa por mais duas semanas, prometendo que vai tentar achar uma nova posição para ela.

Atitude 2 – Já informado previamente do caso, o RH já pesquisou posições possíveis para a jovem analista, e lhe indica dois outros postos de trabalho, em outras áreas, entre os quais ela poderá escolher. Ela será transferida para qualquer deles, à sua escolha.

Atitude 3 – O RH estranha o relato dela e imediatamente fala com o gerente. Aquele funcionário que ocupou o lugar na ausência da jovem era um temporário e não devia estar ali nesse dia do retorno dela. O que houve, portanto, foi um engano, pelo qual o RH – e, em seguida, também o gerente – pede desculpas à jovem analista.

Atitude 4 – Nada disso ocorre. O funcionário em questão tinha sido contratado como temporário, realmente, mas isso foi feito com o conhecimento pleno da jovem grávida que, antes de sair para ter o bebê e em seguida gozar da licença-maternidade, já o tinha conhecido e lhe ensinara ao menos o básico sobre o trabalho que ele iria fazer. Além disso, ela também já vinha acompanhando, esporadicamente, o trabalho dele, tendo se comunicado ocasionalmente também com seu gerente. Agora, ao retornar ao trabalho, a analista retornou exatamente à sua mesa e às suas tarefas, enquanto o gerente da área e o gestor de RH seguem tentando encontrar uma outra posição para admitir aquele funcionário temporário, de cujo trabalho eles gostaram muito.

Em resumo, os quatro níveis apontados acima corresponderiam a quatro estágios de aprofundamento na incorporação da política de inclusão (ou de não discriminação) na Cultura Organizacional. Simplesmente observando o que acontece concretamente nos desdobramentos de um tal caso em uma empresa qualquer, provavelmente já saberemos até que ponto a cultura desta terá sido impregnada das atitudes não discriminatórias que se esperam dos colaboradores, em relação àquela CSD.

Lembro, caro leitor ou leitora, que, mais atrás, apresentei o Gestor de Pessoas (ou RH) como o legítimo guardião da Cultura Organizacional. E é também nesse papel que esse gestor deve ser visto quando se trata de implantar uma política de não discriminação ou inclusão: como guardião da cultura, ele ou ela deve ser capaz de tomar as medidas necessárias para que a empresa não mais ignore aquelas formas de discriminação (estágio um), mas seja plenamente capaz de evitá-las ou extingui-las (estágio quatro).

Antes de chegar a isso, o primeiro passo do Gestor de Pessoas deve ser fazer o censo ou mapeamento de cada Categoria Sujeita a Discriminação (CSD) na Diversidade Social Interna (DSI). Isso representa selecionar aquelas CSDs que valem a pena priorizar e tratar mais urgentemente, definindo a ordem em que os projetos de inclusão serão implementados.

A meu ver, em um primeiro estágio, o programa de trabalho do Gestor de Pessoas, nesse sentido, deveria priorizar as CSDs relativas a: gênero, cor da pele e deficiência física. Em uma segunda etapa, ele deveria focalizar as demais CSDs: o encontro de gerações, as diferentes orientações sexuais, as questões de aparência das pessoas e, por fim, a neurodiversidade. Esta última CSD requer, entretanto, um estudo prévio mais aprofundado, orientado por especialistas, como neurocientistas e médicos neurologistas.

O processo de incorporação de cada uma dessas políticas na Cultura Organizacional requererá um projeto específico de mudança organizacional. Lembro o leitor ou leitora de que, em capítulo anterior, descrevi o método de oito passos para a mudança organizacional, proposto pelo consultor norte-americano John P. Kotter. Esse método é perfeito para uso também com esta finalidade. Reproduzo abaixo os oito passos sugeridos por Kotter:

1. Gerar um senso de urgência.
2. Formar alianças.
3. Criar uma visão para a mudança.

4. Investir na comunicação.
5. Empoderar a base.
6. Estabelecer metas de curto prazo.
7. Não diminuir o ritmo.
8. Fazer com que a nova forma de conduta se torne parte da Cultura Organizacional.

Para um maior detalhamento dessas etapas, caro leitor ou leitora, sugiro que retorne ao capítulo dois deste livro, onde esse processo de oito passos é apresentado com maiores minúcia e devidamente comentado.

Capítulo 8

Gestão de Desempenho

Breve histórico da Avaliação de Desempenho

Para fins da Gestão de Pessoas nas empresas, desempenho ou performance é aquilo que um indivíduo, um grupo ou mesmo a empresa como um todo faz ou executa, buscando um produto ou resultado. Esses termos se aplicam, portanto, aos três níveis de realização: do empregado em seu cargo; do departamento, seção ou equipe de trabalho, com suas metas setoriais a atingir; e da empresa como um todo, com os resultados que se propõe alcançar.

A importância do desempenho no trabalho nasce com a própria administração, quando surgem as empresas modernas, na Primeira Revolução Industrial. Surge, então, também a necessidade de contratar trabalhadores para a operação das máquinas e outras funções, e alguns trabalhadores se destacam pelo melhor desempenho.

A Administração Científica, no início do século 20, trouxe métodos mais precisos de mensuração do trabalho nas linhas de produção e, com estes, também a ideia de incentivar, com remuneração adicional variável, os trabalhadores com maior produtividade. Assim nasceu a avaliação do desempenho dos trabalhadores, nas fábricas, bem antes dos escritórios, inventada logo após a Segunda Guerra Mundial, entre inúmeros outros instrumentos de gestão de pessoas, criados pelas empresas norte-americanas.

De início, usava-se apenas um formulário padronizado de avaliação de cada trabalhador, preenchido pelo supervisor. Não havia a autoavaliação pelo subordinado, entrevista de avaliação, avaliação de potencial e muito menos avaliação em 360 graus ou Plano de Desenvolvimento Individual (PDI). Além disso, os primeiros formulários de avaliação eram bem simples, preenchidos em minutos. Mostravam uma lista de atitudes esperadas do empregado e, para cada uma, o supervisor apenas marcava um x na posição da escala qualitativa, classificando o trabalhador entre "excelente" em uma extremidade e "péssimo" na outra.

A Administração por Objetivos

No final dos anos 1960 ganhou enorme popularidade a Administração por Objetivos (APO), criada por Peter Drucker. Era um instrumento para a gestão estratégica que ganhou as empresas no mundo e no Brasil. Na APO, a empresa formulava objetivos estratégicos, que se decompunham, em cascata, em objetivos setoriais; e, em cada nível, os objetivos também geravam metas de curto prazo, que orientavam as ações gerenciais de cada área.

Drucker influenciou, com a APO, pelo menos dois métodos de gestão estratégica hoje bem mais conhecidos: o Balanced Scorecard e o sistema OKR (Objectives & Key Results). Vou voltar a eles mais adiante.

Drucker teve seguidores importantes que criaram variantes da APO. Um deles foi Walt Mahler, que, por sua vez, influenciou Ram Charan em suas concepções sobre a carreira do líder. Charan cita Mahler em seu livro "Pipeline de Liderança":

> *Embora o Pipeline de Liderança seja um conceito novo, (...) suas origens remontam a um modelo criado muitos anos atrás, por um prestigiado consultor e professor de Recursos Humanos chamado Walt Mahler. Walt contribuiu decisivamente para os métodos de planejamento e sucessão usados em uma grande quantidade de empresas de ponta, entre as quais a General Electric Co. (...)*

A APO e seus desdobramentos trouxeram aperfeiçoamentos à avaliação e gestão do desempenho nas empresas. Um deles foi a extensão da prática de avaliar desempenho a todos os níveis hierárquicos, inclusive as gerências média e superior. Outro avanço proveniente da concepção original de Drucker foi o deslocamento da ênfase, nas avaliações, do cumprimento de tarefas para os resultados obtidos. Drucker mostrou que isso era bem mais produtivo e importante do que apenas ficar supervisionando a execução das tarefas.

Um terceiro efeito da APO, foi a valorização do próprio conceito de avaliação de desempenho, antes pouco reconhecido. Além disso, no "pós - APO", as entrevistas de avaliação se tornaram mais profissionais, passando-se a treinar efetivamente os gestores em técnicas de entrevista e em *feedback* no trabalho. E, finalmente, à avaliação de desempenho propriamente dita foi incorporada também uma avaliação de potencial, com a qual se pretendia identificar possibilidades de aproveitamento futuro do avaliado na empresa.

Por sua vez, a chegada da avaliação de potencial trouxe vários desdobramentos técnicos em Gestão de Pessoas – tais como a formulação de planos de carreira, planos de sucessão e a formulação de Programas de Desenvolvimento Individuais (PDIs) para atender às demandas de educação corporativa dos colaboradores avaliados. Sem esses instrumentos não teriam surgido, por sua vez, outros tantos, tais como o *assessment* dos colaboradores, a Matriz 9 Box ou o *employer branding*.

Os métodos BSc e OKR

Mais acima citei a APO como precursora do BSC. O Balanced Scorecard surgiu na década de 1990 e início da década seguinte, desenvolvido pelos professores de Harvard, Robert S. Kaplan e David P. Norton, fazendo também grande sucesso. Misto de método de gestão e ferramenta de avaliação de resultados, com ênfase em indicadores financeiros, o BSC veio de um primeiro estudo patrocinado pela consultoria KPMG, "Measuring Performance in the Organization of the Future".

O BSc é muito prático e permite aos gestores definir com precisão os objetivos da organização, traçar metas setoriais para atingi-los e acompanhar continuamente o desempenho da empresa em relação a ambos – objetivos e metas. O método também é capaz de mostrar à empresa em quais mercados é mais interessante competir, quais categorias de clientes vale a pena conquistar e o que é necessário fazer para gerar valor para os clientes.

O BSC segue sendo muito utilizado pelas empresas. Um estudo da revista "Época Negócios" publicado em 2020, em parceria com a Fundação Dom Cabral, elencou 334 empresas brasileiras que, após avaliação em seis dimensões chave, foram consideradas as melhores empresas do país. O relatório aponta que 86% dessas empresas usavam o BSC.

O Balanced Scorecard, contudo, ainda dá um grande valor à hierarquia da empresa. Mais recentemente, já na segunda década do século 21, surgiu um novo sucessor da APO – e, de certa forma, também do BSC: o método OKR. Sua criação é atribuída a Andrew "Andy" Grove, quando ainda CEO da Intel. O método rapidamente se tornou muito popular entre empreendedores criadores de startups.

OKR é a sigla para a expressão *Objectives & Key Results* (Objetivos e Resultados-Chave). O método é, principalmente, um *framework* para a empresa que deseja definir metas de trabalho, ajudando a alinhar as metas das várias áreas. Mensuráveis e dinâmicas, as metas são trimestrais, renovadas, portanto, quatro vezes ao ano.

Criado por um colaborador do Google, John Doerr, esta empresa foi uma das primeiras, assim como a primeira Big Tech, a aderir ao OKR, ainda em 1999, quando ele nem havia sido divulgado e o Google tinha menos de um ano de fundação. Ali, o método "caiu como uma luva", tendo sido a peça-chave na estratégia de crescimento da empresa –, que rapidamente cresceu, de 40 para mais de 60 mil colaboradores em poucos anos.

O emprego do OKR pelo Google foi decisivo também para alavancar a popularidade do método, mostrando que podem utilizá-lo tanto as grandes com as pequenas empresas, em número de colaboradores. Além do Google, a lista de empresas que passaram a aplicar o método é hoje extensa, incluindo: Twitter, LinkedIn, Dropbox, GoPro, Coursera, Eventbrite, entre outras.

A metodologia do OKR acabou se tornando uma marca registrada das *startups* que ingressam na fase de tração e prosseguem crescendo em negócios e em tamanho, colecionando seguidos sucessos. Ela quase sempre está presente – aliás, intimamente associada à metodologia dos *squads*, sobre o que falarei no próximo capítulo –, nas *startups* bem-sucedidas, principalmente a partir desse estágio da decolagem.

No Brasil, usam o OKR empresas como: Nubank, VivaReal, Locaweb, ContaAzul e Moip, entre outras mais. Além dessas, a Lojas Renner adotou recentemente o método de John Doerr, depois de ter experimentado por um tempo, em seu planejamento estratégico, o BSC.

Medindo o desempenho de uma empresa

Avalia-se uma empresa pelo seu valor de mercado. Quanto um eventual comprador pagaria por ela, se fosse adquirir a totalidade de suas ações ou quotas de participação? Trata-se de um cálculo complexo e especializado, que requer a consideração de muitas variáveis, que não cabe analisar em um texto falando de Gestão de Pessoas, ou RH, ainda que seja fundamental que um gestor dessa área em nível estratégico esteja bem familiarizado com este tema.

O processo de avaliação de uma empresa é conhecido por *valuation*, termo em inglês que pode ser suscintamente traduzido por "valor estimado", e que o Dicionário Oxford define como sendo "um julgamento profissional indicando quanto vale em dinheiro um dado ativo ou bem".

Para calcular o *valuation* de uma empresa qualquer, os especialistas fazem estudos e verificações detalhadas sobre uma série de fatores, entre os quais: o lucro bruto e líquido da empresa; seu nível de endividamento; seus custos de capital; o valor de seus ativos e passivos operacionais e não operacionais; a atualidade da tecnologia que emprega; o vigor e as qualidades de sua cultura corporativa; o valor das competências e do capital humano que a empresa atualmente emprega e poderá seguir empregando no futuro próximo; seus ativos intangíveis – tais como marca, patentes que detém, reputação no mercado e outros mais –; seu histórico de realizações e de lucratividade; sua carteira de clientes atual e potencial; os mercados em que atua ou pode atuar e seu potencial de crescimento; seus planos de negócios e projeções de resultados para os próximos anos; o cenário econômico-financeiro em que opera; a sinergia entre suas operações e as de outras organizações com as quais irá eventualmente associar-se de algum modo...

Cada vez mais, entretanto, esses referenciais já não são apenas econômico-financeiros como foram durante muito tempo. Atualmente, embora o eixo básico do *valuation* continue a situar-se nas questões relativas ao valor econômico da empresa para seus proprietários ou acionistas, cada vez mais a inserção da filosofia do ESG na empresa e, portanto, sua capacidade de oferecer valor real aos *stakeholders*, à sociedade e ao planeta vão pesando mais e mais, ao lado daqueles indicadores mais convencionais.

No Brasil, sempre foram, e ainda são hoje, pouquíssimas as empresas de capital aberto, com ações cotadas em bolsa. Lentamente, porém, a capitalização via emissão de ações no mercado de capitais tem se tornado uma fonte mais aceita, especialmente por empresas de propriedade familiar, que são a maioria no ambiente empresarial brasileiro. Por sua vez, a chegada do fenômeno do empreendedorismo de *startups* tornou esse expediente ainda mais frequente. Assim, cada vez mais pessoas e organizações ficam de olho em empresas promissoras e decidem investir nelas, esperando obter, por essa via, bons resultados financeiros.

Atualmente, fala-se muito em valor: a empresa deve levar *valor* aos *stakeholders* e à sociedade. Esse conceito, que surgiu na economia ainda no século 18, tornou-se muito mais complexas com o advento da economia de serviços, dados os novos aspectos envolvidos na produção e comercialização de intangíveis, que tornam mais fluido, e por vezes imponderável, o conceito de valor.

Um formato consagrado para se decidir se uma empresa está indo bem é o EBITDA, acrônimo para: *Earnings Before Interest, Taxes, Depreciation and Amortization* (LAJIDA, na tradução para o português: lucros antes de juros, impostos, depreciações e amortizações).

O modelo aponta a capacidade de uma empresa de gerar lucros, considerando apenas sua atividade produtiva real, deixando-se de lado os efeitos de seu eventual endividamento, ou o peso dos tributos que esteja pagando. O EBITDA é um modo consagrado de os investidores fazerem uma análise "fundamentalista" (estritamente baseada em fundamentos econômicos) de uma empresa em que tenham intenção de investir.

Também a sigla ESG, da qual falei anteriormente, encontra-se hoje no centro da discussão sobre o valor de uma empresa. Os três fatores identificados pela sigla (*Environmental, Social, Governance*) são considerados centrais para a medição da sustentabilidade e do impacto social dos investimentos em uma empresa ou negócio.

Métricas e os KPIs

Em seu dia a dia, a empresa está o tempo todo atuando para produzir resultados favoráveis e sempre melhores. É de sua natureza fazer isso e, para tanto, ela deve definir claros indicadores de gestão, que lhe permitirão medir seu desempenho diário, semanal, mensal, trimestral, anual.

A esses indicadores de gestão convencionou-se chamar, nos últimos anos, KPIs (sigla em inglês para "*Key Performance Indicators*", ou Indicador-Chave de Desempenho). Os KPIs são os valores quantitativos fundamentais, aceitos como válidos para aquela empresa específica, que visam a medir o que ela consegue com a operação de seus principais processos.

Os KPIs possibilitam à empresa fazer um adequado acompanhamento e um melhor gerenciamento do sucesso das estratégias e táticas que ela usa, assim como dos níveis de performance que ela atinge por meio deles. Os KPIs são, portanto, uma parte essencial da estratégia de gestão de qualquer empresa. É justamente em torno de seus KPIs que ela pode traçar objetivos e metas plausíveis e realizáveis.

Não é ocioso lembrar a genialidade de Peter Drucker, ao citar que, nos primórdios da medição quantitativa de desempenho das organizações, esteve, justamente, sua Administração por Objetivos – método sem o qual provavelmente não estaríamos administrando empresa com base em KPIs, hoje em dia.

Outro termo frequentemente empregado na mesma linha, pelos gestores em geral, é "métrica" (*metrics*, em inglês): uma empresa deve ter suas "métricas", pelas quais irá medir sua performance. No entanto, os dois termos – KPIs e métricas – não devem ser confundidos. Métricas são quantidades de alguma coisa, mas não necessariamente precisam ser transformadas em indicadores de resultados (KPIs); ou seja, um KPI é sempre uma métrica, mas nem todas as métricas são KPIs.

As métricas mais comuns, empregadas nas empresas para medir resultados, sejam eles obtidos por indivíduos, grupos ou a organização toda, são:

- *quantidade de algo* – "Aumentamos em 50% nossa produção".
- *velocidade de execução* – "Nossos ônibus fazem essa viagem em tempo meia hora menor que o concorrente".

- *qualidade de algo* – "90% dos nossos produtos são vendidos antes de atingirem o prazo de validade".
- *custo ou preço de algo* – "Cobrimos qualquer oferta dos concorrentes".
- *durabilidade de algo* – Nossas lâmpadas duram duas vezes mais".

Quais métricas serão transformadas em KPIs será sempre uma decisão importante, uma vez que precisaremos acompanhar e controlar tudo que seja relevante, mas não devemos dedicar o mesmo nível de atenção a métricas apenas curiosas ou secundárias. O especialista em varejo Norberto Tomasini, em artigo da revista *Época Negócios* (agosto de 202), toca nesse ponto quando argumenta que muitas tecnologias (computação em nuvem, big data, *analytics*, inteligência artificial e aprendizagem de máquina), ao serem combinadas, permitem o armazenamento de uma quantidade quase infinita de dados – nos quais poderemos, se não tomarmos o devido cuidado, simplesmente nos perder!

Com base em seus KPIs cuidadosamente escolhidos, enfim, as empresas podem analisar suas condições internas e suas oportunidades externas, formulando, a partir daí, um plano estratégico que a orienta em sua navegação pelo ambiente dos negócios e a ajude a lucrar, crescer e prosperar em seus mercados.

Lembro também que as pequenas empresas têm empregado muito, atualmente, um instrumento bastante prático e simples para a definição de seu modelo de negócio e seus produtos, que é o Canvas. Ferramenta muito usada pelas novas gerações de empreendedores, o Canvas dá uma visão sintética e abrangente da atividade a que se dedica à empresa, em seus principais aspectos e suas relações com o ambiente de negócios. É uma espécie de bússola, orientando o empreendedor sobre quais dados precisa colher, para onde deve olhar para isso e o que deve fazer a respeito.

Desempenho individual e avaliação do colaborador

O desempenho individual dos colaboradores têm sido o principal objeto de preocupação dos órgãos de Gestão de Pessoas nas empresas, já há décadas. Busca-se a maior proximidade possível da situação ideal, que seria aquela em que cada um dos colaboradores, individualmente tomado, apresenta performance excelente: "*dream teams*" (como se diz no basquetebol americano), ou seja, times formados por autênticos craques.

O que é excelência em performance, então? Marc Effron, consultor norte-americano especialista no tema, que dirige sua própria consultoria, The Talent Group, assim define o profissional de alta performance: "alguém que apresente, de forma consistente e continuada, resultados pelo menos 75% superiores àqueles apresentados por seus pares". Puxa! E como conseguir isso? Em "Oito passos para uma alta performance" (Ed. Benvirá São Paulo, 2019, 256 págs.) Effron dá sua receita:

1. Não perca tempo com atividades ou respostas fáceis.
2. Manifeste o desejo de atingir altas performances.
3. Disponha-se a mudar sua forma de agir, se necessário.
4. Priorize o desenvolvimento de competências críticas.
5. Proponha-se metas ambiciosas.
6. Mostre-se completamente à vontade no ambiente de trabalho.
7. Mantenha excelente relacionamento com todos.
8. Cuide bem do seu corpo.

Proposta instigante, essa do consultor Effron! Ela é capaz de suscitar boas reflexões em treinadores, líderes de equipes e, sobretudo, profissionais que ambicionem atingir desempenho máximo em suas atividades.

A fórmula D = C x M

Vários autores defendem uma fórmula simples, para levar um colaborador a ter excelente desempenho no trabalho – qualquer trabalho: trata-se da combinação inteligente de dois fatores: competência e motivação. A proposta pode ser apresentada na fórmula:

$$D = C \times M$$

Ou seja, desempenho é produto de uma mescla bem feita de competência e motivação. Competência refere-se ao domínio que o trabalhador tem sobre o modo de fazer bem seu trabalho. Motivação refere-se ao seu interesse e engajamento pessoal nesse trabalho.

O indivíduo competente conhece muito bem o que faz, sabendo aplicar os melhores métodos e técnicas para isso. A competência é forjada por capacidades cognitivas, afetivas e motoras: o indivíduo competente conhece (entende cognitiva e racionalmente) o que deve fazer; sente-se à vontade com esse saber profissional e tem a destreza apropriada para pô-lo em prática.

A motivação decorre de disposições afetivas ancorada no trabalho em si: gostamos, queremos fazer, sentimos atração por um trabalho, e então, nos sentimos motivados para ele. Ou, se não gostamos, não nos sentimos inclinados para aquilo, que nos desagrada, nosso sentimento é de desmotivação.

Em suma, quem é competente, *sabe*; mas, quem é motivado, *quer*! A lógica dessa associação entre saber e querer é clara: o profissional competente não se sentindo engajado no trabalho estará desmotivado e isso afetará negativamente sua performance. Do mesmo modo, o profissional altamente comprometido com um trabalho, que não esteja, entretanto, apto a executá-lo, obterá resultados medíocres.

A pergunta que o líder precisa permanentemente se fazer é, portanto, óbvia: como obter dos colaboradores tanto competência quanto motivação para realizarem o trabalho que lhes compete?

Para a resposta, o líder precisará da ajuda especializada do órgão de Gestão de Pessoas da empresa, que virá com políticas e programas eficazes, tanto de Educação Corporativa, quanto de Engajamento no Trabalho. Com esses recursos, a área acrescentará alto valor aos cargos e funções envolvidos no processo de trabalho – seus clientes internos.

O caso Netflix

A propósito deste ponto, quero apresentar a você, caro leitor ou leitora, o emblemático caso da Netflix. Embora divulgado há já bastante tempo, em 2009, em uma publicação feita por iniciativa da própria empresa, ele continua sendo exemplar. Nessa ocasião, a empresa expôs alguns de seus principais valores de uma forma que nos convidou a uma séria reflexão sobre a importância da motivação intrínseca e extrínseca em uma organização. Expõem os dirigentes da Netflix:

> *Nossa empresa é conhecida por sua política de sempre pagar salários altos para talentos excepcionais", começa dizendo uma nota da empresa. "Essa forma de agir se deve ao fato de estarmos convencidos de que, para obter resultados significativos, precisamos combinar complexidade e criatividade.*

A Netflix sabe que isso não é nada fácil. Segundo eles próprios afirmam, no cumprimento de tarefas meramente processuais, o melhor que se pode conseguir em termos de performance é um nível em torno de duas vezes melhor do que a média. No entanto, nas atividades que pedem o exercício da criatividade, requerendo pessoas especialmente criativas, por vezes se chega a um nível de performance que é até dez vezes melhor do que a média! Fica claro, portanto, argumenta a Netflix, que há uma enorme vantagem em montar equipes de trabalho formadas por profissionais altamente criativos, uma vez que isso contribui tanto para a alta performance.

Mas, a Netflix apresenta ainda outra justificativa para essa sua política: as empresas que insistem em atuar praticamente apenas repetindo processos já sabidos e habituais acabam assistindo ao inevitável declínio de seus profissionais mais criativos: a performance destes vai declinando, até que eles acabam se tornando colaboradores comuns, inexpressivos, muitas vezes desistindo da empresa e saindo para outras experiências mais compensadoras no mercado.

Temos de admitir, diz a Netflix, que essas empresas baseadas apenas em processos rotineiros exercem certa sedução, principalmente quando vão bem e lideram em seus mercados. Elas, então, estimulam as pessoas a continuar executando aquilo que já conhecem e estão acostumadas a executar. Desse modo, essas empresas:

- desempenham suas atividades sem grande esforço intelectual;
- praticamente não cometem erros; e
- conseguem otimizar suas operações em mercados conhecidos.

E isso é muito sedutor, sem dúvida. Porém, essas empresas somente conseguem isso negando às pessoas a oportunidade de exercitar a sua natural curiosidade intelectual; e, mais importante ainda, substituindo a flexibilidade pela eficiência, como principal medida de valor!

Mas é aí que mora o problema: e se o mercado... mudar!? E os mercados, adverte a Netflix, mudam mesmo, porque surgem: novas tecnologias, novos competidores e novos modelos de negócio. São três condições absolutamente reais, que confluem para gerar uma nova circunstância altamente ameaçadora para a empresa: seu ecossistema de negócios cresce em complexidade.

Sendo assim, argumenta a Netflix, não resta alternativa para a empresa a não ser rapidamente adaptar-se, o que vai ser difícil se ela estiver sendo bem-sucedida em sua atuação focada em processos.

Isso porque seus colaboradores são muito eficientes, em processos já consagrados, que são motivo de orgulho e estão associados aos princípios e valores da companhia. A tendência é, então, que a companhia deslize inevitável e dolorosamente para a... irrelevância!

A saída para esse quadro tenebroso? Para a Netflix, está em elevar a "densidade de talento" dentro da companhia, em um ritmo que seja superior àquele do crescimento da complexidade fora dela. Dá-se uma corrida entre esses dois fenômenos: qual crescerá mais rápido?

Para a Netflix, resultados de alto nível somente serão obtidos com atuação intelectual e emocional inteligente, que pode ser incentivado atribuindo-se aos colaboradores maiores responsabilidades e maior autonomia e autoridade no trabalho, associado a uma alta remuneração.

Pode ser que esta política não seja a mais adequada para algumas empresas. Há pessoas que valorizam muito a segurança, a estabilidade e a familiaridade com os processos, sentindo-se pouco à vontade com o novo e o desconhecido. Essas pessoas poderão se sentir ansiosas, e até mesmo se sentir coagidas, se solicitadas a constantemente exercer criatividade.

No entanto, os resultados que a Netflix vem obtendo mostram que essa política de privilegiar a criatividade sobre a eficiência em processos já conhecidos faz sentido, pelo menos em uma empresa como esta. Em setembro de 2020 a Netflix anunciou receitas anuais equivalentes a US$ 26, 5 milhões por empregado, número maior que os equivalentes de Apple, Microsoft, Alphabet, Amazon e Disney, segundo afirma a própria Netflix. No mesmo período, o retorno por empregado foi de US$ 2, 631 milhões – neste caso, também maior do que o de qualquer dessas outras companhias mencionadas.

Motivação intrínseca e extrínseca

O caso Netflix mostra, entre outras coisas, que a fórmula D = C x M realmente funciona. No entanto, essa fórmula não é uma novidade. Ao contrário, é familiar para psicólogos organizacionais e todos aqueles que se interessam por gestão e liderança. Foi sugerida, ainda nos anos 1960, primeiramente pelos consultores e professores da Universidade de Ohio, Paul Hersey e Kenneth Blanchard, quando criaram juntos um método de liderança dos mais conhecidos e bastante aplicado no Brasil, desde a década de 1970: a Liderança Situacional.

Outra boa contribuição à fórmula D = C x M vem dos professores e pesquisadores da Universidade de Rochester, em Nova York, Edward L. Deci e Richard M. Ryan, com a "teoria da autodeterminação", que propuseram em 1985. Deci e Ryan acreditam que o homem tem uma predisposição genética, natural, para adquirir competência e motivar-se: espontaneamente, sem ser obrigado a isso, o ser humano inclina-se para aprender coisas novas e agir com base nelas.

Pela teoria de Deci e Ryan – tese também compartilhada por outros autores – a motivação de um indivíduo pode ser auto ou hetero- estimulada: a motivação *intrínseca* vem de dentro da pessoa, acontece pela sua natural inclinação para exercitar suas qualidades. Segundo ela, todos somos capazes de extrair prazer da execução de algum tipo trabalho, caso este nos seja rico de conteúdo, desafiador, interessante; ou nos permita aprender mais ou nos desafiar. Já a motivação *extrínseca* vem de fora, nos é trazida por estímulos do ambiente, que nos mobilizam: dinheiro, prestígio, elogios, premiações simbólicas, a admiração dos outros...

As empresas sabem perfeitamente disso. E, se tiverem pleno êxito em motivar seus colaboradores, lhes irão proporcionar, de um lado, atividades ricas de conteúdo e desafiadoras (motivação intrínseca) e, de outro, um pacote apreciável de bom salário, benefícios, *feedback*, reconhecimento na carreira, ambiente físico agradável etc. (motivação extrínseca).

Educação Corporativa e cultura de alta performance

Educação Corporativa (EC) é o conjunto das ações de preparação dos colaboradores para exercerem com competência e alto desempenho suas atividades profissionais. A EC é o grande aliado da empresa na promoção de uma cultura de alta performance.

Cada vez mais, entretanto, estudar e aprender transforma-se em um empreendimento de iniciativa pessoal: quem deseja desenvolver-se pode e deve tratar de fazê-lo e pronto: decidir o que pretende aprender e adotar a disciplina necessária para a busca dessa *expertise*. Em outras palavras, no limite, professores e treinadores não mais são necessários: estão sendo substituídos por curadores de conteúdos e de técnicas de aprendizagem – uma aprendizagem cada vez mais autodirigida.

Quero mais uma vez citar José Galló como um belo exemplo de aprendiz ultra disciplinado e bem-sucedido: autônomo e focado, durante os anos em que exerceu a presidência da Lojas Renner, Galló mostrou ser um excelente exemplo de *lifelong learner*, sempre buscando aprender algo novo, lendo novos livros e artigos, ouvindo especialistas em variados campos, indo em busca de inovações. Sua curiosidade profissional é digna de nota.

Em suas interações conosco, sempre ávido por aprender e conhecer novas ideias que possa colocar em prática em seu trabalho, ele combinava suas próprias reflexões com aquilo que lia (como tende a fazer, aliás, um leitor exemplar), refletindo sobre o que poderia aplicar na organização.

Frequentemente, em conversas com seus diretores e gerentes, Galló aproveitava a situação para contar o que havia aprendido e que conclusões havia tirado, sempre apresentando propostas abalizadas e originais a respeito. E sempre estimulava sua equipe, a fazer o mesmo, assim como a também buscar novos ensinamentos pela leitura.

Estas, quase invariavelmente, eram voltadas para livros versando sobre economia e negócios: teorias de gestão, biografias de empresários, casos de empresas bem-sucedidas, situações especiais de negócios, tendências de mercado, novas tecnologias. Galló sempre nos apresentava a sua posição pessoal acerca dos pontos mais importantes, frequentemente polêmicos, do conteúdo lido. Estou certa de que continua a atuar dessa forma sempre que pode, mesmo agora que não estamos mais em permanente contato.

Aliás, Galló lia muito e se interessava especialmente por Gestão de Pessoas. Interessante era que, sempre que começávamos a estruturar uma convenção de líderes na Lojas Renner, parecia que os astros conspiravam a favor, pois sempre caía em suas mãos algum livro que tinha conteúdos realmente inspiradores para nossa estruturação da convenção.

Enfim, aprendi muito com ele e com os livros que leu e comentou conosco. Essa forma de apreender um novo conhecimento, indiretamente, pela leitura de outra pessoa, é uma das mais prazerosas que existem, quando esse outro é um parceiro profissional que prezamos e admiramos.

Mas, é claro, sempre é possível e necessário recorrer a outras formas de aprender. Um conceito de que gosto é o Princípio 70-20-10, que nos aponta como a aprendizagem se realiza: 10% se dão em treinamentos formais; 20% em sessões de mentoring ou *coaching* individuais ou em pequenos grupos; e 70% pela experiência efetiva no exercício do trabalho.

O novo papel das Universidades Corporativas (UCs) consiste justamente em fazer essa necessária aproximação entre desenvolvimento de competências sua aplicação no trabalho, para um desempenho de alto nível; e, nas UCs, um novo e importante papel é o desse curador de conteúdos que mencionei: um personagem que deve ser capaz de auxiliar os colaboradores da empresa a se ocuparem de sua própria educação continuada.

As pessoas, entretanto, ainda não estão habituadas ao autodidatismo, pouca gente já teve, em nível relevante, a incrível experiência que é aprender alguma coisa sozinho. Nossos hábitos de aprendizagem ainda estão fortemente atrelados ao comando de um mestre: sempre esperamos que alguém nos diga o que fazer.

O curador de conteúdos, na cena educativa interna das empresas, deve ter, é claro, uma boa noção disso; e deve ser capaz de transitar com desenvoltura entre as necessidades múltiplas dos colaboradores da empresa, informando-os sobre o que há de novo em suas especialidades; mostrando-lhes como acessar esse *know-how*; e os ajudando a encontrar suas próprias trilhas de aprendizagem.

A pandemia da Covid-19 exacerbou a necessidade de a empresa contar com um curador interno de conteúdos, para estimular a aquisição e a aplicação de competências necessárias ao trabalho.

Ao retirar as pessoas dos escritórios e outros locais centralizados de trabalho, enviando-as para a realização de atividades remotas, a pandemia escancarou ainda mais a importância de um permanente acesso, por parte de todos, ao manancial de conhecimentos que se encontra na nuvem virtual.

Se quisermos aprender, nestes duros tempos, e provavelmente mesmo após a pandemia, teremos de ir nós mesmos em busca desses conteúdos. Essa é a nova "cara" da Educação Corporativa e, ao mesmo tempo, o novo modelo de Universidade Corporativa.

Profissionais maduros trazem para o dia a dia preciosos conceitos e experiências que tiveram a chance de vivenciar e que, obviamente, faltam aos mais jovens. Dessa discrepância nasceu o *mentoring*. Todavia, um novo – e até certo ponto estranho – fenômeno, análogo e paralelo, vem ocorrendo nos anos mais recentes, que recebeu o nome de *mentoring* reverso, proposta que já vem sendo incorporada aos programas das universidades corporativas.

Formadas por nativos digitais, são agora as gerações mais jovens, cujo papel é preponderante na transformação digital das empresas, que passam a funcionar como mentores dos colegas mais "rodados", que ganharam experiência profissional em contextos de trabalho *offline*. Ou seja, imigrantes digitais precisam hoje de mentores jovens que os insiram no ambiente digital.

Quem primeiro propôs o mentoring reverso foi Jack Welch, então CEO da General Electric Co. Sabedor de sua baixa competência no manejo de ferramentas digitais, Welch teve a objetividade e a humildade necessárias para, sob os olhares espantados de todos que conviviam com ele nessa ocasião, submeter-se a aulas de computação com um funcionário de sua empresa, um especialista na área.

A Lojas Renner, por meio da sua Universidade Corporativa, desenvolveu uma verdadeira "cultura de aprendizagem", o que fez dela uma das mais evoluídas empresas brasileiras em termos de Educação Corporativa. Quais são as principais características de uma tal cultura de aprendizagem? Basicamente:

- a educação permanente (*Lifelong Learning*) como regra;
- *upskilling* e *reeskilling* como proposta;
- estratégias de aprendizagem orientada para dados;
- curadoria de alta qualidade, incluindo conteúdos compartilhados por grandes universidades;
- alinhamento da Universidade Corporativa com as ações sociais das marcas;
- impulsionamento de programas de inovação de interesse da organização.

A Universidade Renner busca sistematicamente construir uma cultura de alta performance na companhia. Ela já desenvolveu e publicou em seu sistema centenas de trilhas educacionais, em português, espanhol e inglês, 70% das quais com conteúdos internos desenvolvidos por seus próprios colaboradores.

Atualmente, também, a Lojas Renner realiza, a cada ano, sua Convenção de Líderes, um encontro que acontece desde 2001, cujos objetivos são de desenvolver as lideranças da empresa, disseminar seus valores e fortalecer essa cultura de alta performance. Os conteúdos tratados na Convenção de Líderes são anualmente revistos, em função dos desafios atrelados às mudanças que o ambiente impõe à empresa.

O programa de desenvolvimento de competências, por excelência na Lojas Renner, outro dos pilares de sustentação da cultura de alta performance da empresa, é o Magia Renner, também realizado anualmente, este desde 1995. A cada ano o programa tem a metodologia renovada e sua temática redefinida a partir das conclusões formuladas na Convenção de Líderes. A metodologia do Magia Renner inclui:

- formato 100% *online*;
- muitas trilhas de aprendizagem direcionadas em diferentes sentidos;
- aulas práticas inteiramente adaptadas ao formato, incluindo desafios, *quizzes*, *lives*, conteúdos personalizados e acompanhamento e avaliação individualizados da jornada.

Capítulo 9

Gestão de Pessoas e Transformação Digital

O extraordinário avanço das TICs

A sigla TICs significa "Tecnologias de Informação e Comunicação". A evolução dessas tecnologias, incrivelmente rápida nas últimas décadas, é de longe a principal responsável pela absoluta necessidade que se verifica hoje, de uma efetiva e radical transformação digital na maioria das empresas.

Até bem pouco tempo atrás, nos anos 1980 e 90, não se usava essa sigla – falava-se bastante em processamento de dados, depois em informática e, em seguida, em hardware e software. Mas, não vivíamos imersos nas TICs como hoje; apenas usávamos certas ferramentas que nos pareciam maravilhosamente úteis para acelerar processos nas empresas e facilitar as comunicações e a realização de alguns trabalhos.

Algumas dessas ferramentas eram os disquetes de armazenamento de dados; depois vieram os CDs e os *pendrives*, assim como as planilhas de cálculo e os editores de texto. Também chegaram os sistemas de gestão (CRMs, ERPs), a internet discada, os e-mails, as intranets, os *softwares* para automatizar certos processos nas empresas, os robôs das linhas de produção...

Parece incrível que tudo isso pareça atualmente tão distante no tempo: vivemos um mundo novo, em que o digital se despegou de outros aspectos da vida diária e se ergueu sobre eles, suplantando a todos como o principal direcionador de praticamente tudo, em nossa vida!

Em nossa atual cultura, urbana e complexa, a tecnologia de tal modo se agigantou em relação às demais instâncias da cultura que passou a constituir muito mais do que um capítulo à parte: a tecnologia, de fato, cresceu tanto em importância, que passou a ditar o rumo que tomarão todas as demais instâncias citadas. Em nossa sociedade, tudo, absolutamente tudo em nossas vidas encontra-se diretamente atrelado e sob a influência direta das TICs.

Em particular, a automação dos processos mantém, hoje, uma relação de grande ambiguidade com os empregos – o que é algo que precisa ser muito bem compreendido, porque tem uma relação direta com a Gestão de Pessoas: enquanto, em uma ponta, a automação extingue empregos que requeiram baixo nível de conhecimento e *expertise*, na outra ponta, ao contrário, ela vai criando novos empregos, que são intensivos em conhecimento e *expertise*, mas não estão necessariamente nas mesmas empresas e sequer nos mesmos ecossistemas.

De que forma a automação destrói empregos? Raramente ela acaba com eles de uma vez por todas; ao contrário, quase sempre, ela os vai minando aos poucos, "comendo pelas bordas", como popularmente se diz.

Um cargo é um conjunto integrado de atividades que são desempenhadas pelo seu ocupante; e, com o passar do tempo e a evolução das tecnologias que estão envolvidas nessas atividades, estas vão sendo parcialmente automatizadas, assim tornando a atuação do trabalhador em uma e noutra tarefa cada vez mais fácil e rotineira.

Pouco a pouco, toda aquela tarefa acaba sendo automatizada e sua execução por um operador humano já não se justifica. Com isso acontecendo em sucessivas tarefas que componham uma dada ocupação profissional, decorre que, dentro de bem pouco tempo já não seja necessário ter alguém se ocupando daquele conjunto de atividades que era o tal cargo.

O que significa, afinal, transformação digital?

A finalidade da transformação digital é tornar a empresa tecnologicamente mais competente, visando a elevar sua produtividade e sua competitividade, e a conduzindo a um novo patamar de resultados e a um melhor posicionamento no mercado.

Quando uma empresa que ainda opera quase que exclusivamente em um "modo antigo" de proceder, procura ajuda para fazer iniciar uma transformação digital, pode ter certeza, caro leitor ou leitor, de que é um destes dois cenários que se apresenta: ou um visionário na diretoria percebeu a importância dessa questão; ou a companhia já perdeu tempo demais e já se encontra seriamente ameaçada de alguma forma em seus mercados.

Uma pesquisa realizada em 2019 pela consultoria de Recursos Humanos Robert Half demonstrou a importância que a questão já vinha recebendo antes da pandemia de Covid-19: nove em cada dez executivos brasileiros de empresas, ou já estavam, então, considerando a possibilidade de embarcar em uma transformação digital ou que já haviam feito pelo menos algum movimento concreto nesse sentido, o que é um excelente sinal – de que a maioria das empresas já se conscientizou dessa necessidade.

Entretanto, segundo Patrick Litre, sócio da consultoria Bain & Co. e um especialista nesse assunto, mostrou-se, na ocasião, bem mais parcimonioso a respeito. Para ele, apenas 12% das companhias têm levado essa transformação digital a cabo com pleno sucesso final! Quanto às demais, 20% delas fracassam por não conseguirem completar sequer 50% dos objetivos estabelecidos; e a grande maioria das empresas acaba ficando em um meio termo, com cerca de 50% ou 60% de suas metas devidamente cumprida.

Não há meias medidas nessa questão da transformação digital: ela é absolutamente necessária e urgente: deve ser iniciada o mais rapidamente possível e envolver toda a empresa, de cima a baixo, a começar pelos seus acionistas e dirigentes de topo. O momento de disparar esse processo de transformação é já, agora mesmo, qualquer que seja o estágio em que sua empresa se encontre a propósito dessa questão.

Ainda assim, surpreendentemente, segundo relata Paul Boag, consultor britânico especializado em *customer experience*, muitos dirigentes ainda tratam a transformação digital como se fosse apenas uma opção entre várias, ou mesmo uma forma cosmética de a empresa "aparecer bem na foto", mostrando ao mercado que é "moderna".

Boag critica duramente essa atitude de empresários e dirigentes que nada mais fazem do que tentar, segundo suas palavras, "*papering over the cracks*" (isto é, tapar as rachaduras com papel de parede). Para ser mais preciso na descrição da situação, penso que esta é, de fato, ainda mais grave: se as "paredes" de uma empresa já se encontram, figuradamente, cheias de rachaduras, o que isso mostra de fato é que seus negócios vêm se deteriorando há tempos, com a empresa já dando perigosos sinais de esgotamento – e que, por conseguinte, seus dirigentes, infelizmente, não fizeram a "lição de casa" para corrigir defeitos existentes em suas organizações.

Quando se trata de transformação digital, entretanto, não é necessário que a empresa já venha apresentando defeitos gritantes para que a mudança cultural seja necessária. Bem ao contrário, empresas que estão operando satisfatoriamente em seus mercados, frente aos desafios que vinham enfrentando até o presente, também estão correndo sérios riscos.

Em outras palavras, o grande problema não são eventuais visíveis rachaduras anteriores, e sim as futuras rachaduras que inevitavelmente aparecerão em bem pouco tempo se a empresa não se atualizar digitalmente – simplesmente porque, em uns poucos anos mais, os avanços da tecnologia (que virão, sem dúvida alguma), terão destruído as qualidades exemplares que essa empresa possa estar apresentando até o presente.

Ou seja, quando as "rachaduras" aparecerem, já será tarde demais: a empresa já terá, então, sucumbido, sem que seus dirigentes sequer percebam como essa tragédia teria vindo a acontecer! Resumindo, transformação digital não corrige rachaduras do passado; ela previne as inevitáveis rachaduras do futuro!

Outro modo de se encarar criticamente a situação é lembrar que o verdadeiro movimento por uma autêntica transformação digital da empresa precisa partir de dentro dela, e não ser estimulado por mudanças externas que obriguem a empresa a se mexer.

Deve brotar no seio da própria organização o anseio de efetuar a transformação digital, sem que seus dirigentes precisem ser alertados ou estimulados por ameaças vindas do ambiente de negócios em que ela opera. Geralmente, quando essas ameaças são percebidas e reconhecidas como tal, já será tarde.

E – ponto crucial para nós – cabe exatamente ao Gestor de Pessoas de nível estratégico fomentar esse anseio dos dirigentes pela mudança cultural no sentido de uma transformação digital. Este deve bater nessa tecla como uma de suas prioridades – se não a maior prioridade – nas conversações que tiver com o

CEO, nas sessões do Conselho de Administração em que se debatam as estratégias competitivas e nas reuniões periódicas do C-Level. Em outras palavras, na origem de uma transformação digital bem decidida e conduzia está uma reflexão consciente e autocrítica dos seus dirigentes.

Em *Digital Adaptation* (publicado nos EUA pela editora da Smashing Magazine, 2014), o consultor britânico que citei acima, Paul Boag, mostra, de maneira prática, como a empresa deveria agir ao embarcar nesse que pode ser o maior projeto de transformação de sua história.

Boag lançou esse livro na esperança de despertar o interesse da alta administração das empresas por melhor entender como a web opera por dentro, como a empresa deve se harmonizar com a rede mundial e corresponder à célere evolução pela qual passa e o negócio em si, a cultura corporativa, os fluxos de trabalho e as equipes profissionais devem ajustar-se às exigências da internet em permanente evolução. "O livro ajudará as empresas tradicionais a superarem seu legado anterior, implantando as necessárias sementes da mudança", promete Boag.

Ao lado deste, preciso citar ainda outro autor importante acerca desse tema: o Dr. David L. Rogers, diretor da Columbia Business School, de Nova York, uma autoridade mundial em projetos de inovação nas empresas. Em seu livro *The Digital Transformation Playbook*: *Rethinking Your Business for The Digital Age* (Columbia Business School Publishing, 2016), Rogers apresenta sua visão sobre os cinco pilares que os dirigentes de uma empresa precisam considerar, em uma efetiva transição de seu negócio para o mundo digital. São eles:

- Os *consumidores.* Estes esperam que a empresa realmente promova essa transformação a fim de que venha a atender devidamente aos seus anseios – eles, os consumidores, simplesmente não conseguirão entender o porquê de uma empresa ser retardatária e demorar demais para voltar-se para o digital.
- A *concorrência* – Esta já não se limita àquelas companhias que competem diretamente com a empresa no mesmo segmento de mercado. Muito diferente disso, a concorrência hoje se estende para vários outros ecossistemas ou universos de negócios, que até bem pouco tempo não podiam ser vistos como seus competidores.

- Os *dados*. Neste caso, a questão é o chamado Big Data, fonte ilimitada de informações, que está disponível para todos acessarem e de onde todos extraem conhecimento capaz de orientar decisões estratégicas mais inteligentes em seus próprios negócios, elevando sua capacidade de competir.
- As *inovações* – Cada vez mais rapidamente as inovações se acumularão e sucederão umas às outras. Em qualquer caso, elas nunca partirão do zero, e sim se apoiando em inovações anteriores, o que aumenta enormemente o potencial de cada inovação de produzir rupturas. Essa circunstância leva a transformações em ritmo exponencial e simultâneas, nos muitos ambientes de negócios aos quais cada empresa terá de aprender, por si mesma, a responder com grande presteza e urgência.
- O *valor adicionado* – Ou seja, o valor que cada empresa aporta aos seus *stakeholders* – o qual, paradoxalmente, torna-se dia a dia mais importante e, ao mesmo tempo, mais volátil e menos duradouro. Em outras palavras, uma solução que sua empresa ofereça poderá agregar um alto valor aos seus consumidores neste momento, mas isso não é garantia alguma de que a empresa seguirá entregando esse mesmo nível de valor daqui a bem pouco tempo.

De novo a mudança da Cultura Corporativa!

Um levantamento conduzido pela SambaTech, plataforma brasileira que oferece soluções de ensino para universidades de outras instituições educacionais, mostrou que os dirigentes das empresas acreditam haver três principais dificuldades, quando se trata de implementar um programa de transformação digital:

Para 23, 8% dos entrevistados, o principal desafio é de ordem técnica. Haveria, tanto nas empresas quanto nos mercados de trabalho, uma séria carência de profissionais realmente capacitados para levar a cabo o ingresso bem-sucedido de uma organização na cultura digital.

Para outros 20% dos entrevistados, o principal entrave é de planejamento: os dirigentes geralmente não se dedicam a um trabalho efetivo de preparação prévia e de condução da transformação digital de suas empresas. Outros 17, 1%, por sua vez, acham que o principal obstáculo está nos custos elevados da transformação.

Em quaisquer circunstâncias, esta, inevitavelmente, pediria altos investimentos, que as empresas em geral não estão dispostas a fazer. Finalmente, os demais entrevistados nessa pesquisa pareceram não ter uma posição clara a respeito de quais desses desafios pesariam mais nos casos de fracasso na implementação da transformação digital.

Esses números não colidem com o resultado registrado em outra pesquisa mais, esta realizada pelo braço brasileiro da consultoria McKinsey, e que apontou que somente 8% das empresas brasileiras acreditam ter talentos internos capazes de conduzir uma verdadeira transformação digital.

De qualquer forma, não custa reafirmar o fato inquestionável: efetuar uma transformação digital é, acima de qualquer outra coisa, efetuar uma profunda mudança cultural na organização; e – novamente – isso é assunto para uma Gestão de Pessoas em nível estratégico.

O consultor sênior Patrick Litre, da consultoria internacional Bain & Co., que já citei mais anteriormente, discutiu essa característica da transformação digital, concluindo que a principal razão pela qual muitas empresas fracassam quando se envolvem nessa empreitada é, sobretudo, a "mentalidade de silos". Essa expressão refere-se ao antigo hábito dos executivos das empresas que sempre operaram offline de proteger excessivamente seus territórios privados dentro das organizações, como se fossem suseranos guerreando contra os senhores detentores dos demais feudos internos.

As companhias mais recentes, evoluídas de *startups* com poucos anos de vida, criadas e dirigidas por jovens inteligentes e ambiciosos, possivelmente mostram uma maior facilidade para embarcar nessa nova e inevitável onda que é a transformação digital.

Muitos desses empresários jovens e ousados, por sinal, mostram-se simplesmente encantados com a perspectiva de formar e conduzir ao sucesso suas próprias empresas, não se interessando pelas – ou até desdenhando das – atitudes egocêntricas de executivos de gerações anteriores, que há anos atuam no mundo corporativo.

Por sinal, as grandes e tradicionais empresas que começaram offline já perceberam isso muito bem e, seja de modo objetivo, seja em um movimento puramente intuitivo, também já constataram que essa atitude desprendida dos mais jovens encerra uma importante verdade que não mais pode ser ignorada. Assim, também muitas empresas mais tradicionais esperam, no fundo, participar igualmente dessa atmosfera de expectativas e otimismo que é tão característica das *startups*.

Um dos autores que percebeu isso claramente foi Eric Ries, um conhecido blogueiro norte-americano que escreve sobre tecnologia e desfruta de enorme sucesso, mantendo hoje mais de 40 milhões de seguidores. Também palestrante assíduo em eventos sobre administração e *startups*, Ries publicou, em 2018, um *best-seller* chamado *O Estilo Startup* (publicado no Brasil pela Ed. Leya, 2018, 368 p.), em que, apresentando exemplos concretos, orienta as empresas já consagradas no ambiente *offline* sobre como podem transformar-se em organizações digitais. Para Ries, os princípios básicos do empreendedorismo podem e devem ser plenamente utilizados por todas as empresas, mesmo aquelas que têm histórias pregressas ultraconservadoras.

Está muito claro, atualmente, que a transformação digital é capaz de levar uma empresa tradicional a um novo frescor, a um autêntico rejuvenescimento cultural – e está mais do que claro, também, que promover esse rejuvenescimento é condição sine qua non para a sobrevivência da empresa.

Para Ries, é a atitude fundamentalmente nova dos atuais consumidores que é decisiva para que a empresa aceite esse enorme desafio. Com novos padrões de compra, que desafiam modelos de negócio que não foram desenhados levando em conta o movediço território da internet, comenta Eric Ries, o "novo" consumidor, que é sobretudo digital e altamente diversificado, não mais irá aderir a uma empresa fornecedora de cultura meramente tradicional.

Uma grande corporação brasileira que tem feito um grande e legítimo esforço para navegar bem no mundo digital é o Grupo Gerdau. Em entrevista em novembro de 2019, seu presidente executivo, Gustavo Werneck, declarou que, para sua empresa, "a transformação digital é quase uma questão de sobrevivência". E ele adverte que essa questão é muito séria: "vemos várias empresas tradicionais centenárias simplesmente desaparecendo", explica.

"E o primeiro passo para isso", prossegue Werneck, "é a mudança de cultura. As empresas tradicionais que não passarem por isso não conseguirão se digitalizar; é um pré-requisito", ele admite. "Mas, na Gerdau, temos também outros grandes pilares envolvidos nessa transformação: além da cultura, há a necessidade de intenso emprego de tecnologia de ponta, intensa utilização de dados e adoção de novas formas de trabalhar, sem a hierarquia vertical de antes e com decisões sobretudo ágeis", ressalta Werneck.

Ele tem toda razão. E nada nos impede de tomar a expressão "cultura digital" como o pano de fundo para todos esses demais pilares que Werneck está citando. Ademais, os especialistas nesse tema são unânimes em afirmar que a pandemia da Covid-19 que se abateu sobre o mundo todo veio a acelerar ainda mais a grande necessidade dessa transformação digital nas empresas em geral!

Os quatro movimentos simultâneos na transformação digital

Uma empresa já estabelecida há anos, que venha operando há já três ou quatro décadas, sem dúvida precisará embarcar em um grande processo de mudança em direção à digitalização, sem o que estará fadada, sem contemplação, a desaparecer. Esse processo de mudança, como já deixei perceber, é tão mais crucial e urgente quanto menos digital ela tiver se tornado até o presente.

Como se trata de um autêntico e radical processo de mudança cultural envolvendo a empresa como um todo, minha recomendação é que esse grande projeto seja levado adiante, do início ao fim, por uma dupla liderança, envolvendo o Gestor de Pessoas em nível estratégico e o Gestor de TI da empresa, obviamente sob uma liderança firme e altamente participativa do CEO da empresa, com apoio integral de seu Conselho de Administração. Assim fizemos em Lojas Renner, aliás, onde a transformação digital foi muito bem-sucedida, conduzida exatamente dessa forma.

Essa transformação digital requer que se façam quatro movimentos simultâneos, todos de grande porte, igualmente importantes e desenvolvidos em harmonia uns com os outros. São movimentos sinérgicos, que se reforçam entre si, cada um deles aumentando o poder transformador dos demais – de tal sorte que os êxitos que irão sendo obtidos em um desses movimentos contribuirão para acelerar as mudanças que virão nos demais. Esses quatro movimentos, ou jornadas simultâneas, são:

- uma persistente automatização dos processos organizacionais;
- uma obstinada experimentação de novas práticas de gestão, desenvolvidas especialmente para uso em ambientes altamente digitais;
- o intenso envolvimento de todo o corpo de colaboradores em um vigoroso programa de educação digital; e
- uma continuada e imersiva exposição da empresa aos inúmeros ambientes digitais de que ela se encontra cercada no dia a dia.

Deve ficar claro que não se trata de escolher entre esses quatro movimentos, de modo a se preferir realizar uns deles ao invés de outros; tampouco se trata de iniciar o processo de transformação digital por algum movimento específico entre esses, deixando para um segundo momento o embarque da empresa em um segundo movimento e então em um terceiro etc.

Não. O que é preciso, de fato, é que a empresa trace um plano estratégico de alto nível, envolvendo todo o corpo de colaboradores, a começar pelo seu principal executivo e que, sob a égide do Conselho de Administração, integre as quatro jornadas mencionadas em um grande e único movimento. Algumas empresas têm um Comitê de Inovação formado dentro do Conselho de Administração ou ligado diretamente a este; e, nesse caso, esse comitê provavelmente será o condutor do processo.

Trato agora de comentar cada um desses movimentos.

O aparelhamento tecnológico dos processos organizacionais

No universo das TICs, mesmo tecnologias que pareçam distantes do interesse direto e imediato da empresa, poderão, em pouco tempo, surpreendê-lo. Pelo menos quatro razões me levam a fazer essa observação:

- primeiro, a experiência mostra que, a qualquer tempo, tecnologias até então não associada ao ambiente de negócios de uma empresa podem acabar influenciando-o;
- depois, as tecnologias tipicamente se somam entre si e formam compósitos tecnológicos que trazem novas soluções, bem diferentes do que já era conhecido;
- outra razão é que nosso cérebro é surpreendente em sua capacidade de estabelecer relações entre coisas que parecem nada ter de comum entre si; e, por fim,
- o próprio *core business* da empresa poderá acabar sendo alterado a qualquer momento, tendo a empresa de repensar seus mercados, produtos, canais de distribuição etc.

Assim, é fundamental prestar atenção em novas tecnologias! Mas, quais delas, afinal? Impossível tentar fazer uma lista; inúmeras tecnologias novas estão aparecendo diariamente e são todas elas potencialmente importantes. O indicado é que todo gestor se mantenha muito bem-informado, buscando atualizar-se diariamente, pelos órgãos da imprensa, lendo livros e artigos de fontes confiáveis e, sobretudo, por meio de publicações especializadas, tudo que vem ocorrendo em termos de evolução tecnológica – e, inclusive, fazendo benchmarking em empresas de ponta no Brasil e no exterior.

Aliás, essa atenção permanente a novas tecnologias é um desafio permanente para o gestor de pessoas, especialmente os mais experientes, que estão na área há vários anos, acostumados que estão a dar um grande valor ao soft management e às soft *skills*, mas pouca atenção às TICs.

À guisa de um aperitivo, apresento a seguir alguns temas atualmente mais candentes – temas que estão, no momento, "bombando", por assim dizer: a cultura *data-driven*, as plataformas como modelo de negócios e o People Analytics. Já advirto que apenas estes três temas estão muito longe de esgotar o assunto.

A cultura data-driven

Hoje os dados são parte integrante de nossas vidas – estão em todos os lugares e afetam tudo que fazemos ou deixamos de fazer: um exponencial volume de dados é produzido a cada dia, a cada hora. Esse novo "império dos dados", que um especialista, o professor Luli Radfahrer, da ECA-USP, chama de "datacracia", tem constantemente produzido novas profissões, como a de cientista de dados, que não existiam há poucos anos.

Atualmente geram-se tantos dados que um recente estudo da consultoria Gartner estimou que, nos últimos três anos apenas, produziram-se mais de 90% de todo o total de dados historicamente já gerados no mundo. Mas, fazer um uso inteligente desses dados, convertendo-os em informações relevantes, tornou-se também uma chave para o sucesso das empresas, bem como o modo por excelência de se alavancar um negócio.

Por isso chegamos ao que hoje se conhece por "cultura data-driven", a cultura dirigida pelos e para os dados. Ela pode ser resumida na absoluta dependência que as pessoas e as organizações passam a ter em relação aos dados, para suas decisões estratégicas e mesmo operacionais.

Em primeiro lugar, essa nova forma de decidir é benéfica em vários sentidos, porque elimina as escolhas importantes baseadas em meras suposições ou em um retrógrado "achismo": dados analisados mostram como as coisas são de verdade, tornando ineficazes as discussões baseadas em meramente opiniões ou percepções pessoais, que frequentemente levam a decisões equivocadas.

Ao pensarmos nisso, vemos que tremendo paradoxo é o fato de muitas decisões na vida e nos negócios serem ainda tomadas com base em *fake news* – visões falsas da realidade. A frequência com que as pessoas embarcam em percepções erradas acerca dos fatos mostra que ou elas não consultam dados disponíveis a respeito, ou estão fundamentalmente mal-intencionadas, querendo mesmo que as coisas aconteçam de maneira errada! Dados são *anti-fake news*, simplesmente porque elucidam os fatos.

Os dirigentes das empresas precisam sistematizar o emprego de dados em suas decisões, mesmo as mais simples: quais são os dados? O que eles dizem, para onde apontam? Essas são as perguntas que precisamos nos fazer, sempre que nos depararemos com duas ou mais alternativas de ação, em qualquer situação, na vida e nos negócios.

Trata-se de um procedimento metodológico fundado no universo digital e um dos produtos essenciais de uma transformação digital: a empresa que se transforma digitalmente irá basear-se em dados – para tudo!

Algumas questões orientativas para o exercício de uma cultura *data-driven* nas empresas são estas:

- *Os dados precisam ser democratizados*. Ou seja, eles precisam estar disponíveis para todos os colaboradores e áreas dentro da empresa. É básico tornar a informação acessível, se quisermos desenvolver o hábito de basear em dados todas as nossas decisões.
  As boas práticas de gestão em um mundo permanentemente *online* dependem dessa democratização dos dados. Isso quer dizer, também, que os dados precisam ser rastreáveis, ser capazes de ser localizados e perseguidos em seus caminhos, de modo a entendermos como se formam e como se transformam. Evidentemente, existem tecnologias apropriados para tal.
- *Os dados devem ser claros e objetivos*. A inteligibilidade dos dados e sua óbvia aplicabilidade são fatores essenciais, igualmente. Não só as pessoas precisam ter acesso às informações, mas elas precisam também ser capazes de interpretar corretamente essas informações, bem como de as usar nos momentos e lugares adequados.
  Para isso, não apenas os dados precisam ser esmiuçados e dissecados com propriedade, para que entendamos claramente o que eles nos estão dizendo, mas os próprios colaboradores da empresa precisam ser educados para fazer corretamente sua interpretação.
- *Os dados devem ser escaláveis e combináveis*. Quase sempre mais dados esclarecem melhor uma questão; e mais dados ainda, a esclarecem mais ainda: quanto mais dados temos à disposição, mais claramente somos capazes de entender um problema e sua solução. Além disso, dados se combinam aumentando sua pró-

pria inteligibilidade: combinando dados, esclarecemos melhor ainda os problemas e as saídas disponíveis. Foi a lúcida combinação de diferentes dados que levou o mundo à produção de vacinas eficazes contra o vírus da Covid-19 em um tempo recorde de menos de um ano, quando anteriormente não se conseguia produzir uma vacina antiviral em menos de dez anos!

- *É preciso fazer a governança dos dados*. No âmbito de uma empresa, é necessário considerar que os dados de que esta dispõe, na verdade, compõem seu ativo, e dos mais preciosos. Sendo assim, esses dados devem ser preservados e administrados apropriadamente. Através deles é que as empresas conceberão melhores produtos e serviços e os oferecerão, em seus mercados, com maiores chances de êxito nas vendas e receitas, porque terão maiores chances de atrair consumidores interessados.
  Então, estabelecer métodos apropriados de coleta, armazenamento e tratamento de dados é fundamental. Tecnologias avançadas de *Business Intelligence, Business Analytics* e *Big Data* são essenciais para tal. A base para uma boa governança de dados está em criar fluxos inteligentes de armazenamento e transmissão desses dados, de onde e para onde e quando forem necessários.
- *É essencial formar líderes capazes de trabalhar bem com dados*. As empresas precisarão ter comandantes de equipes que possam inspirar, ensinar e orientar seus grupos de trabalho a encontrar problemas solucionáveis com dados, formular hipóteses de como trabalhar sobre esses problemas, encontrar soluções baseadas em dados para atender a essas hipóteses.
  Um novo tipo de líder, completamente distinto de todos aqueles que foram fundamentais até bem pouco tempo atrás, está sendo necessário nas organizações, em função do novo ambiente de dados.

People Analytics (ou RH Digital)

Uma questão essencial em uma cultura empresarial *data-driven* refere-se ao que é clamado de People Analytics. A expressão "RH Digital" também é bastante usada nesse sentido.

Todavia, considerando que o termo "RH" vem caindo em desuso, prefiro não a utilizar aqui.

No último capítulo deste livro, logo em seguida a este, vou desenvolver mais este tema, dado que conhecer e pôr em prática uma ação programada de sistemática de People Analytics é decisivo para que o Gestor de Pessoas de uma organização tenha um efetivo desempenho estratégico. Assim, neste capítulo irei apresentar apenas algumas noções mais gerais a respeito do tema.

People Analytics refere-se ao conjunto dos processos e instrumentos usados para colher e analisar dados referentes à Gestão de Pessoas ou do Capital Humano das empresas. Dispor de formas apropriadas de People Analytics é fundamental para que a empresa tenha um órgão de efetivo nível estratégico cuidando, de maneira moderna e eficaz, de extrair o máximo de performance de seu quadro de colaboradores, bem como atuando preditivamente, antecipando-se a problemas futuros.

Quando se referir aos processos mais conhecidos da tradicional área de RH (recrutamento e seleção, treinamento, avaliação de desempenho, pesquisas e *surveys* internos, administração de cargos e salários, administração de benefícios, prevenção de acidentes, segurança patrimonial, ergonomia, saúde ocupacional, clima interno, qualidade de vida no trabalho, entre outros), não mais será possível, a partir de agora, falar em transformação digital sem que se fale em People Analytics.

Em última análise, People Analytics irá ajudar a Gestão de Pessoas, assim como os demais gestores da empresa a tomar decisões mais acertadas sobre colaboradores, equipes e a força de trabalho como um todo; bem como avaliar constantemente e acompanhar de perto a conduta desse quadro de colaboradores, com relação a fatores tais como: engajamento, produtividade e a satisfação das pessoas na organização.

O uso de métodos de People Analytics na empresa pressupõe que haja recursos técnicos e humanos capazes de fazer:

- A *coleta de dados* sobre todo o contingente de colaboradores da empresa, assim como dados externos a esta. Tais dados poderão vir de redes sociais, pesquisas internas, currículos de candidatos, sistemas de gestão da empresa e outras fontes.
- A *tabulação de dados,* que consiste em cotejar e cruzar entre si os dados colhidos, reunindo-os de acordo

com determinados critérios que nos permitam inferir informações relevantes sobre eles. Essa tabulação deve ser feita a partir de questões que se deseja elucidar sobre os recursos humanos da empresa, colocadas previamente.

- A *análise dos dados tabulados*, em busca de respostas para as perguntas feitas. Neste estágio se verifica todo o grande potencial de um sistema de People Analytics, já que são estas análises que mostrarão quão úteis esses dados podem ser para a empresa.
- O *encaminhamento de decisões*, a partir das análises feitas e das informações obtidas dessa forma. Um People Analytics apropriado deve dar a sensação de que os dados obtidos claramente favorecem segurança e confiabilidade nas decisões tomadas.

O uso dos recursos de um People Analytics bem planejado resultará em grande quantidade de informações novas sobre o corpo de colaboradores da empresa – informações que não eram possíveis anteriormente por falta dos dados, matéria-prima de um sistema sofisticado para a descoberta de novas tendências, lacunas existentes nas informações, pontos fortes e fracos da empresa e de suas equipes internas.

Prometo voltar ao assunto no próximo capítulo, caro leitor ou leitora, para enriquecê-lo com mais informações importantes sobre People Analytics.

As incríveis plataformas de negócios

Embora seja comum usar o termo "plataforma" para se referir a aplicativos para celulares ou *websites*, uma plataforma de negócios é algo muito diferente disso – ela é bem mais do que apenas um software ou ferramenta tecnológica, constituindo, de fato, um modelo de realizar e promover negócios, que cria valor, basicamente aproximando produtores e seus consumidores.

Em boa parte, a má interpretação do termo se deve à confusão que habitualmente se faz entre as empresas de plataforma e outras, que, diferentemente, oferecem serviços na forma de SaaS (software as a service). Essas empresas, cujo negócio é também muito inteligente, licenciam seus serviços em vez de vendê-los aos clientes, como tradicionalmente se fez no passado. Alugando espaços em seus sistemas para as empresas clientes, por exemplo, as SaaS os livram da tarefa de administrar, manter e atualizar os recursos em questão – o que as próprias SaaS se encarregam de fazer.

A maioria das empresas de SaaS continua entregando valor aos seus clientes por meio de seus produtos ou serviços, mas não gera conexões em rede entre produtores e consumidores, o que as plataformas de negócios fazem. Além do mais, as SaaS não contam com a estrutura de custos das plataformas, que geralmente permitem a estas um excelente nível de faturamento e um modelo de negócios de sucesso. Finalmente, as SaaS são empresas lineares comuns, na realidade.

O modelo das plataformas de negócios, a rigor, já existia bem antes da internet aparecer, operando em vários campos: imobiliárias, distribuidoras e locadoras de inúmeros produtos são, em última análise, plataformas. Todavia, com o advento da internet, o modelo se sofisticou e se expandiu, alcançando mercados até então totalmente fora de seu alcance. De vinte anos para cá, com a disponibilidade de ferramentas tecnológicas mais sofisticadas e mais acessíveis, seus usuários cresceram enormemente, em escala mundial.

Surgiram os *marketplaces* de produtos e serviços, bem como as empresas que fazem a conexão entre profissionais que têm interesses comuns, sempre empregando a plataforma como ponto de referência. O que não mudou, entretanto, foi o desafio enfrentado por essas empresas: o de estimular as transações entre ambos os lados.

A plataforma de negócios é também um modelo em franca expansão. Podemos citar como exemplos típicos desse modelo muitas grandes organizações, começando pelas próprias atuais Big Techs: Google, Facebook, Apple, Amazon, Microsoft. Também aplicam esse modelo outras empresas globais bem conhecidas, tais como: Uber, Airbnb, e-Bay, Intel, SAP, Intuit, Telecom Itália e outras. Mas, de fato, essas empresas mais conhecidas são apenas a ponta do *iceberg*, pois as plataformas estão crescendo aceleradamente e chegando a muitos outros mercados e marcas muito valiosas, segundo a revista *Forbes*.

Além disso, as plataformas não estão apenas nos EUA ou no mundo ocidental. As chinesas Alibaba, Tencent e Baidu, e a japonesa Rakuten, por exemplo, são grandes plataformas que vêm conquistando, além de seus países, grande parte do restante da Ásia. Somente a Alibaba controla até 80% do mercado chinês de comércio eletrônico, enquanto Baidu tem mais de 70% dos projetos de pesquisa na China. A Tencent, por sua vez, é atualmente a empresa mais valiosa da Ásia, com quase 850 milhões de usuários em sua plataforma de mensagens WeChat, sendo considerada por muitos a maior empresa de jogos do mundo.

Os professores norte-americanos Geoffrey G. Parker e Marshall W. Van Alstyne, ambos formados e trabalhando no MIT, associaram-se ao empresário indiano Sangeet Paul Choudary, fundador da Platform Labs, para publicar, em 2018, um livro seminal sobre essas plataformas de negócios, livro ao qual deram o nome de *Plataforma: a revolução da estratégia* (edição em português pela Alta Books, São Paulo, 376 p.).

No livro, os autores apresentam de forma muito didática os passos que uma empresa deve dar para se estabelecer com uma plataforma e explorar devidamente esse modelo nos negócios. O livro explica a finalidade das plataformas, sua arquitetura, os processos que elas geralmente incorporam, bem como as condições gerais que as levam, quando adotadas, a promover radicais transformações nas indústrias mais tradicionais, transmutando-as em organizações de sucesso no mundo digital.

Parece, para esses autores, ser crucial responder às seguintes questões, acerca das plataformas de negócios:

- Como se explica o fato de o modelo de negócios em plataforma, tal como foi aplicado, por exemplo, por Uber e Airbnb, ter conseguido desestruturar e dominar imensos e importantes setores tradicionais de atividades, como as frotas de táxi ou os serviços de hotelaria, tão poucos anos após seu lançamento?
- Como é possível que as plataformas de negócios tenham chegado aonde chegaram, mesmo empregando contingentes muito menores de trabalhadores do que as empresas tradicionais?
- Como as plataformas, ao surgirem, vieram tão rapidamente a se transformar em um dos principais eixos orientadores do crescimento econômico e da concorrência empresarial?

- Como e por que determinadas empresas alcançaram retumbantes sucessos usando esse modelo, enquanto outras, fazendo uso do mesmo modelo, mergulharam, ao contrário, no fracasso?
- Como é possível uma tal versatilidade que se verifica nesse modelo de negócios, pelo qual certas empresas conseguem atrair para seu ecossistema um grande número de diferentes produtores e consumidores, enquanto outras empresas concentram-se em mercados exclusivistas dominados por uma única plataforma?

Ainda as plataformas: o caso Alibaba!

Um dos grandes livros que li sobre plataformas *é Alibaba – Estratégia de Sucesso*, de Ming Zeng, executivo que foi diretor de Pessoal e assessor de Estratégia de Jack Ma, o próprio fundador do Alibaba. Edição original de 2018, pela HBR Press, de Harvard, o livro foi publicado em português em 2019, pela M. Books.

Zeng mostra que, combinada a outras tecnologias de evolução recente, tais como a inteligência artificial, o aprendizado de máquina, a internet móvel e a computação em nuvem, o modelo da plataforma de negócios vem redefinindo o modo como se cria valor, não apenas diretamente para os consumidores, mas também para outras empresas que estão fora do mesmo setor tecnológico ou para *startups*.

Ilustrando suas afirmações com exemplos de estratégias e ferramentas usadas pelo Alibaba e por outras empresas operando em vários setores da economia, como Ruhan e Red Collar, o livro apresenta um arcabouço simples e abrangente, capaz de guiar um empreendedor na formulação e na execução de estratégias de plataforma, em um ambiente rico em dados e extremamente interativo.

O livro de Zeng dá um especial destaque ao Taobao, o grande site de compras chinês com sede em Hangzhou, que foi criado em 2003 pelo Alibaba. Em 2021, o Taobao foi simplesmente o oitavo site mais visitado em todo o mundo.

Taobao é um *marketplace* que, em suas lojas *online*, comercializa produtos de pequenas empresas e de empreendedores individuais, atendendo a consumidores da China e do exterior, inclusive, com entrega expressa notavelmente rápida. O Taobao tem mais de um bilhão de produtos listados! O prefácio do livro é de Jack Ma, o que mostra que o fundador e CEO do Alibaba referenda pessoalmente aquilo que é dito pelo autor.

Um grande momento do Alibaba, e que demonstra seu fantástico poder mercadológico, aconteceu em 2017, em um evento chamado "Dia dos Solteiros", que havia sido criado em 2009 por funcionários do Tmall (o site de comércio eletrônico do Alibaba) para ser um festival de compras pela internet voltado para as grandes marcas do grupo. A intenção dos criadores era imitar o famoso Black Friday, dos norte-americanos.

Na China, o acesso dos consumidores à abundância de bens de consumo ainda é um fenômeno relativamente recente, que fascina a população e, por certo, essa foi uma das principais razões pelas quais o Dia dos Solteiros foi maravilhosamente aceito pelos chineses no país inteiro.

Em 2016, a plataforma atingiu seu ponto máximo, tendo processado 175 mil pedidos e efetuado 120 mil pagamentos... em um segundo! Nesse ano, as vendas do Alibaba no Dia dos Solteiros, realizada em mais de 200 países, alcançaram a fabulosa cifra de US$ 15 bilhões. A expectativa para o ano seguinte, portanto, era enorme. Zeng descreve assim o que aconteceu:

> *A meia noite se aproximava e os dedos dos usuários de todo o país e do mundo inteiro pairavam ansiosos sobre a tela dos celulares. Na China, esse evento é uma experiência pessoal que conta com o uso do aparelho móvel. A música na sala de comando cresceu, quando a contagem regressiva começou: cinco, quatro, três, dois, um!*
>
> *A mágica se desenrolou diante de meus olhos: em onze segundos, nossa plataforma facilitou 100 milhões de RMBs (ou Renminbis, moeda oficial da República Popular da China) em vendas – o equivalente a US$ 15 milhões –, tendo 97% dessas transações sido realizadas via celulares. Esses consumidores, portanto, capturaram imediatamente as melhores ofertas; e aqueles que esperaram não mais do que alguns preciosos segundos antes de se decidir a fechar a compra descobriram que os produtos que haviam pensado em comprar e escolhido no mês anterior já estavam esgotados!*
>
> *Pouco depois da marca de três minutos de vigência do Dia dos Solteiros, 10 bilhões de RMB (US$ 1, 5 bilhão) já tinham sido*

faturados em vendas – e havia ainda mais de 23 horas pela frente. Em seu pico de operações, as plataformas tecnológicas do Alibaba chegaram a processar 325 mil pedidos e 256 mil pagamentos por segundo.

Novas práticas de gestão para o mundo digital

Seria impossível que se introduzisse no mundo um tão amplo e diversificado sortimento de equipamentos, dispositivos, aplicativos, softwares e sistemas digitais, destinados a operar tecnologias cada vez mais avançadas, sem que esse imenso manancial de recursos inovadores não levasse também, automaticamente, a profundas mudanças nos comportamentos das pessoas.

Lembremos que a administração é uma disciplina bastante fluida, até mesmo instável, ao sentido de que frequentemente vai substituindo técnicas e práticas (até mesmo já consagradas) por outras tantos; e que ela (a administração), também amiúde, até mesmo mantém técnicas e práticas que já vinha utilizando, meramente trocando sua denominação e, assim, dando a impressão de que se trata de algo novo.

No entanto, é claro que também surgem novas formas de atuar no ambiente da gestão, comumente associadas a verdadeiras inovações que vão aparecendo, de natureza econômica, política, social e, sobretudo, tecnológica.

Claro! Sendo a tecnologia aquele aspecto da vida social que, ao longo dos anos mais recentes, rapidamente vem se transformando, também é esperado que seja na área tecnológica que facilmente apareçam novas práticas de gestão mais ajustadas aos novos recursos a serem empregados pelas empresas.

Em quais dessas novas práticas de gestão que têm surgido devemos prestar especial atenção? Quais delas vem impactando mais fortemente o dia a dia dos gestores nas organizações? Em capítulos anteriores, já me referi a algumas. Por exemplo, mencionei o modelo OKR (*objectives-key results*) usado para traçar objetivos e metas estratégicas ou não; também já falei do modelo Canvas de planejamento; e igualmente do conceito de MVP (*minimum viable product*) para o lançamento de produtos.

Há, entretanto, diversas outras abordagens comportamentais que precisarão ser introduzidas na organização e postas em experimentação, associadas aos novos recursos dos quais falei ateriormente. Adotar novas práticas de gestão, que reconheçam como válido e sigam o que as *startups* estão fazendo em seu dia a dia, é básico para desenvolver uma verdadeira cultura digital na empresa.

Fazer isso não apenas irá harmonizar os comportamentos habituais internos da empresa à nova cultura preconizada pela transformação digital; fazê-lo auxiliará os gestores e técnicos de sua empresa a melhor dialogarem com fornecedores, consumidores, parceiros, concorrentes e outros players que estão presentes no ecossistema ao qual a empresa pertence.

Dessa forma, será também muito facilitada a movimentação da empresa no sentido de sua maior exposição às características desse ecossistema – o que é, obviamente, outro daqueles quatro grandes movimentos que apontei no início, necessários à realização de uma verdadeira transformação digital.

Assim, conheçamos (ou relembremos) algumas dessas novas práticas de gestão que vêm pintando de novas cores os comportamentos individuais e coletivos nas empresas propensas a realizar uma transformação digital.

Design thinking

Uma metodologia que as empresas que empreendem a transformação digital tendem a adotar é o *design thinking*. Basicamente, o que essa metodologia propõe é a prototipagem dos produtos, antes de seu efetivo lançamento no mercado. A intenção, com isso, é colher o máximo possível de mensagens de *feedback* antes do lançamento propriamente dito, de modo a poder fazer os devidos ajustes no projeto, com eficiência e agilidade, aumentando, em muito, a probabilidade de sucesso do empreendimento. O *design thinking* incentiva também a formação de equipes multidisciplinares e a adoção de abordagens criativas para a solução de problemas.

Não é difícil ver o quanto *design thinking* e MVP, particularmente, se completam e se harmonizam! É quase inevitável que essas duas práticas de gestão sejam pensadas em conjunto – e, quando uma delas é proposta e se decide pô-la em ação, é quase instantâneo que alguém venha com a sugestão de complementá-la com a outra: "E se, além disso, nós também fizéssemos...?"

O *design thinking* é, acima de tudo, um método para a solução de problemas. É uma forma especial de pensar, focada sempre na busca da solução para alguma situação indefinida, concentrando-se nos dados disponíveis sobre o problema e os explorando em busca de uma explicação para eles, a fim de se chegar, finalmente, a uma solução.

Essa forma de pensar, como tal, é muito antiga e se desenvolveu com a contribuição de diversos estudiosos das ciências em geral, da gestão e das técnicas de criatividade e tomada de decisão. Modernamente, pode-se traçar a origem do conceito, como método aplicável a problemas tecnológicos ou gerenciais, aos livros de Herbert A. Simon, *The Science of the Artificial* (1969) e de Robert McKim, *Experiences in Visual Thinking* (1973).

Em 1972, o psicólogo, arquiteto e *designer* Bryan Lawson realizou um experimento para entender como diferentes grupos pensavam ao buscar soluções para um problema. Nesse estudo, que se tornou um marco de referência para o *design thinking*, Lawson percebeu que engenheiros e arquitetos pensavam de formas fundamentalmente distintas:

Enquanto os engenheiros tentaram diversas soluções, comparando-as e finalmente escolhendo a melhor delas, os arquitetos pegavam a primeira solução plausível e a experimentavam. Ao observarem o resultado, corrigiam seus defeitos para uma nova tentativa, em que mantinham o que havia dado certo na experiência anterior. Dessa forma, eles iam aperfeiçoando a solução inicial, experimento por experimento, até chegar a uma solução final plenamente satisfatória.

Com base naquelas obras de grandes pesquisadores da ciência, e nestes experimentos de Lawson, o professor de Stanford, Rolf Faste, adotou e popularizou o conceito de *design thinking* como uma atitude criativa – e, por sua vez, seu colega David M. Kelley tratou de a adaptar às práticas de gestão das empresas.

Teorizando um pouco mais, podemos dizer que o *design thinking* é uma abordagem baseada no que se chama lógica abdutiva, que é diferente das lógicas indutiva e dedutiva. Na indução, parte-se de uma situação prática e se tenta encontrar uma teoria que a explique. Na dedução, faz-se o contrário: parte-se de uma tese ou conceito tentando, com ela, explicar uma situação prática.

Por exemplo, se o Gestor de Pessoas da empresa percebe que os gerentes e diretores estão se esforçando e se mobilizando para pôr em prática um novo procedimento estabelecido pela direção, usando o método indutivo ele (ou ela) pode buscar uma explicação lógica para isso: a ideia desagradou o grupo gerencial? Eles se sentem prejudicados com a mudança? Não sabem fazer aquilo daquele modo? O quê?

Usando o método dedutivo, por sua vez, o Gestor de Pessoas poderá pesquisar casos semelhantes na literatura especializada e, descobrindo um caso análogo acontecido em outra empresa, tentar aplicar a solução que foi encontrada ali ao seu próprio caso.

Em um projeto de *design thinking* não se faz nem uma coisa nem outra: pelo método abdutivo, terceira abordagem, o Gestor de Pessoas vai tentar entender cada aspecto do problema encontrado, possivelmente entrevistando os gestores da empresa, para saber o que está realmente acontecendo. Por vezes, até mesmo seus desejos inconscientes terão de ser levados em conta na busca dessa explicação.

A situação é, então, explicada pelos dados encontrados, a partir dos quais se formula uma solução, que é posta em ação experimentalmente. O que não funcionar, nessa experiência, é modificado na próxima experimentação, na qual se mantém aquilo que deu certo.

O *design thinking* tem sido usado com êxito em muitas empresas de ponta. A Netflix o tem empregado, por exemplo, para entender o modo como as pessoas estão lidando com a tecnologia relativamente nova do *streaming*, e quais comportamentos específicos elas desenvolvem ao ver TV e cinema usando essa nova tecnologia.

Com base no que observa, a empresa tenta, então, adaptar seus produtos e serviços a essas novas formas de agir dos seus clientes. A grande ênfase que a Netflix tem dado à oferta de séries formadas por poucos episódios (três, quatro, dez, doze, em vez de apresentar filmes únicos ou séries intermináveis de 50 ou 100 partes) decorre de suas conclusões acerca das preferências dos consumidores de cinema em *streaming*.

No Brasil, a Natura é uma das empresas mais conhecidas que usam *design thinking*, por exemplo, na criação de uma nova linha de produtos cosméticos para um público mais jovem. Para tanto, a empresa criou um grupo de pesquisa e fez um detido acompanhamento de um grupo focal rigorosamente segmentado, visando a entender as crenças e visões dos jovens sobre produtos de higiene e beleza. A partir dos dados colhidos foi possível melhor entender os pontos de vista desse público--alvo e criar produtos de acordo.

Agile – ou métodos ágeis

Ágil do jeito certo: transformação sem caos (2020, Ed. Benvirá, 264 p. – edição original no mesmo ano, pela HBR Press) é um livro importante de Darrel Rigby, Sarah Elk & Steve Berez. Os três são experientes e renomados consultores da consultoria internacional Bain & Co., que tem sido uma pioneira no mundo na orientação, aos seus clientes, para a transformação digital.

O livro trata do que se conhece por Agile, ou métodos ágeis, e seu poder de transformar para melhor o modo como as equipes trabalham nas organizações. A intenção é ampliar as chances de produção de inovações e avanços na dinâmica das empresas, que precisam atuar cada vez com mais rapidez e menores custos.

Em seu livro, Rigby e companhia apresentam excelentes exemplos de grandes empresas que aplicaram e aplicam, com grande sucesso, os métodos ágeis, tais como: Bosch, Amazon, Spotify e Dell. Em síntese, Agile é uma filosofia para o trabalho em equipe, pela qual times auto-organizados avançam em projetos, em ritmo acelerado, em busca de inovações.

Os métodos ágeis se disseminaram com notável rapidez no ambiente dos negócios; e o motivo para isso é bem simples: para a maioria das empresas, curvadas sob o peso de estruturas hierarquizadas e de procedimentos burocráticos típicos das organizações tradicionais, é muito difícil realizar inovações.

O conceito do Agile é central para que isso possa acontecer. A agilidade na atuação das equipes libera o espírito inovador que a organização tradicional literalmente sufoca. Com os métodos ágeis, a empresa consegue reformular tanto aquilo que oferece aos seus clientes, quanto a forma como opera internamente, tornando mais leve e operoso o ambiente interno e mais gratificante o trabalho das pessoas.

Os métodos ágeis podem ser usados com êxito em qualquer tipo de negócio, função, departamento ou área de trabalho, inclusive em processos muito complexos. Como método de aprendizagem, os especialistas sugerem que a empresa comece timidamente, primeiro aplicando os métodos ágeis em pequenos projetos, na forma de experiências piloto conduzidas por grupos limitados; para depois abrir seus tentáculos e expandir o uso da filosofia Agile em operações cada vez maiores e mais ambiciosas, em "tribos", ou "times de times", como às vezes se diz.

De fato, nas empresas mais experientes nesse assunto, centenas de times ágeis podem estar funcionando simultaneamente, tocando segmentos diversos de grandes projetos depois unificados em um objetivo único muito maior.

Um exemplo disso é o que conseguiu fazer a divisão aeronáutica da Saab sueca, que montou mais de cem times ágeis para desenvolver, com a melhor relação custo-benefício possível, os diferentes sistemas (*softwares*, *hardwares*, fuselagem e sistemas variados) que compunham o caça supersônico Gripen, soberbo jato de combate orçado em US$ 43 milhões, sem dúvida um dos produtos mais complexos do planeta.

Rigby, Elk & Berez advertem, em seu livro, que, por ter se tornado uma palavra da moda, o conceito de Agile frequentemente é aplicado de forma apressada e equivocada, produzindo mais confusão do que aperfeiçoamentos, consequentemente deixando os clientes nervosos, irritando os funcionários e colocando em xeque a atuação dos líderes de equipes.

De fato, constata-se que muitas empresas aplicam mal os métodos ágeis, principalmente por má organização, falta de treinamento ou falta de suporte especializado vindo da cultura organizacional.

Scrum

Scrum é um termo obrigatoriamente associado ao conceito de Agile. Refere-se à adoção de equipes de trabalho relativamente autônomas ou até mesmo completamente autogeridas envolvidas na realização de projetos específicos.

A valorização do modelo de autogestão da equipe de trabalho, que sempre foi considerada muito difícil nas empresas tradicionais altamente hierarquizadas, tem sido, ao contrário, muito expansiva nas empresas digitalizadas. Na maioria das empresas que embarcam em projetos de transformação digital tem-se verificado que o papel dos líderes de equipe se torna bem menos marcante e claramente reduzido – não pela falta de bons líderes na organização, mas simplesmente porque o modo pelo qual as equipes de trabalho passam a se organizar agora prescinde de uma liderança mais pronunciada.

A propósito disso, falar de Agile requer que falemos também, especificamente, no modelo Scrum. Esse termo designa, na origem, uma metodologia que era usada em planejamento e gestão de projetos de software, mas que, em pouco tempo se popularizou, disseminando-se para variados tipos de projetos.

De acordo com essa metodologia, o projeto é dividido em ciclos mensais, chamados *Sprints* (em atletismo, esse é o nome dado a uma corrida curta, cumprida em alta velocidade) ou *Design Sprints*. Cada Sprint do projeto implica em um conjunto de atividades que devem ser executadas dentro de um tempo preestabelecido.

Contrariamente ao que frequentemente se pensa, entretanto, o Scrum não é um processo padronizado, com etapas cumpridas em uma ordem específica; de fato, a metodologia funciona mais como um *framework*, um arcabouço organizador, dentro do qual se organizam e se gerenciam as várias atividades (muitas delas bastante complexas) que podem compor um projeto (originalmente, como disse, de desenvolvimento de *software*).

Tem-se observado que uma das principais vantagens do Scrum é a notável celeridade que dá ao andamento do projeto montado segundo essa metodologia. Essa foi a principal razão de sua popularização nas empresas, em particular naquelas que já embarcaram em uma transformação digital.

De passagem, quero acrescentar ainda que o termo "*scrum*" não é uma sigla, como a princípio dá a impressão; de fato, o termo é uma contração da expressão em inglês "*scrimmage*", que significa "escaramuça" ou "luta rápida e breve entre pequenos grupos de soldados". Quem primeiro usou esse termo foram os professores e estudiosos de administração japoneses Hirotaka Takeuchi e Ikujiro Nonaka, em um artigo publicado na *Harvard Business Review* em 1986, chamado *The New Product Development Game*.

Nesse artigo, os autores usaram a analogia com o esporte do rúgbi para descrever a importância de um efetivo trabalho em equipe para o tratamento e a solução de problemas complexos, como se espera dos times que usam o scrum em projetos de software.

Dá-se o nome de Scrum Master ao colaborador que atua como facilitador de projetos de Scrum, geralmente é um profissional da própria empresa. Scrum Team é o nome dado à equipe formada e operando de acordo com a metodologia.

As equipes formadas adotam dois preceitos importantes: auto-organização e multifuncionalidade. Ou seja, os participantes do Scrum Team se organização como acharem melhor para a realização de seu trabalho; além disso, eles trazem para o grupo as competências necessárias ao projeto, que devem ser, propositalmente, variadas e diferentes entre si.

As entregas do Scrum Team seguem o formato MVP (produto mínimo viável); ou seja, elas são, de início, soluções que apresentam apenas a quantidade mínima necessária de recursos capazes de basicamente resolver o problema para o qual as equipes foram concebidas.

Um bom exemplo de Scrum Team pode ser o das equipes de apoio ao Centro de Contingência, organizadas em São Paulo no primeiro semestre de 2020 com a finalidade de apoiar o combate à pandemia de Covid-19.

Dentro do mesmo contexto, outro projeto em que se aplicou a metodologia dos Scrum Teams foi a implantação do Censo Covid-19, também em São Paulo, uma solução pioneira no Brasil. O censo resultou de um estudo continuado que levava em conta indicadores-chave (taxa de ocupação de leitos de UTI Covid, taxa de evolução da epidemia, quantidade de novas internações etc.), para monitoramento da capacidade do sistema de saúde.

Esses indicadores foram considerados centrais para o desenvolvimento do Plano São Paulo, que era a estratégia do governo do Estado para combater a Covid-19. Em aproximadamente dois meses, o Censo Covid-19 obteve a adesão de 99% dos hospitais do Estado.

Squads

Basicamente não há diferença entre Scrum Team e Squad. O termo Squad é uma redução do inglês Squadron (esquadrão) e sua origem, como parece óbvio, está na vida militar. Os jovens norte-americanos, de alguns anos para cá, se acostumaram a referir-se assim ao seu grupo de amigos. Ou seja, Squad, entre jovens americanos, corresponderia mais ou menos ao que, no Brasil, chamávamos, no passado, de "turma" ou "rapaziada" e atualmente chamamos de "galera".

Assim, algumas empresas aproveitaram-se da popularidade do termo Squad na vida cotidiana dos jovens e passaram a usá-lo para designar equipes de trabalho mais "avançadas", procurando estimular o espírito de convivência e camaradagem entre os membros do time de trabalho.

Por exemplo, a Spotify, empresa que oferece um serviço de *streaming* de música, *podcasts* e vídeos, foi uma das primeiras a constituir equipes autogeridas de trabalho que os próprios colaboradores apelidaram de Squads.

O nome, então, "pegou" e se disseminou. É preciso tomar certo cuidado ao usar o termo, entretanto, porque Squad não sugere especificamente que a equipe seja autogerida, como a iniciativa do Spotify pode dar a entender.

Mas, sem dúvida, mais importante que isso, organizar a empresa em Squads, ao invés de obedecer rigidamente à departamentalização hierárquica tradicional, é uma medida que tem sido vista como prática e rápida, para as empresas que vêm da "velha economia" começarem a fazer sua transformação digital!

Quando conseguem formar Squads internamente, essas empresas começam a "entrar no clima" da digitalização de seus processos internos, em benefício da empresa como um todo. E os efeitos benéficos dessa medida relativamente simples para uma efetiva mudança cultural, tem sido observados com grande frequência. Casos emblemáticos conhecidos de empresas que entraram no mundo digital pela via dos Squads, além da Lojas Renner, são, por exemplo os da Whirlpool, da Vivo e do Banco Carrefour, a partir de 2019.

Tribos

Tribo é o coletivo de Squad: em uma empresa, um conjunto de Squads forma uma Tribo. Esse conceito foi adotado e então popularizado pelo conhecido especialista norte-americano em marketing, Seth Godin, que define a tribo como sendo "uma comunidade de pessoas conectadas entre si e também a um líder e a uma ideia".

Godin argumenta que os seres humanos sempre pertenceram a tribos e essa forma de organização é tão antiga e atávica que se tornou impossível ignorá-la. "Gostamos de pertencer a uma entidade que seja maior do que nós", ele afirma, ao justificar o uso dessa ideia nas empresas. "Quanto menor for uma tribo, aliás", acredita ele, "mais forte será o sentimento de afiliação de seus membros".

Por isso, de acordo com Godin, as equipes de alta performance devem ser formadas sempre por poucas pessoas, que consigam atuar como autênticas tribos, dotadas destes três requisitos:

- um objetivo comum,
- rituais compartilhados e
- um líder de confiança.

Um objetivo comum é necessário, porque nossa capacidade de colaborar é muito maior quando estamos com pessoas que compartilham dos nossos objetivos: a colaboração entre as pessoas cresce muito quando elas estão focadas em uma mesma causa.

Em segundo lugar, as tribos criam comportamentos e procedimentos habituais que vão repetindo constantemente e que, depois de um tempo, tornam-se simbólicos e emblemáticos, passando a ser representativos e identificadores daquela tribo em particular. Ela passa a valorizar essas formas de conduta como verdadeiros rituais sagrados, que ajudam a identificar quem é um membro da tribo, separando-o dos "outsiders".

Tribos e Squads em Lojas Renner

Lojas Renner adotou a prática de formar Squads já em 2017, começando com a equipe de gerência das operações das lojas, nas quais a questão inicialmente proposta foi a de entender quais melhorias poderiam ser implementadas para aumentar as vendas por metro quadrado, com foco na produtividade.

A empresa em seguida também implementou o modelo nas áreas de produto, onde desenvolveu sistemas baseados em inteligência artificial, machine learning e algoritmos capazes de capturar tendências, medir o acerto de decisões e, principalmente, compor os estoques das lojas, prevendo com maior precisão sua demanda diária item por item.

Hoje, as áreas de Negócios Digitais, TI, Logística, Gente & Desenvolvimento, Marketing e também a Realize, braço financeiro da Companhia, operam basicamente com Squads. Um dos principais desafios para isso foi fazer uma mudança no modelo de gestão, pois as lideranças estavam acostumadas a acompanhar o trabalho dos colaboradores de forma mais próxima e tiveram de se adaptar – uma vez que, no novo modelo, os colaboradores participantes necessariamente deveriam atuar com maior autonomia.

O desafio, nesse sentido, não se restringiu aos líderes: também para cada colaborador, passar a trabalhar na forma de Squads requereu o desenvolvimento de vários novos skills, o que, em Lojas Renner, acabou se tornando uma rica fonte de aprendizado para todos nós. Passamos todos a conhecer muito melhor os métodos ágeis, como o Scrum, e a entender novos conceitos associados, centrais em uma cultura empresarial já totalmente marcada pela digitalização, como Lojas Renner. Hoje, os métodos ágeis permeiam toda a organização.

O valor dos métodos ágeis na pandemia, em Lojas Renner

A adoção de métodos ágeis antes da pandemia, por Lojas Renner, acabou beneficiando muito a companhia. Tendo já consolidada essa metodologia de trabalho, pudemos imprimir maior rapidez às nossas ações, frente aos desafios que a crise sanitária nos impôs. Penso que, por assim dizer, pudemos "sair na frente", no enfrentamento desses desafios.

Dessa forma, aceleramos nosso processo de transformação digital, redirecionamos esforços necessários e antecipamos o desenvolvimento de projetos que estavam inicialmente previstos para início meses mais tarde, em fins de 2020 ou mesmo em 2021.

Cito como exemplo um desses projetos, o "Minha Sacola", destinado a possibilitar uma "venda social", ao permitir que qualquer pessoa inscrita em uma plataforma parceira de marketing de afiliados anunciasse produtos da Renner publicando links em suas próprias redes sociais e grupos de WhatsApp.

A esses afiliados foi destinada uma comissão de 7% sobre as vendas efetuadas. O projeto foi desenvolvido aproximadamente em uma semana, tendo sido lançado bem no início da pandemia. Rapidamente alcançou o número de 12 mil afiliados.

Outra inovação antecipada em função da pandemia foi a adoção da modalidade de venda por WhatsApp, em abril de 2020, cujo volume havia quadruplicado pelo final do ano. Esse serviço foi voltado para consumidores que se sentem mais confortáveis em interagir com um atendente, no momento da escolha dos produtos. Nessa modalidade, as entregas se dão no máximo em 48 horas e o serviço (que segue em expansão) passou a ser disponibilizado em mais de 50 cidades no Brasil, além daquelas em que a Renner opera, na Argentina e no Uruguai.

Os métodos ágeis também ajudaram na tomada de decisões em Gestão de Pessoas. A Diretoria de Gente & Desenvolvimento de Lojas Renner foi uma das primeiras a adotar métodos ágeis. Desde que começamos a incorporar essas práticas, as equipes passaram a atuar de forma muito mais autônoma, tornando as decisões mais descentralizadas, o que estimulou a inovação e nos trouxe resultados positivos e constante aprendizado.

Durante a pandemia, observamos um nítido fortalecimento do trabalho colaborativo entre os times, em conjunto com a adoção de metodologias ágeis. Isso decorreu, de fato, por conta de um movimento de afirmação da cultura corporativa da Lojas Renner que já havia sido iniciado anos atrás, envolvendo todas as áreas e incentivando cada vez mais a colaboração de todos na tomada e no compartilhamento de decisões. Essa mudança de mentalidade, portanto, não é recente na empresa, mas foi acelerada pela pandemia de Covid-19.

Educação digital do corpo de colaboradores

Dadas suas peculiaridades, a digitalização disseminada em todos os setores da vida social impõe às nações a imperiosa necessidade de efetuar constantes revisões em suas políticas educacionais. A educação tecnológica das pessoas é, em si, um caso especial. No mercado da tecnologia, a competição por talentos é absolutamente crítica.

Já disse isso anteriormente, mas não custa repetir: o emprego da tecnologia deixou de ser uma questão periférica na vida das pessoas e das empresas, passando a ser, de fato, seu âmago. É pelo emprego da tecnologia, agora, que pessoas e empresas realmente conseguem gerar resultados. E a digitalização exige de cada cidadão que passe a entender a si próprio como um estudante permanente – sem o que suas chances de obter trabalho e fazer renda pessoal vão se tornando a cada ano mais precárias.

Em outras palavras, cada um de nós precisa aderir, sem alternativa, ao que se convencionou chamar de *Lifelong Learning* (ou Educação Permanente). E, mais: temos de passar a estudar permanentemente a partir dos meios de que dispusermos para isso, bons ou precários, de fácil ou difícil acesso.

No que respeita à educação profissional interna nas empresas, realizada por iniciativa das próprias organizações, os programas de *reskilling* (reciclagem de competências profissionais) e *upskilling* (desenvolvimento de novas, mais importantes e urgentes competências profissionais) passam a ser componentes obrigatórios nos programas anuais de Educação Corporativa, nas empresas de todos os ramos de negócio.

Nas empresas, como já afirmei também, a transformação digital vai bem além do afã de fazer uso de novas tecnologias e estar pronto a considerar inovações que apareçam. O conceito, na realidade, implica em trazer para a gestão da organização novas formas de conduta, que estejam de acordo com essas novas tecnologias, que sejam compatíveis com elas. Isso requer, sobretudo, educação digital.

Mindset fixo vs. mindset de desenvolvimento

Para alfabetizar-se ou educar-se digitalmente, a pessoa precisa ser capaz de adotar um *mindset* de desenvolvimento, caso contrário não irá muito longe. Isso vale, sem dúvida, para todo Baby Boomer ou membro da geração X ou Y que se disponha a aprender algo com os mais jovens em um programa pessoal de *mentoring* reverso. Mas, vale também para qualquer um de nós, quando se dispõe a aprender qualquer coisa – seja física quântica, métodos de contracepção ou o cálculo da raiz cúbica de um número de 11 dígitos.

A expressão "*mindset*" foi popularizada por uma talentosa e hoje célebre Ph.D. e professora de psicologia na Universidade Stanford, Carol S. Dweck, que se especializou nos temas da motivação pessoal e do sucesso. Dweck escreveu um autêntico *best-seller*, chamado *Mindset* (edição em português publicada em 2017, pela Editora Objetiva, Rio de Janeiro, 312 p.).

O termo "*mindset*" talvez possa ser traduzido por "mentalidade" ou "estado mental", "atitude básica" ou "modo de encarar a vida", mas sempre perdendo algo do charme que tem o termo original, em inglês.

O *mindset* não é propriamente um traço de personalidade, mas uma profunda atitude que temos em relação a diversos aspectos de nossa vida, tais como o trabalho, as relações afetivas, a vida familiar, a educação dos filhos, nossa relação com a sociedade, a religião ou alguma ideologia: mindset é, em última análise, o modo como você, eu e todo mundo encaramos a vida. Dweck nos ensina que nos inclinamos, grosso modo, para um entre dois diferentes *mindsets*: ou para um *mindset fixo* ou para um *mindset de desenvolvimento*.

Embora as pessoas estejam, todos os dias, em alguns aspectos se transformando e em outros mantendo-se iguais ao que eram antes, o fato é que nos conduzimos na vida como se apenas uma dessas coisas fosse verdadeira.

A maioria das pessoas tem um *mindset* fixo: acredita que seus traços de personalidade, seus talentos e seu modo de ser na vida são sempre aqueles, nunca mudam. "Eu sou assim!" é seu mantra. Essas pessoas pensam que estão inexoravelmente presas àquilo que de alguma forma aprenderam que são, e que nunca irão mudar. Para elas, sua autoimagem (eu sou feio, ou atrapalhado, ou de mau gosto, ou mal-educado, ou estúpido, ou franco demais, ou desinteressante, ou cabeça dura, ou lento para aprender, entre outras características) nunca vai mudar.

Essa atitude mental fixa leva a pessoa a aceitar como uma sina, uma espécie de castigo permanente esse perfil que ela traçou para si mesma, sem saber como o fez. Ela não atina para o fato de que se trata de um autoconceito autoimposto e que, portanto, pode ser desligado, transformado, desfeito, dissolvido.

Ao contrário, as pessoas que têm um *mindset* de desenvolvimento acreditam que podem mudar qualquer coisa em si mesmas, desde que se dediquem a isso ou façam o esforço necessário, na direção certa. As pessoas com *mindset* de desenvolvimento (que, infelizmente, são minoria, não a maioria) têm clara noção de que *estão* assim, mas, em definitivo, não *são* assim. Elas não são gordas; estão gordas; não são péssimas para falar em público, apenas estão, no momento, péssimas nisso; não são completamente ignorantes em matemática; apenas estão assim no momento; não são pessoas desajeitadas, mas estão desajeitadas por ora...

As pessoas com atitude mental de desenvolvimento acreditam que praticamente qualquer coisa sobre elas mesmas pode mudar, com esforço. Reconhecem que algumas pessoas nasceram com certos dons ou aptidões especiais, que lhes permitem fazer certas coisas melhor do que os outros (Pelé, Beethoven ou Van Gogh podem ser bons exemplos disso), mas têm certeza de que, mesmo indivíduos que não têm essas qualidades no mesmo nível podem, mediante trabalho duro e atitude correta, também aprender a fazer essas coisas – e elas não têm medo de tentar!

Para as pessoas com *mindset* desenvolvimentista, o fracasso não é algo vergonhoso, nem precisa ser evitado: se acontecer, será uma oportunidade de aprender e crescer. Assim, o *mindset* de desenvolvimento ajuda as pessoas a aproveitar os desafios que lhe surgem pela frente, a fazer progressos e a desenvolver seu potencial, de um modo que aqueles que têm uma atitude mental fixa simplesmente não conseguem.

A educação infantil é fundamental porque é na infância que começamos a desenvolver nosso *mindset*; e, uma vez encaminhada a criança no sentido de um *mindset* fixo, ficará mais difícil, a cada novo ano que chegue, mudar de lado, para um *mindset* de desenvolvimento. Pais e professores, figuras-chave na educação da criança, precisam estar muito conscientes disso.

As empresas precisam de líderes com *mindset* de desenvolvimento, diz Dweck, para que possam sempre melhorar as formas de gerir os negócios. Jack Welch, da General Electric Co., ao que tudo indica, era um líder desse tipo, que mantinha constantes conversações com sua equipe dirigente, trocando *feedback* com eles.

Outro exemplo claro de *mindset* de desenvolvimento foi o boxeador Muhammad Ali, que adotou métodos de treinamento e posturas estratégicas diferentes em cada luta pelo título mundial dos pesados que fez. Quando assistimos ao que ele fez na luta contra Sonny Liston ou em seu outro memorável combate contra George Foreman, vemos que ele sabia mudar, para ser sempre melhor.

Parece muito claro que a adoção de um *mindset* de desenvolvimento, por parte de cada colaborador da empresa, é fundamental para que uma verdadeira inclusão digital da pessoa e, portanto, para que a transformação digital possa ser implementada. Como parte do processo educativo de cada um na organização, é necessário que as pessoas entendam que suas habilidades digitais poderão ser aperfeiçoadas – sempre! Pensando dessa forma, a pessoa quase certamente terá sucesso em aprender tudo que lhe seja oferecido pela empresa nesse sentido.

Imersão da empresa em ecossistemas digitais

Estar disposto a mergulhar a empresa, seus dirigentes e colaboradores no mundo digital, expondo-os aos impactos das experiências que isso irá proporcionar é o quarto movimento que precisa ser empreendido, para uma transformação digital.

Por essa via, aproximando-se e tendo contato com os principais atores externos envolvidos com a digitalização, a empresa dará a si própria a oportunidade de familiarizar-se com a cultura digital que vigora externamente, passando a ter melhores condições de reagir a ela.

Isso significa envolver-se em uma multiplicidade de eventos e situações: participar de encontros e congressos, entrar em associações e clubes, promover ou realizar sessões sobre tecnologia ao vivo ou remotamente, patrocinar concursos de estudantes, oferecer prêmios, realizar *hackathons,* aproximar-se de hubs de startups, dar entrevistas a revistas e jornais, ajudar ONG especializadas, promover palestras e debates internos e externos sobre tecnologia, participar de programas de TV sobre o tema, assinar e divulgar revistas e publicações especializadas, realizar visitas orientada a organizações que sejam referência em temas de tecnologia, enviar executivos e técnicos a feiras e exposições especializadas... Uma vasta gama de possibilidades de imersão da empresa no universo das TICs é possível, sendo necessário aproveitá-las para tornar o digital na empresa um tema permanente e encarado como "normal".

Alguns poderiam dizer que este quarto movimento de fato se insere terceiro, que é a educação dos colaboradores para o mundo digital. De fato, muitas destas iniciativas podem ser consideradas no âmbito da alfabetização digital e da educação digital dos colaboradores; mas o que caracteriza este quarto movimento é principalmente o fato de que o agente em questão não é algum ou cada um dos colaboradores da empresa e sim esta, como um todo. O que é preciso fazer é inserir a empresa em si nesse ambiente digital.

Certamente muitos empresários e dirigentes de empresas compreendem bem os cenários geopolítico e geoeconômico, sabendo bem como os avanços tecnológicos tornam os mercados constantemente nervosos e dinâmicos. Isso, porém, não é suficiente para uma efetiva imersão da empresa no ambiente digital externo.

Não se trata, aqui, apenas de apreender de modo racional os fatos atualizados e seu significado no mundo dos negócios. Para uma transformação digital da empresa, é preciso que os dirigentes desta se envolvam emocionalmente com as questões da digitalização, sem o que suas decisões estratégicas a respeito serão, no mínimo, artificiais.

As experiências que o corpo de colaboradores da empresa possa ter com situações que demonstrem os impactos da tecnologia é que promoverão a adoção geral de um novo *mindset*, que a compreensão meramente intelectual dos fatos não permite assimilar.

Ou seja, há uma profunda diferença entre compreender racionalmente o que está ocorrendo em termos digitais no mundo dos negócios e sentir o verdadeiro impacto da transformação digital sobre o seu negócio.

Para maior clareza sobre o que é a diferença entre uma coisa e outra, podemos usar uma analogia: a diferença é, talvez, a mesma que existe entre assistir a um espetáculo esportivo (uma partida de futebol, voleibol ou beisebol) ou de arte (teatro ou dança, por exemplo) e estar dentro do campo ou no palco, participando ativamente dela. É óbvio que ambas as experiências não se comparam.

Essa constante exposição da empresa a ambientes digitais destina-se a promover a construção, naquela, de uma nova cultura, um novo *mindset* ou estado geral disseminado entre os colaboradores de todos os níveis e áreas, focado em acostumar e tratar com naturalidade a digitalização permeando todos os processos internos.

Isso independe do ramo de negócios da empresa, de quem são seus consumidores ou fornecedores, de seu porte ou tamanho ou nível de faturamento, sua idade desde a fundação, ou do portfólio de produtos e serviços que oferece ao mercado.

O que de fato interessa, neste caso, é que os processos que são empregados em seus setores de engenharia ou desenvolvimento, produção ou operação, armazenagem e distribuição, divulgação e comercialização, finanças e gestão estejam seguindo, de forma simples e natural, a lógica do mundo digital – que é uma lógica de rápidas e constantes mudanças, de respostas instantâneas, de flexibilização e atuação pronta e ágil em tudo que se pensa e se faz.

Não se altera, em relação ao modo tradicional de operar offline, o foco nas necessidades e desejos do consumidor, que sempre foi fundamental para toda empresa. Pelo contrário, com a transformação digital, esse aspecto se acentua ainda mais, porque a empresa entra em um clima de urgência, em que a velocidade e a agilidade no atendimento passam a ser valores pelos quais se pauta praticamente tudo que é realizado.

No entanto, com a transformação digital, os processos são muito mais rápidos; as análises, contínuas; o *feedback*, imediato e preciso; as entregas ao cliente (externo ou interno) nitidamente mais ágeis; a flexibilidade nas operações, imediatas; a adaptação às mudanças, efetivadas na mesma hora. Nada é deixado para depois. A transformação digital "turbina" a empresa, imprime a ela um ritmo novo, mais vigoroso e vivaz.

Existe, então, na empresa digitalizada, uma absoluta prontidão para realizar, que nunca foi comum (e, em muitos casos, nem mesmo necessária) nos tradicionais ambientes de negócios *offline*. Com a transformação digital, o relógio que marca, momento a momento, o andamento da vida empresarial deixa de ser pautado pelo ponteiro das horas e passa a sê-lo pelo ponteiro dos segundos. Ou, parodiando-se uma conhecida propaganda da Red Bull, uma empresa internacional que oferece bebidas energéticas a esportistas e a pessoas comuns: "A digitalização te dá asas!"

Startups e empreendedores

Esse ambiente externo em que a empresa que busca a transformação digital precisa mergulhar fundo está povoada sobretudo por empreendedores e suas startups. Para terem êxito em suas empreitadas, empreendedores precisam apresentar certas características pessoais ou traços de personalidade, que não são poucos. Destaco como principais, entre estas:

- *visão de futuro* – capacidade de captar um tendências e entender aonde irão elas nos levar no futuro;
- *criatividade* – capacidade de enxergar uma necessidade no ambiente e visualizar uma solução para ela;
- *coragem* – não ter medo de arriscar;
- *desprendimento* – conseguir desligar-se das coisas do passado para embarcar em algo novo;
- *iniciativa* – disposição para lançar-se na direção de algo que ainda não domina inteiramente;
- *persistência* – capacidade de prosseguir, mesmo sob estresse e incerteza;
- *disciplina* – organização pessoal para usar bem seus recursos;
- *otimismo* - crença em que tudo irá dar certo no final.

Penso que Steve Jobs, Bill Gates, Jeff Bezos, Elon Musk e muitos outros ícones mundiais, neste cenário em que se dá a transformação digital, mostrarem essas qualidades. Colocar a empresa em permanente contato com pessoas desse tipo é da maior relevância em uma transformação digital.

A grande peculiaridade que marca uma startup é justamente o fato de ser criada ou fundada por um empreendedor (ou por alguns deles, em sociedade; mas, nesse caso, sempre um grupo muito pequeno, de qualquer modo). São essas pessoas que lideram a empresa em todos os estágios, da concepção inicial, passando por sua decolagem no mercado, até o momento em que ela já se robusteceu e está caminhando sobre as próprias pernas. E, comumente, esses empreendedores viram dirigentes e continuam comandando a empresa mesmo depois, quando ela já emprega centenas de pessoas, tendo deixado de ser uma típica *startup* e se transformado no que alguns chamam de uma "*stay-up*".

Uma *startup* começa a existir quando alguém enxerga uma lacuna a ser preenchida na sociedade, ou tem uma visão sobre um produto potencial que ainda não se encontra disponível em um mercado – uma necessidade (uma "dor", como comumente se diz), que determinado segmento de mercado apresenta. Sobre essa carência é que o empreendedor ergue seu empreendimento.

Uma startup tipicamente começa com apenas um punhado de pessoas trabalhando; todavia, à medida que ela vai se fortalecendo (a caminho de se tornar um unicórnio, espera-se!), cresce em tamanho e em complexidade, requerendo estruturação mais elaborada.

Por suas peculiaridades, empreendedores e suas *startups* são extremamente úteis como parceiros potenciais de médias e grandes empresas tradicionais que estejam se esforçando por dar o salto por sobre o despenhadeiro, até o outro lado, quando terão levado a um estágio minimamente satisfatório sua tão almejada transformação digital.

Os dirigentes dessas empresas farão, portanto, um movimento altamente inteligente, se decidirem aproximar-se de empreendedores e startups, seja incorporando-as, seja recrutando-as como parceiras ou por qualquer outro modo. Imersas como são no mundo digital, as *startups* são potenciais agências educadoras das empresas tradicionais, podendo lhes ensinar como fazer essa transição necessária para o Agile, do *offline* para o *online*.

A propósito, aliás, nos anos mais recentes, as empresas tradicionais vêm optando por crescer não organicamente, mas por agregação, adquirindo e incorporando startups! Essas empresas já descobriram que é muito mais fácil crescer adicionando tecnologias que já foram criadas e testadas, adquirindo o controle de startups, do que desenvolvendo internamente, em *spinoffs*, as novas tecnologias de que precisam. Um bom e atualíssimo exemplo disso é o Magazine Luiza, que tem sistematicamente adquirido o controle acionário de diversas *startups* cujas tecnologias lhe interessam.

É claro que isso também pode representar um problema, porque as culturas organizacionais de grandes empresas tradicionais e de startups são muito distintas entre si, não sendo fácil fazer uma rápida integração entre elas. De ambos os lados se encontram obstáculos sérios para essa fusão de comportamentos habituais, muitos dos quais podem colidir. Mesmo assim, uma tal mudança é extremamente necessária, precisando ser, além de tudo, o mais rápida possível.

Além disso, muitos jovens e brilhantes empreendedores, não tendo feito antes uma carreira executiva em uma grande empresa, têm dificuldades sérias para entender a importância da área de Capital Humano em um processo de transformação digital. Muitas startups crescem e acabam enfrentando problemas com gente simplesmente por não terem feito investimentos adequados, em tempo, dinheiro e esforço, em ações de Gestão de Pessoas.

A verdade é que esses empreendedores, ainda que inovadores e capazes de equacionar e achar soluções brilhantes para problemas tecnológicos complexos, têm deficiências importantes quando se trata de relações interpessoais, *soft skills* e técnicas de gestão de empresas. E a incompreensão da relevância dos processos de Gestão de Pessoas em uma organização geralmente é, entre essas deficiências, uma das mais comuns.

Aliar entre si *startups* e corporações é um movimento que proporciona a ambas as partes um grande aprendizado, se ambas estiverem movidas por um *mindset* de crescimento. Uma *startup* irá se beneficiar pelo encontro com uma empresa, entre outras coisas, já bem experiente em governança corporativa, com métodos estabelecidos de trabalho, divisões internas já testadas e robustas, ações de Gestão de Pessoas bem estabelecidas. Ao mesmo tempo, uma grande corporação pode aprender, de uma *startup*, a trabalhar de forma mais simples, aprofundando a colaboração entre setores, com menos foco em hierarquias, atuando de forma mais ágil.

Integrando os quatro movimentos

No início deste capítulo apresentei os quatro grandes movimentos que, empreendidos simultaneamente, deverão levar uma empresa tradicional a uma transformação digital bem-sucedida. Recordando, esses quatro movimentos são:

- aparelhamento da empresa com processos organizacionais digitalizados;
- adoção e experimentação de práticas de gestão especialmente desenvolvidas para os ambientes digitais;
- educação digital generalizada na empresa; e
- exposição empresa a ambientes digitais.

Esses quatro movimentos representam, em uníssono, uma monumental abordagem, um superprojeto formado por um somatório de iniciativas integradas, que devem ser montadas pela área de Gente e envolver toda a organização.

Fazendo-o, em dado momento será possível perceber que a "virada" da empresa terá acontecido; ela terá embarcado, finalmente, na digitalização de tal forma que não mais será possível retroceder a um estágio mais primitivo *offline*. Evidentemente, é difícil precisar quando esse *turning point* será atingido e a mudança organizacional terá atingido o nível de "massa crítica". Mas, certamente, em um projeto desse tipo bem conduzido, isso vira a acontecer – e todos perceberão isso!

Capítulo 10
People Analytics

Analytics – de que se trata?

People Analytics é, com certeza, a grande inovação deste século em Gestão de Pessoas. Esta afirmação não é nem um pouco exagerada, e, neste capítulo, pretendo mostrar isso.

Mike West é um professor de Estatística & Ciências da Decisão da Duke University, nos EUA. West é um especialista em People Analytics, tendo apresentado uma visão básica dessa disciplina em seu livro de 2019, "People Analytics for Dummies" (em português, "People Analytics para leigos", São Paulo, Alta Books, 464 págs., 2020).

West reflete que a Gestão de Pessoas tem tudo a ver com o que chama de "jornada do colaborador". Ele se refere, neste caso, aos vários estágios pelos quais o colaborador de uma empresa passa em sua trajetória na empresa, desde o momento em que toma conhecimento de que existe ali uma oportunidade de trabalho à qual ele sente que quer concorrer, até quando, finalmente, sai da empresa depois de ter trabalhado nela e feito, ali, uma carreira profissional. Visualizar essa trajetória como um eixo central em torno do qual se move o People Analytics ajuda a conferir unidade e foco às práticas deste setor.

O termo Analytics, emprestado à língua inglesa, designa um método de análise racional que se utilize para conhecer melhor algum aspecto da realidade que nos cerca: estamos fazendo uma análise quando tomamos uma dada realidade e a decompomos em suas partes constituintes, mas sem perder de vista o todo, como um relojoeiro que demonstra um relógio para limpá-lo peça por peça.

Pense, por exemplo, na equipe de técnicos de uma empresa fazendo a engenharia reversa de um produto concorrente, isto é, estudando-o parte por parte, para saber como esse produto foi construído; ou pense em um técnico de laboratório fazendo a contagem de determinadas células em um pedaço de tecido humano que olha ao microscópio; ou então, pense em um agrônomo que examina um pouco de terra retirada de uma área plantada, para conhecer a composição daquele solo. Todos esses profissionais estão fazendo justamente isso: análise.

Um especialista em Analytics faz isso: análise. Ele escolhe uma dada situação que a empresa está vivendo e a disseca, examinando os aspectos que estão presentes nela: suas causas, suas circunstâncias, o modo como essas circunstâncias se associam entre si, o possível andamento da situação, as consequências que poderão advir dela. Enquanto um historiador analisa fatos passados; um detetive analisa as pistas de um crime; um ornitologista analisa as características distintivas de um pássaro pousado na árvore, também um técnico em Analytics faz análises: neste caso, de típicas situações empresariais.

Aprender os princípios que regem a chamada Ciência dos Dados (Data Science) e desenvolver uma capacidade de pensar analiticamente acerca desses dados é fundamental para se gerenciar a partir de dados – mesmo quando o gestor não domine as diversas técnicas usadas em mineração e tratamento de dados, que são aplicadas pelos profissionais da área de TI.

Na verdade, é importante levar em conta que, quase inevitavelmente, essa forma analítica de pensar irá "contaminar" o mindset do gestor, levando-o, muitas vezes, a modificar sua forma de lidar com as questões de que trata em seu dia a dia de trabalho e o modo como toma decisões. Essa questão é importante, porque, por si só, esta mudança de mindset concorre para que o gestor se torne mais rapidamente um adepto da cultura digital e um agente mais eficiente na transformação digital da companhia.

Business Intelligence

Analytics é parte de um processo maior, que cada vez mais domina as empresas: BI – *Business Intelligence* (Inteligência de Negócios), que é, em última análise, o emprego de inteligência para melhor compreensão, pela empresa, do ambiente de negócios em que atua. "Inteligência", neste caso, refere-se aos dispositivos que a empresa usa para ter informações atualizadas sobre tudo que diga respeito a esse ambiente de negócios, e que possa afetar suas operações. O sentido é o mesmo, por exemplo, com que o termo "inteligência" é usado em uma guerra, quando cada lado tenta antecipar e entender o que o inimigo está fazendo ou pretende fazer e por quê.

Business intelligence pede que a empresa permanentemente colha dados sobre o que está acontecendo ao seu redor, que seja relevante para ela; e consiga extrair ensinamentos ou orientações dessas informações, para poder tornar suas ações mais eficazes. Com o BI, a empresa é capaz de inquirir os dados e encontrar respostas para suas dúvidas, bem como desvendar pistas para melhores decisões.

BI não é um conceito novo; já se faz isso há muito tempo. No entanto, a partir dos anos 1960, quando os primeiros computadores começaram a ser usados, percebeu-se que seria possível colher e tratar uma quantidade incomparavelmente maior de dados, para orientar essas ações de inteligência. E, então, as empresas passaram a ver o BI como uma área estratégica cada vez mais promissora.

No final dos anos 1980, com o surgimento da internet – e daí para a frente, com o desenvolvimento cada vez mais rápido e dominante das TICs, novos e mais sofisticados modelos computacionais apareceram também; e o BI ganhou o *status* de atividade prioritária, tornando-se crescentemente mais importante e urgente e se transformando em ferramenta decisiva de Estratégia Competitiva.

Hoje, implantar na empresa atividades de BI é condição sine qua non para competir em condições de se manter e progredir no mercado. Por isso, o BI passou a ser visto como uma ferramenta típica de transformação digital para qualquer empresa que ainda não estivesse totalmente digitalizada.

E, obviamente, as ações de BI automaticamente se disseminam por toda a organização, requerendo ações correspondentes em todas as áreas de atuação tática: Marketing, Finanças, Operações, Logística e outras – e, é claro: Gestão de Pessoas!

Portanto, só cabe falar de *Analytics* (e de *People Analytics*) como um dos principais componentes da proposta mais ampla do *Business Intelligence*; e não se pode falar em *Business Intelligence* em uma empresa, sem se pensar automaticamente nas operações de *Analytics* (e de *People Analytics*) como parte integrante desse BI.

Analytics: um modo de raciocinar

Quando a área de TI da empresa executa uma operação de *Analytics* referente a qualquer questão estratégica ou tática da empresa, ela o faz como parte de uma estratégia maior, indicada pelas atividades de BI da empresa. Essa mesma explicação vale quando se trata de *People Analytics*, especificamente.

Usamos *Analytics* para obter um entendimento mais preciso e racional da situação empresarial que estamos analisando a fim de permitir que se tomem, na empresa, decisões mais acertadas sobre essa situação. *Analytics* tem, por conseguinte, a finalidade de gerar decisões mais firmes e convictas de sua necessidade, decisões de maior qualidade, menos dispendiosas, mais eficientes e mais produtivas.

Ou, se se quiser dizer isso de outro modo, *Analytics* é o termo para designar qualquer modo racional de chegar a uma forma de agir que garanta o máximo possível de valor adicionado ao resultado. Quanto a *People Analytics*, é exatamente isso, com a diferença de que essas decisões envolvem o comportamento individual ou coletivo das pessoas.

As orientações advindas da área de *Analytics* são sobretudo racionais, lógicas, baseadas em argumentos confiáveis. São baseadas em dados obtidos a partir de métodos adequados de verificação da realidade; focam no concreto, nos fatos indiscutíveis. O que o Analytics propõe que a empresa faça nunca se baseia em meros palpites, pressentimentos ou intuições não comprovadas – o *Analytics* não sugere nada com base em "achômetro": ao contrário, só aceita aquilo que tem o respaldo de fatos objetivos e observáveis, checados na prática. Se não existir uma comprovação aceitável daquele fenômeno, ele será descartado, ou então melhor investigado pelo *Analytics* ou pelo *People Analytics*.

Por isso mesmo é que os profissionais da área falam tanto em método científico, hipóteses de trabalho, verificações e experimentos práticos: porque são essas metodologias consagradas pela ciência que dão sustentação ao *Analytics*. Ele precisa de provas sobre aquilo que afirma, demonstrações claras dos fatos que assevera, atestados confiáveis de autenticidade dos fenômenos que aponta estarem acontecendo na empresa, para que se possa atuar sobre eles com segurança e certeza.

Como pensa, tradicionalmente o Gestor de Pessoas?

Mas, isso pode representar um sério problema para os profissionais de Gestão de Pessoas! Sabe por quê? Porque os fenômenos empresariais envolvendo pessoas, com os quais nós, da área, estamos acostumados a lidar, são, em larga medida, difíceis de submeter a um crivo tão taxativo, como esse, difíceis de assegurar assim, tão "preto no branco". Frequentemente, nós, Gestores de Pessoas, precisamos decidir com base em dados ainda não totalmente seguros, por nossa área ainda carecer de uma cultura *data driven*, que certamente está se desenvolvendo.

Vamos tomar um exemplo comum nas empresas: digamos que um ótimo gerente esteja no comando de uma área importante, na qual sua atuação seja, atualmente, imprescindível. A posição de diretoria acima de seu cargo na hierarquia fica vaga e, para preenchê-la, em vez de promover esse excelente gerente, a Diretoria, incluindo o Gestor de Pessoas, decide contratar alguém vindo do mercado.

Ainda dentro do exemplo, imaginemos o que será conversado com esse gerente que foi preterido na escolha. Ele saberá que a decisão de o manter na posição atual, ao invés de promovê-lo a diretor, foi tomada por duas razões: a primeira é que ele, gerente, está fazendo um excepcional trabalho em sua área atual e esta não pode ser desfalcada no momento; a segunda é que essa é uma grande chance de a empresa trazer renovação à posição de diretor que acaba de ficar vaga; e um candidato vindo de fora para ocupá-la faz, então, todo sentido.

A Diretoria poderá ter tomado uma decisão dessas com a melhor das intenções e, mesmo assim, constatar que o desfecho foi o pior possível: digamos que a decisão tenha desencadeado um sentimento de insatisfação por parte do gerente preterido, resultando em seu pedido de demissão em caráter irrevogável, tão logo o novo diretor assumiu o cargo. Nesse caso, ao invés de uma inteligente solução, o que acabou sendo gerado pela decisão da Diretoria foi, de fato, um problema de sérias proporções.

Nesse caso, a questão que nos interessa considerar aqui é esta: o problema poderia ter sido mais bem resolvido, caso já estivesse operando na empresa uma área competente de *People Analytics*? Se a resposta for sim, de que forma *People Analytics* poderia ter contornado ou resolvido o desfecho que houve? A resposta a essa pergunta claramente é esta: muito provavelmente, sim, *People Analytics* teria encontrado uma solução mais adequada. Explicando:

Primeiro, nesse caso é muito provável que a área de Gestão de Pessoas tivesse acesso prévio a dados importantes sobre esse gerente preterido e vários outros gerentes dessa e de outras áreas da empresa, os quais poderiam ter os requisitos necessários para ocupar a posição de diretor, ou para ocupar a posição desse gerente que se mostrou insatisfeito, nesta segunda hipótese promovendo-se esse gerente a posição de diretor e trazendo outro gerente interno para ocupar seu atual cargo.

A segunda razão para a não promoção desse gerente também poderia ter sido mais bem focalizada por uma área competente de *People Analytics*: a empresa talvez dispusesse, nesse caso, de informações relativamente seguras para entender quais inovações ou que tipo de renovação a diretoria em questão precisaria receber. Isso facilitaria muito a escolha de um novo diretor, talvez levando a uma decisão diferente daquela que foi feita (trazer um candidato de fora da empresa): nesse caso, provavelmente, a empresa teria um perfil mais detalhado do cargo em seu banco de dados, assim como um banco de talentos internos rico em informações e, portanto, mais bem equipado para a escolha de um substituto.

Um terceiro ponto que o People *Analytics* possivelmente ajudaria a elucidar seria relativo à satisfação com seu próprio trabalho e ao seu nível de engajamento na companhia que se poderia esperar desse excelente gerente que acabou sendo preterido para a promoção e deixou a empresa. Seu histórico profissional nesta, e mesmo sua trajetória em empregos anteriores, poderia oferecer elementos ponderáveis para se concluir que o risco de este vir a pedir demissão seria grande, caso fosse ele – como de fato foi – preterido nessa promoção.

Com um bom trabalho de *People Analytics*, então, a empresa poderia ter evitado o que aconteceu. Embora não se possa ter total certeza disso, uma resposta positiva seria a mais provável. Uma boa Gestão de Pessoas exercida sistematicamente por certo favorece a tomada de boas decisões, por exemplo em casos como esse. Mas a disponibilidade de dados ricos de conteúdo aumenta, em muito, a possibilidade de uma decisão acertada; e é nisso que reside a grande importância preditiva do *People Analytics*.

Em cena, então, o People Analytics

Como se observa, o *People Analytics* veio para instrumentar as empresas em todos os tipos de decisão que possam ter de tomar, especialmente aquelas de cunho estratégico, que definem rumos e envolvem questões essenciais envolvendo pessoas e mobilizando a empresa como um todo.

Entretanto, também decisões táticas e operacionais envolvendo pessoas, decisões setoriais dentro da empresa, também irão se beneficiar dos procedimentos do People Analytics – em diferentes áreas, tais como: Marketing, Finanças, Tecnologia, Administração de Materiais, Logística, Fluxos e Processos de Trabalho, Questões Legais e muitas outras.

Ter acesso a dados importantes, que ajudem a pensar sobre o que está acontecendo (ou possa vir a acontecer) na empresa, é essencial para a tomada de boas decisões por parte de qualquer gestor. O gestor deve ter um efetivo domínio de tudo que possa ser relevante para o andamento de seus processos, para um emprego adequado de seus insumos, para a obtenção de seus resultados. Ter esse domínio é, em si mesmo, uma competência, um skill fundamental para que alguém possa ocupar a cadeira de gerente em uma área da empresa.

E, quando questões humanas estão presentes (e quase sempre estão) no âmbito de suas operações, as dificuldades são redobradas e a especialidade da área de Gestão de Pessoas precisa ser posta a serviço daquele gestor.

E, como se sabe, geralmente esses ingredientes humanos envolvidos nos problemas da empresa não se restringem a uma área apenas, ou não ficam associados a cada área separada das demais. As questões comportamentais, culturais, motivacionais e outras, tipicamente humanas, sempre transitam pela empresa toda, como se impulsionadas dentro de pipelines invisíveis, que atravessam todos os setores ou departamentos, não se detendo nas fronteiras de nenhum deles, somente por causa das linhas demarcatórias convencionais apontadas nos organogramas.

Jornada do Analytics: do Small Data ao Big Data

O quadro abaixo apresenta o que se convencionou chamar de Jornada do Analytics. Ele esclarece pontos importantes, ao Gestor de Pessoas, sobre a evolução, nas empresas, do Analytics e, por extensão, do People Analytics nas atividades de Gestão de Pessoas.

O quadro dá atenção à evolução do Analytics, em termos de sua crescente maturidade (significando, igualmente, complexidade): à medida que vão praticando o Analytics, cada vez mais as empresas irão ganhando experiência adicional em projetos dessa ordem, qualificando-se para desenvolvê-los em níveis mais e mais complexos.

Evidentemente, a Jornada do Analytics não é um processo linear, contínuo e harmônico como a seta da Maturidade, no quadro abaixo, poderia sugerir ao leitor. De fato, dois ou mais projetos de People Analytics realizados em uma mesma empresa podem estar em diferentes níveis dessa jornada, dependendo do tema tratado, de sua complexidade, dos objetivos do projeto e do processo que está sendo desenvolvido.

Jornada Evolutiva do Analytics

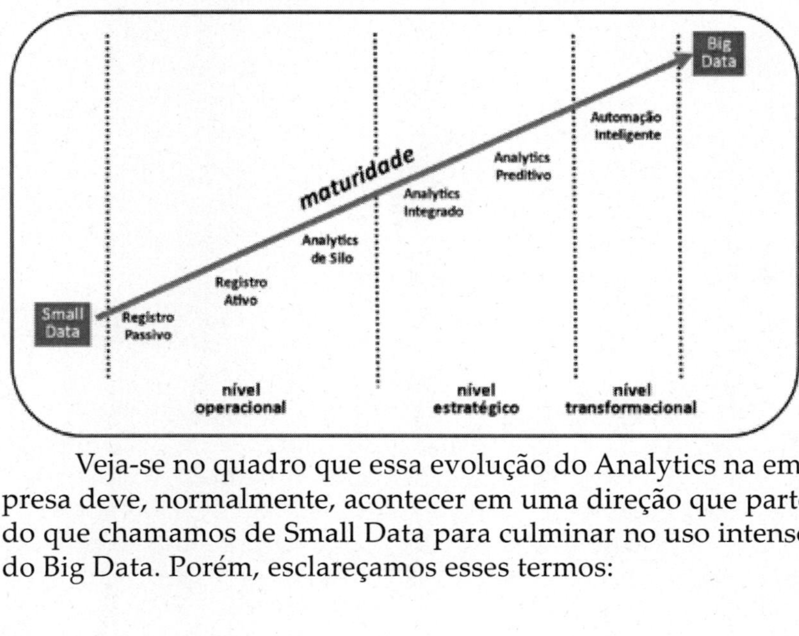

Veja-se no quadro que essa evolução do Analytics na empresa deve, normalmente, acontecer em uma direção que parte do que chamamos de Small Data para culminar no uso intenso do Big Data. Porém, esclareçamos esses termos:

Small Data é a expressão usada para designar os dados estruturados que toda empresa normalmente desenvolve, independentemente de seu estágio de digitalização. São dados que já constam de files e diretórios em algum centro de documentação ou nos computadores da empresa – dados que, por vários anos foram sendo produzidos e armazenados. Sabemos bem que muitos dados desse tipo existem em todas as empresas, mas em geral eles são, em termos de volume, relativamente poucos para poderem ser ainda compreendidos e utilizados pelas pessoas sem o auxílio de algoritmos.

Até fins do século 20, informações eram colhidas e guardadas sempre com precariedade, uma vez que os sistemas de processamento de dados eram ainda muito incipientes, em comparação com os recursos de que hoje dispomos. Nos anos 1930 e 40, a IBM era capaz de tratar esses dados por meio de máquinas leitoras de cartões perfurados, que depois evoluíram para um processamento em grandes mainframes. Por essa época, o Small Data, assim tratado, era praticamente tudo com que uma empresa podia contar.

Isso nos ajuda a qualificar melhor o que chamamos de Small Data: são dados focados em informações de caráter predominantemente qualitativo, na maioria das vezes traduzindo opiniões e interpretações pessoais ou percepções particulares dos gestores e técnicos sobre mercados, clientes, produtos, concorrentes etc.

Ainda hoje o Small Data existe e é muito útil, certamente. Ele continua presente nas organizações, em bases de dados corporativos, por vezes disponível para consulta manual, mas em grande parte já devidamente digitalizado. De uma ou outra forma, o Small Data tende a oferecer, atualmente, quantidades de dados relativamente limitadas, que tratam de questões pontuais, não raro sendo de maior utilidade em pequenas e médias empresas. Usa-se o Small Data, por exemplo, quando a empresa, para definir o orçamento do setor de Recrutamento e Seleção para o próximo ano, investiga o histórico das vagas abertas e preenchidas no ano anterior.

Como disse mais acima, nos bancos de Small Data, quase sempre os dados disponíveis já se encontram relativamente bem estruturados, às vezes prontos para serem analisados; e, normalmente, a empresa pode ficar apenas nesses dados, quando seu projeto tem um escopo mais limitado.

É bem diferente quando a empresa recorre ao Big Data. Este incorpora dados que chegam de diferentes fontes, algumas oferecendo dados mais estruturados, outras menos; mas, de qualquer forma, jamais estruturados de uma só forma. O recurso ao Big Data, portanto, ao contrário do Small Data, quase sempre requer um minucioso trabalho de agregação e interpretação de dados, antes que estes possam ser úteis.

O Big Data é a imensa massa de dados que se encontra disponível na nuvem, para fins de processamento na formulação de diagnósticos de problemas e busca de soluções. O Big Data é produto de uma vastíssima variedade de fontes de consulta, capazes de continuamente suprir os *softwares* especializados de processamento das companhias.

Esse volume de dados é tão incomensurável que os softwares tradicionais frequentemente não chegam a dar conta deles, requerendo, para seu processamento, o uso combinado de servidores ligados em rede, ou o emprego de supercomputadores, ou ainda, o uso de modelos mais avançados de computação quântica.

Os especialistas dizem que o Big Data é caracterizado por cinco especiais qualidades – os chamados "cinco Vs":

- *volume* – imensa quantidade de dados;
- *velocidade* – necessidade de alta velocidade de processamento;
- *variedade* – notável diversidade de dados disponíveis;
- *veracidade* – alta confiabilidade dos dados apresentados; e
- *valor* – resultados efetivos obtidos com os dados gerados.

O conceito de Big Data é relativamente novo. Entretanto, a ideia de processar massas de dados cada vez maiores é uma aspiração dos tecnólogos da informação, que remonta à década de 1960, quando esse universo ainda estava apenas se iniciando, com a montagem dos primeiros data centers e bancos de dados relacionais.

Somente décadas depois, entretanto, já por volta de 2005, começou-se a perceber o alto valor potencial representado por grandes quantidades de dados gerados, já nessa época, pelas primeiras mídias sociais, como o Orkut e o MySpace, quando Facebook e YouTube mal despontavam.

Nos anos seguintes a quantidade de dados disponíveis disparou incontrolavelmente; e, atualmente, já nem são mais os humanos os geradores das maiores quantidades de dados, suplantados que foram pelos algoritmos.

Com o advento da Internet das Coisas (IoT), cresceu ainda mais exponencialmente a quantidade de novos dados, gerados por trocas entre objetos e dispositivos conectados à internet. E, finalmente, a entrada em cena do Machine Learning veio produzir ainda mais e mais dados, que simplesmente não param de crescer.

Não bastando tudo isso, há também a computação em nuvem, que expandiu mais ainda as possibilidades do Big Data: a nuvem oferece uma escalabilidade incrivelmente elástica, permitindo que desenvolvedores de aplicativos criem clusters sob medida para testar subconjuntos de dados cada vez mais específicos.

E, apesar dessa incrível evolução do Big Data, com certeza sua utilização ainda se encontram no início. Os avanços da tecnologia apontam para novos bancos de dados de grafos, capazes de exibir maiores quantidades de dados ainda, organizadas em redes interconectadas.

Os seis estágios na Jornada Evolutiva do Analytics

Nessa trajetória evolutiva do Small Data para o Big Data, observam-se seis estágios em sequência, oferecendo condições para projetos de Analytics gradativamente mais complexas. São eles:

- Registro Passivo (Passive Reporting)
- Registro Proativo (Proactive Reporting)
- Analytics de Silos (Silo'd Analytics)
- Analytics Integrado (Integrated Analytics)
- Analytics Preditivo (Predictive Analytics)
- Emprego de Automação com Inteligência de Máquina (Machine Intelligence Automation)

Relativamente à complexidade dos projetos de Analytics que preconizam, os estágios acima se categorizam em três níveis: operacional, estratégico e transformacional. Os três primeiros estágios são operacionais; os dois seguintes são estratégicos e o último deles é transformacional. Faço uma descrição sucinta de cada um desses estágios evolutivos, procurando esclarecê-los:

Registro Passivo (1º. estágio operacional):

Sua principal característica é ser um tipo de registro de dados fixo, padronizado, seguindo um modelo predefinido (*canned reporting*). Esse tipo de análise, que geralmente é feita regularmente em determinadas ocasiões, pode ser colocada em um painel de controle (*dashboard*), para ser facilmente visualizado por todos os interessados.

Registro Proativo (2º. estágio operacional):

Neste caso, a novidade em comparação com a forma do projeto de Analytics anterior (o registro passivo) é que, no Registro Ativo, a análise é realizada com base em métricas estabelecidas e acordadas (KPIs, ou key performance indicators), que são usadas como referencial para a medição dos resultados. Esses resultados são registrados no painel de controle (*dashboard*), fazendo-se periodicamente sua atualização, de acordo com os resultados que vão sendo obtidos.

Analytics de Silos (3º. estágio operacional):

Silos, também frequentemente referidos como feudos organizacionais, são setores da organização relativamente fechados à interferência ou mesmo à influência de outros setores. O termo faz uso de uma analogia com os silos de armazenamento de grãos, nas fazendas ou empresas de agronegócio, em que cada um desses depósitos especializados contém um e um único tipo de grão. Nas organizações empresariais, os silos poderão ser departamentos, setores específicos de atividade, processos tratados separadamente ou equipes de trabalho que não se misturam com outras.

Há casos, em empresas, nos quais o projeto de Analytics deve focalizar exclusivamente um dado setor de atividade ou uma área de ação bem específica, sendo importante não misturar sua análise com a eventual análise de outras áreas. O estudo de silos específicos, portanto, pode ser necessário na empresa.

Analytics Integrado (1º. estágio estratégico):

Em um nível estratégico, o Analytics não mais se concentrará em uma área ou setor específico, mas examinará dados de vários deles, que se associam entre si e se interinfluenciam. Neste primeiro estágio estratégico de Analytics, três formas de integração são possíveis, quais sejam:

- *Talent across HR* – o Analytics usado para fins de aquisição e retenção de talentos, não sendo o projeto específico de uma dada área, mas permeando toda a organização.
- *Domain & Business* – o Analytics focalizado uma área ou domínio da empresa, mas tendo um olhar mais amplo, de modo a visualizar a relação entre esse domínio e a empresa como um todo.
- *Aligned – Connected* – o Analytics focalizando a empresa como um todo e envolvendo todas as suas áreas e domínios, de forma alinhada ou conexa.

Analytics Preditivo (2º. estágio estratégico):

Neste nível estratégico mais avançado, o projeto de Analytics transcende o que está acontecendo na empresa neste momento, voltando sua visão para o futuro desta.

- *Dynamic Future*: A proposta do Analytics, neste caso, consiste em visualizar dinamicamente esse futuro, considerando todo o leque de seus possíveis desdobramentos.
- *Scenario Modeling*: Comumente, o projeto de Analytics, neste estágio, faz uso de uma das várias técnicas possíveis de modelagem de cenários, para configurar futuros alternativos a serem levados em conta pela empresa.

Automação com Inteligência de Máquina (estágio transformacional):

Finalmente, neste sexto estágio de evolução, um projeto de Analytics irá fazer uso pleno de tecnologia avançada de Inteligência Artificial equipada com Aprendizagem de Máquina.

- *Dynamic Automated Data Driven Decision*: as decisões tomadas no projeto, neste caso, serão dinâmicas e orientadas por dados colhido, tratados e trabalhados por algoritmos, sem a intervenção direta do operador humano.

- *Machine Learning Automation*: a dinâmica dessas decisões será orientada pela aprendizagem feita pelo próprio sistema, à medida que colhe e experimenta novos dados, tornando seu próprio comportamento, a partir desses dados, mais aperfeiçoado.
  Machine learning (ou aprendizagem de máquina) é uma das tecnologias mais comentadas atualmente. Essa tecnologia permite que os sistemas sejam capazes de aprender com os dados que capta, sem que tenhamos a necessidade de programá-los para que usem adequadamente esses dados. A disponibilidade de uma enorme profusão de dados do Big Data permite esse avanço tecnológico.

Por essa capacidade de espraiar-se sem controle por toda a organização, as questões humanas envolvidas em *Business Intelligence* pedem que se dê a elas um tratamento unificado, que seja conduzido por um órgão especializado – que é, em última análise, a área de Gestão de Pessoas da empresa. E, por isso mesmo, essas questões configuram um conjunto à parte de ações referentes a dados, o chamado People Analytics.

Um bom case de Analytics: Lojas Renner

Consideremos o caso da Lojas Renner: um dos grandes direcionadores estratégicos dessa empresa é seu propósito, tão cultivado lá dentro, de sempre encantar seus clientes. A presença, na empresa, desse importante direcionador cultural pede, por si só, que a área de People Analytics da Lojas Renner procure colher e tratar dados que aumentem suas chances de realizar esse propósito.

Uma das formas de fazer isso, certamente, é tratar de encantar seus próprios colaboradores – para que estes, por sua vez, encantem os clientes: colaboradores encantados são a via régia para encantar os clientes! Colocam-se, então, algumas questões-chave para encaminhamento de uma solução pela área de People Analytics, por exemplo:

- O que significa, realmente, encantar os colaboradores?
- Como sabemos quando nossos colaboradores estão realmente encantados e quando não estão?

- Quais são as chances de um colaborador que se sinta encantado também agir para encantar os clientes com os quais tenha contato direto ou indireto?
- Como saberemos se um dado cliente está mesmo se sentindo encantado com a empresa?
- Quando concluímos que um cliente se sente encantado, como sabemos que esse estado de encantamento decorreu de uma real influência de algum colaborador da empresa que se sentiu, ele próprio, encantado?

Convenhamos que não é nada fácil responder a perguntas desse tipo. No entanto, é desse tipo, em última análise, o desafio que o People Analytics realmente se propõe enfrentar. Para passa a encarar dessa forma os problemas de Gestão de Pessoas nas empresas, precisaremos de uma acentuada mudança cultural na área a fim de que a tomada de decisões seja mais intensivamente baseada em dados, desenvolvendo-se em Gestão de Pessoas, dessa forma, uma cultura *data driven*.

E, se considerarmos que a adoção do People Analytics na Gestão de Pessoas é decisivo para que a área apoie apropriadamente a transformação digital na empresa, chegaremos à conclusão de que esse é um caminho obrigatório e sem volta: precisamos, com urgência, de uma mudança de *mindset* dos profissionais de Gestão de Pessoas, se quisermos que o atual órgão de RH se incorpore às ações de *Business Intelligence* e, em decorrência, a empresa consiga atravessar com êxito o "vale da estranheza" que, em muitos casos, ainda a separa da transformação digital.

Por que agir assim? Em minha concepção, trata-se de um enorme desafio, fascinante em si mesmo, que precisa ser encarado com coragem e otimismo pelos profissionais de Gestão de Pessoas. Se aprenderem a usar e a *gostar de usar*, em suas atividades, as ferramentas das avaliações quantitativas, do pensamento crítico, das lógicas da matemática e da estatística, do método científico, que permeiam o People Analytics, os profissionais de Gestão de Pessoas que atualmente ainda não estejam, porventura, pensando no tema, poderão dar um salto qualitativo de grandes proporções em suas carreiras profissionais.

E, certamente tão importante quanto esse tipo de ganho profissional particular, esses profissionais estarão também atuando de modo decisivo em prol de suas empresas: nesse sentido, o que é importantíssimo, estarão decisivamente contribuindo para a transformação digital nas organizações em que atuam, porque a área de Gestão de Pessoas é aquela que, pela sua própria natureza, tende a assumir a liderança de um tal processo transformacional nas organizações em geral.

Já salientei que, essencialmente, People Analytics é um conjunto de atividades que favorece a tomada de decisões em cima de fatos apoiados por dados comprovados. Tais atividades requerem um olhar objetivo, crítico e racional para os problemas humanos nas organizações, de modo a se buscar evidências claras do que está acontecendo, evitando-se basear as decisões em meras suposições.

Salientei também a importância de os profissionais de Gestão de Pessoas adotarem um novo *mindset* no tratamento das questões humanas na organização, menos baseadas em inferências e no uso de proxies, e mais fundamentadas em dados objetivos.

Auspiciosamente, em empresas de ponta, muitos Gestores de Pessoas já pensam dessa forma; outros mais estão se preparando para poderem enfrentar com competência esse enorme desafio. É gratificante assistir a esse esforço assumido com grande seriedade por nossa área de atividade. Acredito que, em bem pouco tempo, possivelmente antes do final desta terceira década do século 21, teremos esse novo *mindset* – de uma clara cultura data *driven* de Gestão de Pessoas – definitivamente implantado nas atuais áreas de RH ou equivalentes, nas empresas brasileiras.

Na Lojas Renner, a área de People Analytics começou a tomar forma em 2015, quando a empresa já havia se municiado com vários *softwares* para uso em suas operações de RH. Frequentemente, é mesmo pela aquisição de aplicativos e softwares que, em um primeiro momento, a área de Gestão de Pessoas da empresa vai crescentemente se digitalizando, processo ao qual se agrega também a formação de uma rede de profissionais trabalhando com ferramentas digitais e outros, atuando juntos em forças-tarefas ou *squads* para resolver problemas que aparecem.

Pelo final de 2017, como Diretora de RH de Lojas Renner, senti que precisávamos dar maior robustez a essas atividades e estabelecemos de fato um setor de People Analytics. Uma consultoria em TI contribuiu muito para esse desenvolvimento.

Atualmente, a Lojas Renner usa uma plataforma da empresa Gumpy, equipada com Inteligência Artificial e Aprendizagem de Máquina, para analisar dados de colaboradores e candidatos, oferecendo à empresa sugestões importantes para o preenchimento eficaz de suas vagas. Outras ferramentas de People Analytics são utilizadas para trabalhar sobre Planos de Desenvolvimento Individual (PDIs), dados de remuneração e registros da vida profissional do colaborador na empresa, promoções, sucessão em cargos de gestão, produtividade, pesquisas de engajamento, turnover e outros aspectos da Gestão de Pessoas, em especial a Gestão de Talentos.

Onde situar People Analytics na organização?

Dada sua condição de algo muito novo na vida dos Gestores de Pessoas, não se tem muito claro, ainda, em que setor nem em que nível da estrutura organizacional da empresa a área de People Analytics deve se situada.

O que se sabe é que ela representa um elo entre as unidades estratégicas de Gente e de TI. Sugiro, portanto, que a área possa ser pensada para localizar-se de três formas possíveis – ela pode estar subordinada:

α) à área de área de Tecnologia ou de Informática da empresa, como uma de suas divisões;

β) à área de Gestão de Pessoas ou RH, vindo a ser um de seus setores internos.

χ) a ambas as áreas, em uma estrutura organizacional matricial, em que People Analytics recebe orientações de ordem técnica da Diretoria Tecnológica ou de Informação, enquanto atende à diretrizes conceituais e aos projetos concebidos pela Diretoria de Gestão de Gente.

Pessoalmente, tenho especial simpatia por esta terceira solução. Sendo ela a preferida, seria adequado que o setor de People Analytics se localizasse fisicamente lotado na Diretoria de Gente ou de Pessoas. Minha crença (assim como a posição da própria Renner) sempre foi a de que a área de Gestão de Pessoas deve ser, entre outras coisas, um agente efetivo de transformação da Cultura Organizacional. Por outro lado, como já abordei anteriormente, a área de Gestão de Pessoas é aquela que mais declaradamente precisa ter ações de concreto apoio ao CEO, em seus esforços pela transformação digital da empresa.

Assim, a simples localização do setor de People Analytics na área de Gestão de Pessoas já ajuda a "empurrar" a empresa para um regime em que baseia suas decisões principalmente em dados. Observamos claramente esse fenômeno na Lojas Renner, onde as inúmeras conversações, debates e projetos envolvendo People Analytics, foram conduzindo os líderes e o próprio quadro de colaboradores a novas formas de pensar e tomar decisões nessa direção.

Assim, People Analytics precisa receber um *status* adequado e respeitável, sendo gerido por um gestor competente, ocupando posição hierárquica de nível apropriado no organograma, atuando segundo um *business plan* próprio, tendo um orçamento a cumprir que seja compatível com o que faz e atuando com uma equipe de trabalho competente, equipada com os *skills* necessários para atender a todos os projetos que se façam necessários.

Outro ponto importante é que, ainda que não se faça, de início, um grande investimento no setor de People Analytics, algum investimento inicial em tecnologia será necessário; e a empresa precisará ser capaz, daí por diante, de destinar verbas suficientes para alimentar os projetos do setor. A disposição de fazê-lo, aliás, por si só já denotará a dimensão da importância que a empresa e sua Diretoria de RH estão atribuindo ao setor de People Analytics.

O setor precisará também estar muito próximo de diferentes parceiros que possam ajudá-lo em questões técnicas e profissionais importantes, quais sejam: universidades, centros de excelência e de expertise tecnológica, hubs de startups, publicações especializadas, associações de profissionais e demais organizações que reúnam executivos de Gestão de Pessoas e terceiros prestadores de serviços informáticos de alta qualidade. Mais do que apenas salutar, esse permanente intercâmbio será essencial para um contínuo trabalho de qualidade em People Analytics.

O projeto de People Analytics e o SLA

A atuação de um setor de People Analytics se dá através de projetos: cada problema colocado gera um projeto, com começo, meio e fim, a ser desenvolvido por uma equipe especialmente montada com essa finalidade, normalmente na forma de um squad.

Pode ser uma equipe formada apenas por membros do próprio setor de People Analytics. Entretanto, quase sempre se prefere formar uma equipe multidisciplinar, que envolva participantes da área demandante, especialistas de Gestão de Pessoas e outros profissionais vindos das diretorias de Tecnologia da Informação e de Dados. Não tão raramente, especialistas de fora da empresa são também especialmente convidados, conforme o exija a natureza do projeto.

Os projetos sempre começam com uma demanda que é formalizada em um documento próprio, que especifica o serviço a ser prestado pela área de People Analytics e as responsabilidades ou obrigações que cabem a cada parte envolvida.

Aliás, tipicamente, nos projetos de TI em geral, esses documentos formalizadores do projeto são chamados SLAs (Service Level Agreements ou, em português, Acordos sobre o nível do serviço). O documento serve a várias finalidades. Ele:

- especifica o serviço a ser cumprido;
- descreve como ele será cumprido;
- estipula prazos para tal;
- formula metas específicas a atingir;
- apresenta as métricas que serão usadas para atestar que a qualidade do serviço foi aquela acordada entre as partes;
- dá os valores financeiros envolvidos;
- expõe cláusulas especiais para garantir a confidencialidade das informações;
- propõe outras cláusulas que garantam os direitos da empresa sobre os resultados ou produtos gerados pelo projeto;
- formula os cronogramas de execução e de desembolso de recursos financeiros;
- relaciona os profissionais específicos que irão trabalhar no projeto;
- descreve as atribuições de cada um;
- descreve também os recursos, os insumos e as ferramentas que serão empregadas, os suportes que será recebido pela equipe e de onde virão;

- estabelece penalizações por descumprimento do que foi acordado e diz qual será o foro para o arbitramento ou a solução de pendências, se necessário.

É claro que, com frequência, nem todos esses itens são necessários em um SLA, principalmente quando o projeto é realizado internamente e apenas com recursos da própria empresa. Entretanto, eles podem ser úteis quando terceiros estão envolvidos. Um SLA mais completo, que especifique tantos pontos assim, geralmente é elaborado quando o projeto é de projeto de grande porte, de maior importância estratégica para a empresa, seus custos são elevados e os benefícios são de grande monta (ou os prejuízos, caso o projeto dê errado). Em tais casos, o SLA bem detalhado é uma garantia importante que a empresa deve tratar de formular para si.

Qualquer tema pode gerar uma demanda para um projeto de People Analytics. A origem dessa demanda pode ser uma das seis que eem umero a seguir:

1. O projeto pode ser solicitado por uma área específica da empresa, que apresenta um problema envolvendo pessoas. Um exemplo hipotético seria uma demanda que chega à área de People Analytics, vinda da área de Vendas – por exemplo, em que o turnover de vendedores tem sido persistentemente alto, ocasionando custos elevados de preenchimento de vagas de reposição, treinamento de novos colaboradores e outros.
2. O projeto pode também ser gerado pela própria área de Gestão de Pessoas: esta reconhece a existência de um problema, ou localizado em uma dada área, ou disseminado pela organização – por exemplo, a área de Gestão de Pessoas pode reconhecer que seus quadros estão pobres de candidatos potenciais para promoção, com poucos gestores se qualificando para ocuparem posições mais altas que as atuais no organograma; e Gestão de Pessoas, nesse caso, decide investigar o que está por trás dessa carência.
3. O projeto pode ser demandado pela área de TI, como parte de um projeto maior – por exemplo, na implantação de um novo software de gestão na empresa, poderá ser necessário pôr em prática um projeto específico de

capacitação de todo o corpo de colaboradores da empresa, qualificando-os para extrair o melhor do novo recurso que será implantado.

4. Encerrado um projeto de People Analytics, que se desenvolveu em um dos quatro níveis apontados pela tabela dada mais acima, é possível que um novo projeto venha a ser necessário, agora avançando o tratamento do assunto para o nível seguinte.
5. O projeto de People Analytics também pode ser uma solicitação direta da alta direção da empresa (da Presidência, da Diretoria ou mesmo do Conselho de Administração), que decide acionar o setor de People Analytics para que dê apoio a alguma ação estratégica da empresa.
6. Em outros casos, finalmente, um projeto de People Analytics será visto como necessário devido a mudanças havidas no ambiente de negócios da empresa. Nesses casos, a demanda poderá vir de algumas das instâncias de governança corporativa citadas no caso anterior; mas também haverá casos em que a demanda se tornará tão óbvia que a Diretoria de TI ou de Dados, ou ainda, de Gestão de Pessoas; ou então, o próprio setor de People Analytics reconhecerá que alguma coisa precisará ser feita. Por exemplo, pode ser esse o caso da chegada ao mercado de um novo e importante concorrente, modificando completamente as condições anteriores do ambiente competitivo; ou pode ser que uma nova tecnologia, capaz de alterar completamente as expectativas dos consumidores, seja anunciada no mercado; ou, enfim, que apareça algum outro evento igualmente disruptivo.

Uma questão-chave a ser respondida em relação a cada projeto de People Analytics é esta: a quem este projeto, ao ser cumprido, deverá gerar valor? Os beneficiários potenciais do projeto poderão ser um ou mais, entre os seguintes:

- a empresa, como uma entidade com existência legal na sociedade;
- os acionistas ou controladores da empresa;
- o corpo diretivo da empresa;
- os colaboradores dela;

- seus consumidores;
- demais *stakeholders*;
- a comunidade próxima, na qual a empresa está sediada e opera;
- a sociedade, como um todo;
- o planeta.

Responder a esta pergunta ajudará, sem dúvida, a dar escopo e significado especial ao projeto de People Analytics.

Nota Final

Quero encerrar este texto com uma mensagem de otimismo e expectativas positivas destinados a você, caro leitor ou leitora.

Nesse sentido, quero dizer que vejo como extremamente promissora a atividade de Gestão de Pessoas nos próximos anos. Se aquilo que fizemos até o presente em nossa área é algo de que podemos nos orgulhar e enxergar como nobre e relevante, creio que, com mais razão ainda, poderemos esperar que tais adjetivos caberão perfeitamente para designar as nossas ações típicas nas empresas, nos próximos anos.

A "nova" Gestão Estratégica de Pessoas nas empresas nos colocará (de fato, já vem colocando) grandes e importantes desafios. E, como profissionais da área, necessariamente teremos de aprender muito mais em relação ao que já sabemos – e teremos também de nos dedicar, com muito afinco, à aplicação prática desses novos saberes.

Mas, isso, em si, não irá significar um problema para os profissionais de Gestão de Pessoas, que têm estado, tradicionalmente, entre aqueles que mais são solicitados a estudar e estudar; a identificar ou descobrir novas ferramentas, métodos e técnicas para uso nas empresas e a fazer experimentações corajosas de aplicação. Nossos colegas das demais áreas estão acostumados a nos ver na linha de frente, em busca de "*best practices*" e na condução de grandes e importantes mudanças organizacionais.

Um dos grandes desafios que a Gestão de Pessoas tem pela frente, nos dias de hoje, refere-se à identificação, aquisição e manutenção de talentos. Eles estão em falta no mercado de trabalho! Atualmente as mudanças se sucedem umas às outras com enorme rapidez e, em muito pouco tempo, os saberes profissionais se desatualizam. Isso requer das pessoas em geral uma atitude de permanente autoeducação. O mundo de hoje já não mais é VUCA, e sim BANI, nos dizem – com o que concordo: nunca mais teremos grandes e definitivas certezas!

Além disso, novas competências são requeridas e se tornam cada vez mais decisivas. Refiro-me, por exemplo, a competências em *soft skills* e no domínio de arquiteturas de dados, para dar exemplos bem óbvios. Essas são duas áreas de desenvolvimento que hoje é obrigatório levar em conta, se quisermos afirmar, com convicção, que um dado profissional é, de fato, um talento. Cabe à Gestão Estratégica de Pessoas buscar soluções inovadoras para trazer talentos e retê-los na empresa.

Gestores de Pessoas, como eu (e você, que está terminando a leitura deste livro), devemos, acima de tudo, amar as pessoas! Sim, amar precisamos deixar que desperte e se manifeste em nós um especial carinho... por gente – por tudo aquilo que gente representa, tanto nas organizações empresariais quanto em outros ambientes: a família, a escola, a comunidade, o templo, o estádio, a própria rua.

Não me entendam mal – nada há de pieguice no que estou afirmando. Amar as pessoas significa senti-las presentes, pulsando, ansiando por realizar-se e por tornar-se seres humanos melhores. Significa sintonizar-se com elas e entender seus movimentos, reconhecendo o que fazem para se mostrarem como a própria razão de o mundo em que vivemos existir tal como é.

Amar e, portanto, reconhecer o humano nas pessoas está na raiz da realização plena de nosso trabalho, como Gestores de Pessoas. Nesse sentido, somos profissionais privilegiados, tal como o são também os professores, os médicos, os cuidadores de idosos e outros cujo objeto de estudo é... gente! Isso, porque nossa profissão, como essas outras, nos obriga a nos relacionarmos diariamente com essa que é a entidade mais complexa deste planeta.

Assim, tentar diariamente entender as pessoas, como são e como agem, e as ajudar a se tornarem melhores, em benefício, aliás, da coletividade e, em última análise, desse mesmo planeta, é algo que temos como finalidade.

Não se concebe, por conseguinte, um Gestor de Pessoas que seja insensível e alheio às crenças e valores e aos sentimentos – e, sobretudo, aos sofrimentos – dos seres humanos que o cercam, encarando-os como meros objeto de estudo e manipulação, como se fossem máquinas ou recursos financeiros.

É óbvio que não estou advogando que Gestores de Pessoas precisam sacrificar-se pelas demais pessoas, ou renunciar à busca de sua própria saúde mental e sua genuína alegria pessoal, bem ao contrário. É necessário, sim, que o Gestor de Pessoas tenha grande respeito e apreço por gente e se aplique na missão de conhecer bem as pessoas e ajudá-las, o melhor que possa, a se tornarem profissionais mais realizados, a suprir plenamente suas necessidades, a solucionar seus problemas.

No entanto, isso será feito de maneira mais plena se o Gestor de Pessoas genuinamente amar primeiro a si próprio, buscando sua própria realização pessoal e profissional, indo à procura de sua própria felicidade. Nada nos impulsiona mais no caminho de fazer os outros mais felizes do que trabalharmos com determinação e confiança na busca de nossa própria felicidade.

O Gestor de Pessoas também tem de estar atento às pessoas enquanto coletividade, comunidade, e não apenas enquanto indivíduos, considerados um a um. O Gestor de pessoas precisa ter, enfim, um olho voltado para o que de relevante está acontecendo no mundo, do ponto de vista econômico, político, social, tecnológico e ambiental. Precisa conhecer e se interessar pelos movimentos e tendências que envolvem o planeta e apontam para aquilo que provavelmente permanecerá ou mudará nos próximos anos.

O Gestor de Pessoas precisa, ainda, conhecer profundamente os negócios em que sua empresa está envolvida, assumindo um papel de Gestor de Negócios, além de Gestor de Pessoas. Eu diria que, de modo geral, o Gestor Estratégico de Pessoas já se transformou em um Gestor de Pessoas de Negócios!

De fato, não importa se as pessoas com as quais o Gestor de Pessoas lida estão em uma empresa tradicional ou em uma *startup*, em um e-commerce ou em um *marketplace*. Em qualquer dos casos, sua paixão pelo negócio é fundamental. E essa paixão exige que o Gestor de Pessoas vá a campo, vivencie o negócio em si, lá mesmo na ponta, onde tudo acontece.

Só isso já representa uma profunda mudança, em relação ao modo como se fazia Gestão de Pessoas até alguns anos atrás. Hoje, o líder é, sobretudo, alguém em quem as pessoas confiam, a quem elas podem se dirigir para falar de suas dificuldades; alguém que as entende e que revela, com naturalidade, ;;;;;;;;;;; sua empatia para com elas.

O líder que se deseja ver atuando nos dias de hoje é alguém que compreende bem ambos os pontos de vista, o da empresa e o dos seus colaboradores nos vários níveis; e que sabe localizar o ponto em que os interesses e as preocupações de ambos os lados se encontram e se sintetizam. O líder de hoje é, assim, um mediador, sobretudo capaz de conciliar tais pontos de vista e levá-los a uma sinergia.

O líder atual enxerga as pessoas como seres únicos, em sua diversidade; ele inspira essas pessoas a dar o melhor de si e a atuar com responsabilidade e engajamento, experimentando um genuíno prazer em estar junto, vivenciando ativamente os negócios da empresa. O atual gestor é, enfim, aquele que joga junto, que se encontra sempre presente quando é necessário.

Um líder não será capaz de gerir adequadamente os Recursos Humanos da empresa se não puder atender a esse novo perfil, a esse requisito. O Gestor de Pessoas precisa tomar ciência das novas tendências, prestar atenção aos novos métodos de trabalho que surgem e às novas formas de entender o mundo e de agir sobre este – como foi o caso, por exemplo, nestes últimos meses, quando, em função da pandemia de Covid-19, tivemos de celeremente nos adaptar ao "novo normal" do home office e do escritório híbrido.

Outro exemplo, talvez mais consistente, duradouro e fácil de observar, são os métodos ágeis adotados pelas empresas. Poucos anos atrás não se tinha ideia de que algo desse tipo pudesse vir a se desenvolver. Mas, em tempo recorde, o Agile surgiu em meio aos modos de operar do pessoal de processamento de dados e a novidade espalhou-se pelas empresas, contaminando todas as áreas destas, ao ponto de não mais se conseguir pensar, atualmente, em implantar mudanças organizacionais ou gerir novos projetos, sem fazer uso do Agile. Ele veio para ficar entre nós!

Ou, se preferir, pense na "nova" liderança e na especial atenção que um líder deve dar à autonomia e à realização de seus colaboradores no trabalho. Com a adoção dos métodos ágeis no trabalho, a liderança passou a atuar de forma muito diferente, em comparação com os velhos procedimentos de dar ordens e embarcar no microgerenciamento das tarefas dos colaboradores, a tônica no exercício da liderança até alguns anos atrás.

Hoje, as pessoas querem ter sua própria voz, pedem mais participação, desejam usar tudo que sabem. Elas buscam novos desafios, requerem atividades mais significativas, nas quais façam a diferença e que dialoguem com seus propósitos pessoais. Elas precisam de ambientes leves e colaborativos, envolvidos por uma atmosfera de contribuição otimista e confiante.

Por isso o mundo da empresa requer hoje líderes inspiradores, interessados em entendimento e colaboração, que estimulam a autonomia das pessoas. Nossos atuais líderes precisam ser capazes de confiar e incentivar, de apoiar e de regozijar-se com entregas competentes de seus dos colaboradores – os líderes atuais são, sobretudo, mentores. Este é, enfim, o tempo de as pessoas atuarem com equilíbrio e autenticidade, fazendo – e fazendo bem – aquilo que amam.

Atuais Gestores de Pessoas estão aí para prover, também, que seja assim: cada colaborador da empresa deve manter, em equilíbrio, as várias instâncias de sua vida. O ser humano atinge sua plenitude quando consegue ter equilíbrio entre vida pessoal e profissional, e quando está efetivamente cuidando tanto de si quanto dos outros que o cercam.

A fim de ter as pessoas mais preparadas para as mudanças, precisamos dedicar mais atenção também à espiritualidade. Seres humanos não são apenas um composto de corpo e mente: há algo mais profundo, em nossas entranhas, que precisa ser devidamente levado em conta e cuidado, mas que somente pode ser acessado mediante sábios e oportunos mergulhos das pessoas para dentro de si mesmas, na direção de seu próprio self.

Não estou defendendo a vida religiosa ou alguma religião em particular, que isso fique bem claro. Muitas pessoas não religiosas conseguem chegar um maravilhoso nível de espiritualidade, enquanto outras, que vemos dedicarem horas e horas de seu tempo a uma seita, um culto ou uma religião institucionalizada, atuam de forma meramente instrumental e material.

O profissional de Gestão de Pessoas precisa buscar seu autoconhecimento – para conhecer seus pontos fortes, bem como aqueles aspectos aos quais deve dar especial atenção e buscar autodesenvolvimento. O autoconhecimento faz a diferença e ele depende de a pessoa mergulhar em sua própria alma, exercendo um honesto e reflexivo olhar para dentro de si mesma. A partir do entendimento do seu próprio eu é que cada um de nós se torna ainda mais capaz de entender o outro.

Isso implica, sem dúvida, em praticar, sistematicamente, alguma forma de meditação em que a pessoa entre em contato com aspectos mais profundos de seu ser. Importa muito que as pessoas aprendam, de fato, mais sobre si mesmas, entendam melhor seus próprios mistérios, vivam intensamente sua essência e sua concepção sobre o que é a vida e para que ela serve – e, desse modo, tornem-se mais sábias.

A isso se refere a espiritualidade, de fato. É papel do Gestor de Pessoas, em uma empresa, ajudar os colaboradores a entrar ainda mais em contato com seu coração e sua mente, naquilo que haja, nestes, de mais espiritual e profundo.

Estou, como é sabido nos meios especializados de RH e como eu mesma comentei mais de uma vez nos capítulos anteriores deste livro, deixando a carreira executiva depois de três décadas gerindo Recursos Humanos para abraçar um novo modo de atuação nessa área – agora como consultora, mentora e conselheira. Rapidamente estou me adaptando aos novos desafios que se me oferecem e me sinto plena, descobrindo novos e fascinantes modos de atuar profissionalmente. Vislumbro caminhos que antes não tinha oportunidade de seguir, muito ricos de conteúdos e de chances de realização – e este primeiro livro que publico é uma dessas grandes oportunidades. Sinto-me muito feliz e confiante com a nova fase que já se descortina à minha frente.

Faço votos, querido leitor ou leitora, que você sinta algo parecido em sua trajetória profissional – que se sinta constantemente renovando-se e se enriquecendo em sua carreira. Se este livro vier a lhe ser de alguma ajuda nesse sentido, então meu papel, ao escrevê-lo, terá sido plenamente realizado. Confio em que seja assim!

Proponho, para finalizar este texto, uma citação de um escritor meu conterrâneo, Érico Veríssimo (1905-1975) que, no romance *Olhai os lírios do campo*, pôs na boca de sua personagem Olívia estas palavras:

Felicidade é a certeza de que nossa vida
não está se passando inutilmente.

Entre em sintonia com o Mundo

Qualitymark Editora Ltda.

Rua Carlos Machado, 155 – sala 207
Polo Cine e Vídeo – Jacarepaguá
22775-042 – Rio de Janeiro – RJ
Tels.: (21) 3597-9055 / 3597-9056
Vendas: (21) 3296-7649

E-mail: quality@qualitymark.com.br
www.qualitymark.com.br

Dados Técnicos:

• Formato:	16 x 23 cm
• Mancha:	11 x 19 cm
• Fonte texto:	Palatino Linotype BT
• Corpo:	11
• Entrelinha:	13
• Total de páginas:	324
• Lançamento:	2022